上海都市现代绿色农业发展与典型案例

方 芳 主编

上海财经大学出版社

图书在版编目(CIP)数据

上海都市现代绿色农业发展与典型案例/方芳主编. 一上海:上海财经大学出版社,2021.12

ISBN 978-7-5642-3905-3/F·3905

Ⅰ.①上… Ⅱ.①方… Ⅲ.①都市农业-现代农业-绿色农业-农业发展-案例-上海 Ⅳ.①F327.51

中国版本图书馆 CIP 数据核字(2021)第 222034 号

□ 责任编辑 施春杰
□ 封面设计 贺加贝

上海都市现代绿色农业发展与典型案例

方 芳 主编

上海财经大学出版社出版发行
(上海市中山北一路 369 号 邮编 200083)
网 址:http://www.sufep.com
电子邮箱:webmaster @ sufep.com
全国新华书店经销
上海颛辉印刷厂有限公司印刷装订
2021 年 12 月第 1 版 2021 年 12 月第 1 次印刷

787mm×1092mm 1/16 16.5 印张 304 千字
定价:95.00 元

编 委 会

序 言

根据发展环境和功能定位，上海都市现代绿色农业的发展主要包括六大议题。

第一，上海都市地区的粮食生产问题。粮食安全是国家安全和社会稳定的基础，是农业发展的第一要务。都市地区的粮食生产面临着土地资源稀缺和单位面积收益低的严峻形势。如何稳定粮食生产，分担国家的粮食安全责任，是都市现代绿色农业发展中的一大挑战。

第二，上海都市现代绿色农业对城市“菜篮子”产品的供给保障问题。因生产周期和储运方面的特点，都市现代绿色农业在“菜篮子”产品供给方面具有一定的优势，但城市“菜篮子”产品全部由都市现代绿色农业提供，既不现实，也不符合资源优化配置要求。在城市“菜篮子”产品供给中，中心城区如何与涉农区进行分工协作以保障城市“菜篮子”产品的安全供给是都市现代绿色农业发展的一个关键问题。

第三，上海都市现代绿色农业积极参与都市生态文明建设的问题。农业作为全方位融入自然的生命产业，对生态文明建设具有特殊的贡献。因上海产业和人口高度聚集，城市生态文明建设的复杂性和难度要远远高于农村地区。在都市现代绿色农业面临更紧的资源约束和更严峻的环境形势下，如何为城市生态文明建设做出更大的贡献，使城市居民能够生活在更优美的环境中，是都市现代绿色农业发展面临的一个重大挑战。

第四，上海都市现代绿色农业的多功能开发问题。随着城市生态环境问题的日益严重、居民收入水平的大幅提高，都市现代绿色农业的多功能开发需求越发强烈。但多功能开发是一个系统工程，如何在生产供给得到保障的基础上，有效发挥都市现代绿色农业的生态维护功能和更好地满足城市居民休闲、文化、教育等多元需求，同时促进经营者获得更多的收益，也是都市现代绿色农业发展面临的重要课题。

第五，上海都市现代绿色农业发展过程中农民利益的保护问题。在上海城市化过程中，尽管郊区的农民更容易获得稳定的非农就业，但其完全意义上的市民化仍然是一个较漫长的过程，保护他们源自农业和农业资源的利益，有利于社会的稳定，也可以更顺利地促进他们的市民化。上海都市现代绿色农业发展过程中，不论是在农业生产中还是农业土地流转中，农民都容易受到资本的排挤。如何规范土地流转、促进农民合作、增加就业机会以充分保障和增加农民的利益，是保障都市现代农业健康稳定发展的重要问题。

第六，上海都市现代绿色农业如何引领本市涉农区农业的问题。特殊的区位使上海都市现代绿色农业更容易获得资本、人才和技术等要素，从而能够率先实现现代化。这也就赋予了上海都市现代绿色农业引领本市涉农区农业实现现代化的历史使命，因此，都市现代绿色农业通过何种方式更快更好地引领本市涉农区农业实现现代化也就成了都市现代绿色农业发展的一个重要课题。

本书全面、客观、准确地汇集了自实施乡村振兴战略以来，上海都市现代绿色农业的发展情况。全书分为四个部分：第一部分是上海都市现代绿色农业发展概况，包括发展成效、面临的机遇与挑战、未来对策建议；第二部分是上海都市现代绿色农业发展举措与成效，包括上海都市现代绿色农业高质量发展总体部署、划定农业“三区”、推进农业绿色认证等二十二个方面的举措与成效；第三部分是各区都市现代绿色农业发展的特色做法与成效；第四部分是都市现代绿色农业发展的典型案例。通过总结上海市推进都市现代绿色农业发展的特色做法、涌现的典型案例，展现上海都市现代绿色农业发展成效，进一步推动上海都市现代绿色农业高质量发展。

在本书编写过程中，上海市农业农村委员会办公室加强统筹协调，上海市乡村振兴研究中心承担具体统稿任务，同时上海市农业农村委员会其他各有关处室、各涉农区农业农村委员会也给予了大力支持，特此一并表示感谢。

（方　芳　2021年10月）

目 录

闵行区

嘉定区

宝山区

奉贤区

松江区

第一部分

上海都市现代绿色农业发展概况

上海都市现代绿色农业发展成效

近年来，上海市委、市政府坚决贯彻党中央国务院有关“三农”战略部署，始终把解决好“三农”问题作为重中之重，坚持“创新、协调、绿色、开放、共享”五大发展理念，全面实施乡村振兴战略，推动农业高质量发展，深化农业供给侧结构性改革，注重科技创新，加大资金投入，健全利益联结机制，创新生产经营模式，积极调动广大农民的主动性、创造性，都市现代绿色农业发展取得了显著成效。

一、农产品生产能力保持稳定

全市划定粮食生产功能区、蔬菜生产保护区、特色农产品优势区总面积 136.49 万亩。2020 年，全市粮食播种面积 171.40 万亩，总产量 91.44 万吨，圆满完成了国家下达的粮食生产任务。蔬菜、肉蛋奶、水产品等“菜篮子”产品种养结构和布局不断优化，供应有序，产销对接渠道通畅。全市蔬菜总产量 244.33 万吨，瓜果产量 43.94 万吨，生猪出栏量 97.74 万头，家禽出栏量 788.21 万只，禽蛋产量 2.88 万吨，牛奶产量 29.09 万吨，水产品产量 28.29 万吨，其中海水产品产量 16.40 万吨。

二、都市现代绿色农业不断提质增效

2021 年 1 月发布的《上海市推进农业高质量发展行动方案(2021—2025 年)》，明确以推进农业绿色发展为核心，努力实现高品质生产、高科技装备、高水平经营、高值化利用、高效益产出。推进实施绿色循环发展行动、科技装备提升行动、经营主体培育行动、特色品牌建设行动、产业融合增效行动五大行动，推进 13 个先行片区建设。实施绿色农业发展三年行动计划，强化农业生态环境保护和资源高效利用，推广应用绿色农业生产技术。地产农产品质量明显提升，截至 2020 年底，全市绿色认证率达到 24%，居全国前列，绿色大米占比由 43.5%提高到了 63.03%，绿叶菜占比由 30.43%提高到了 33.11%，逐步实现了绿色食品真正上市民餐桌。

三、现代技术设施装备显著增强

农业科技创新能力和装备水平不断提升，全市农业科技进步贡献率达 79.09%，居全国前列。组建了 7 个现代农业产业技术体系，培育和推广了一批有影响力的新品种，主要农作物实现良种全覆盖。持续加大高标准农田建设力度，改善农田基础设施条件，提升耕地质量及地力水平，全市累计建成高标准农田 171.8 万亩，常年菜田 35 万亩，其中设施菜田 15 万亩，占比达 43%。农业设施装备水平显著提升，主要农作物综合机械化率达到 95%以上，设施菜田绿叶菜生产机械化率达到 60%。

四、数字农业建设不断加快

健全完善农业数字底图，聚焦农业"一图""一库""一网"信息平台建设，完成全市农用地块和农业龙头企业、农民合作社、家庭农场等新型经营主体的上图入库，推进绿色食品认证企业地块上图。稳步推进数字农业发展，加快农业数字化转型理论成果转化，从生产经营能力、活动、绩效、诚信等方面初步形成"申农分"积分体系。推进"上海市农机物联网管理平台项目"建设，对 2 800 台自走式农业机械安装了北斗定位终端设备，进一步优化完善了软件平台相关功能，成功匹配上海高精度地图，初步对接了全市数字农业底座。推进畜牧信息系统应用，完善优化畜牧云平台养殖、防疫、检疫、道口等功能模块，以入网率、及时率、精准率为指标，将养殖数据直报纳入乡村振兴考核。截至 2021 年 9 月，全市规模化畜禽养殖场全面开展数据直报，系统内汇聚直报信息 1.68 万余条，首次数据填报率达 100%，数据填报综合精准率达 90%以上，市境道口累计登记检查数据 12.6 万余条。推进蔬菜生产系统两网融合，试点应用"神农口袋"，完成蔬菜管理业务中心开发、数字农业云平台蔬菜板块优化，实现对全市所有种植蔬菜的生产经营主体的全口径统计。

五、农产品质量安全监管不断加强

加强地产农产品及投入品监管，推进农产品质量安全移动监管系统应用，运用"互联网＋监管"模式，与农用地图对接融合，为全市 10 900 余家主体建立监管档案。实施合格证制度，积极探索"追溯＋合格证""检测＋合格证"等信息化联动开具模式。截至 2021 年 10 月，全市共 9 个区、1 599 个生产主体实施合格证制度，已累计开具合格证 431 万张，附带合格证上市的农产品共 42.3 万吨。认真落实"非洲猪瘟"等重大动物疫病防控措施，推进"非洲猪瘟"无疫小区建设。

六、乡村新产业新业态蓬勃发展

休闲农业、乡村旅游、文化体验、电子商务、创新创业等新产业新业态发展迅猛。休闲农业和乡村旅游抓住发展机遇，高起点定位、精细化布局，取得快速发展。全市目前有休闲农业和乡村旅游点 450 个，年接待游客近 1 500 万人次，旅游直接收入达到 12 亿元；乡村特色产业发展有显著成效，涌现出众多“乡字号”“土字号”品牌；特色沪剧、江南风情水乡文化、上海本帮菜饮食文化等“海派文化”魅力愈加彰显。上海农村创新创业加速推进，松江区被评为全国第三批农村创新创业典型县，乡野创客站上时代风口。

七、农业生产经营体系不断完善

全市纳入名录管理的家庭农场有 3 965 家，户均经营面积为 154 亩，经营面积 100 亩以上的家庭农场占比 89%。2020 年 11 月 27 日，上海市出台全国首个关于家庭农场的法规——《上海市促进家庭农场发展条例》，并于 2021 年 1 月 1 日起施行。农民专业合作社不断规范，截至 2020 年底，正常运行农民专业合作社 9 217 家，其中区级示范社 624 家、市级示范社 240 家、国家级示范社 97 家。农业产业化龙头企业不断壮大，区级以上农业龙头企业 183 家，其中区级龙头企业 95 家、市级龙头企业 64 家、国家级龙头企业 24 家。

八、乡村新型服务业快速发展

农业产前产后社会化服务、农产品营销服务等快速成长，线上线下相结合的生鲜农产品新零售逐渐成为农产品营销的新模式。与拼多多等电商企业合作助力开展农产品产销对接，签署战略合作框架协议，正式上线“沪农优品馆”地产优质农产品专区。持续推进“绿色农产品公共推介平台”，全市已有 48 家企业(合作社)的 75 个产品上线“上农 APP”绿食频道，充分发挥绿色食品品牌效应。开展长三角农业科技成果推介、“一区一品”宣传推介、国庆稻米品鉴、乡村特色文化展示和总结颁奖大会等活动，利用新媒体，扩大地产农产品的品牌影响力。

九、农产品加工流通业稳步发展

农产品加工流通业不断拓展，地产农产品初加工发展迅速，农业产业链条不断延长，产加销一体化水平不断提升，全市农业产业化企业总销售额达到 1 266 亿元。全市围绕优势产业，形成了稻米精深加工、净菜保鲜加工、瓜果分级、乳制品加工、饲料加工、农业副产物综合利用等产业，促进了农业产业链的延伸发展，产业呈现集群化发展态势。不断推出特色新品种，积极引导食品制造业向个性化、时尚化、绿色化、品质化、品牌化方向发展，涌现了一批新一代“上海制造”品牌。农产品流通业进一步发展，冷链物流配送和产加销一体化更加完善。

十、长江大保护及全面禁捕退捕不断深入

贯彻落实习近平总书记等中央领导同志重要指示批示精神和市领导批示要求，协调相关部门扎实有序推进本市长江退捕与禁捕工作。截至2020年末，全市已实现退捕渔船捕捞许可证100%回收、退捕渔船100%拆解、捕捞网具100%回收销毁、退捕渔民100%纳入社保保障、有就业意愿的退捕渔民实现100%就业“五个百分百”，在长江流域各省市中率先完成退捕任务。着力提升长江禁渔执法能力，全面开展“清船、净岸、打非”三大行动，会同周边兄弟省建立协同机制，确保长江十年“禁渔令”有效执行，取得扎实成效。全市农业农村、公安、市场监管等部门和各区政府、属地街镇加强联勤联动，通过综合执法、联合行动、水查陆处等多种方式，全力打击非法捕捞行为，清理取缔非法捕捞网具，切断非法捕捞黑色产业链，形成了属地管理、上下联动、部门协同的禁渔长效监管机制，非法捕捞得到有效遏制，水上不捕、市场不卖、餐馆不做、群众不吃的社会氛围已初步显现。

（市农业农村委办公室 曲晨）

上海都市现代绿色农业发展面临的机遇与挑战

自实施乡村振兴战略以来，上海都市现代绿色农业发展取得了显著成效，但是也存在一定的问题和阻碍。

一、“地钱人”要素供给瓶颈仍然存在

要素自由流动的体制机制障碍没有完全破除，在用市场化手段促进产业发展方面，农民、市场、政府三者的定位及运行机制尚不清晰。乡村规划和农村土地综合利用水平不高，部分区产业用地矛盾仍较为突出，面临着空间指标紧缺、区域供地不平衡等问题。设施农用地规划滞后，空间受限，产业融合发展用地难的问题仍然存在，设施农业、农产品加工业、休闲农业等发展受到较大影响。引导社会资本下乡的路径还不顺畅，财政资金引导和撬动社会资本效果不明显；农业金融服务产品不够丰富，新型农业经营主体不同程度存在融资难的问题。农村劳动力老龄化严重，都市现代绿色农业对劳动力吸引不足，从业人员匮乏、年龄老化、新型职业农民力量不足等问题仍较为突出；农业从业人员结构失衡，新理念、新技术、新模式推广运用受限，产业发展后劲不足。农村人才激励机制还不够完善，对返乡下乡人员的激励和保障措施不完善。农业信息化、市场营销、休闲农业等新型产业人才培养力度有待加强。

二、示范引领作用显示度不高

产业融合发展的方向、路径和模式有待进一步创新和突破。在发展规模上，农业产业“小散弱”的局面没有彻底扭转，产业竞争力亟待提高。在供需结构上，高品质的鲜活特色农产品相对不足，养殖类绿色农产品发展缓慢。在产业融合上，在全国处于领先地位的农业产业链还不多，产业集聚度不够，研发能力相对薄弱，未形成科研、生产、加工和销售的完整产业链；“农业＋”发展缺乏广度深度，与工业、旅游业、物流业等二、三产业的融合度不高；休闲农业和乡村旅游产业同质化现象较突出，设施配套不足，品牌溢价有限。在品牌建设上，涉农品牌发展不平衡，农产品品牌影响力较弱，还叫不响、走不远，销售市场主要集中在长三角地区。

三、核心竞争力尚显不足

农产品加工产前、产中和产后各个环节连接不足，尚未完全构建起产加销一体化、各类产业融合发展的全产业链发展格局。各类经营主体间缺乏合作，社会化服务组织“小、弱、散”问题突出，在优化供应链、延长产业链、提升价值链等方面亟待大力推进。作为国际化大都市和经济中心，在产业融合、创新、提升等方面发挥的辐射和引领能力还不够。生态价值、美学价值仍需加大力度挖掘，特色产业未充分发掘产品美、景观美、环境美、民俗文化美、精神内涵美等美学特征及应用价值，产业多功能拓展还不充分。

四、发展潜力挖掘不充分

上海在社会资本、科技创新能力、人才优势、市场优势等方面的利用还不够充分。在农业科技成果转化能力、智能化发展水平、高层次人才集聚等方面与具有全球影响力的科创中心目标要求相比仍存在较大差距。品牌打造未跟上新时代快速发展的要求，品牌孵化引领作用不显著，具有全国影响力和世界知名的品牌较少，对农业科技、农业品牌的投入有待进一步加强。休闲农业和乡村旅游业产品同质化现象比较普遍，“精品化、特色化、品牌化”不够，超大城市特色彰显不足，对城市高收入群体缺乏强劲的吸引力，限制了产业效益进一步提升。

（市农业农村委办公室 曲晨）

上海都市现代绿色农业发展的对策建议

“十四五”期间，上海都市现代绿色农业将继续按照市委、市政府部署，进一步统筹发展空间，理顺生产、流通、消费等功能的关系，进一步优化上海都市现代绿色农业产业框架，发挥上海社会主义现代化国际大都市市场优势，巩固都市现代绿色农业保供稳供基础功能，彰显经济、生态、美学价值，有力打造全产业链科技赋能、种业自主研发、对外开放引领创新、碳汇循环绿色发展、智慧智能不断迭代、联农带农共同富裕等模式，树立都市现代绿色农业国际标杆。力争到 2025 年，全市都市现代绿色农业发展取得突破性进展，质量效益明显提高、竞争力明显增强，率先基本实现农业现代化，引领长三角、长江经济带乃至全国。

一、提升现代种业研发能力

提升全市种业科技创新能力、市场化供种保障能力、企业竞争力和市场监管能力。立足现有优势，努力把上海市建设成为面向全球、服务全国的种业创新中心和种业企业集聚地，种业基础研究和优势种源品种创新走在全国前列。

二、推动农业科技创新

依托上海超大城市丰富的科技资源、人才资源，加强农业科研体系建设，加大研究投入，实现更多农业科技原创性突破，力争农业科技进步贡献率达到 80%。加快农业科技成果转化，深化“产学研”合作，建设无人农场，推进“机器换人”，大力发展智慧牧场、智慧渔场、智慧农机，继续完善“一图”“一网”“一库”农业数字平台建设，打造科技化、设施化、数字化的农业现代化科技创新高地。

三、深化农业绿色生态功能

继续保持地产农产品绿色认证率国内前列地位。继续完善地产绿色优质农产品发展指数和农业废弃物综合利用率指标，实现地产绿色优质农产品占比达到 70%以上，农业废弃物综合利用率达到 99%。创新探索和深入挖掘农业碳汇等生态价值，充分发挥农业生态涵养和环境保护功能，全面构建乡村生态屏障。

四、提升产业融合发展水平

充分挖掘上海的资源禀赋及区域优势特点，通过推进农产品加工、流通、服务发展升级，实现产业链不断延伸；通过推进休闲农业和乡村旅游蓬勃有序发展，实现农业多功能叠加；通过推动创新创业、提升各类新产业新业态，实现产业链、供应链、价值链“三链同构”，不断探索产业融合发展的新模式、新路径，为全国一二三产业融合发展提供“上海样板”。打造一批知名上海农产品品牌，新产业新业态蓬勃发展。

五、增强农产品生产能力

有序推进高标准农田建设，改造提升现有农田设施；在确保地产农产品总量稳定的前提下，不断提升地产农产品质量，确保地产绿色优质农产品占比继续在全国保持前列。不断提升农业产出水平，农业劳动生产率力争达到 12 万元/人。

在体制机制方面，一是破除制度障碍。研究都市现代绿色农业发展在人才、资本、科技投入等方面的政策措施；积极探索创新承包地、宅基地“三权”分置的创业模式和经营模式，增加农民财产性收益。探索建立退出土地承包权、宅基地资格权、集体收益分配权的合理补偿机制，支持引导农村居民自愿有偿转让上述权益。二是切实保障农业农村各业用地。引导土地指标重点向绿色田园先行片区和产业融合发展项目聚焦，保障农村产业融合发展。优化设施农业用地管理，指导各涉农区进一步明确设施农业用地范畴，简化农业设施用地审批手续办理，推动项目落地。规范“点状供地”模式，对符合相关规定的建设项目，按规划用地性质和土地用途灵活点状供应。三是优化财政和金融支持政策。落实国家关于调整完善土地出让收入使用范围的相关政策，明确逐步提高土地出让收入用于农业农村的比例，加大对重大农业项目支持力度。吸引各类市场主体和社会资本参与都市现代绿色农业运营。积极探索发展资本集聚型的农村混合所有制经济。四是加快培育各类涉农人力资源。加强对各涉农区农民职业培训工作的指导，优化课程设置和师资配备。加大对农业农村类高技能人才培养扶持力度，充分发挥高技能人才的引领作用。

（市农业农村委办公室 曲晨）

第二部分

上海都市现代绿色农业发展举措与成效

上海都市现代绿色农业高质量发展总体部署

为贯彻落实新发展理念，深化农业供给侧结构性改革，提升农业发展质量，近年来上海积极推进都市现代绿色农业发展，2018 年和 2020 年相继出台《上海市都市现代绿色农业发展三年行动计划（2018—2020 年）》（沪府办发〔2018〕21 号）（以下简称《行动计划》）和《上海市推进农业高质量发展行动方案（2021—2025 年）》（沪府〔2020〕84 号）（以下简称《行动方案》）等政策文件，作为上海都市现代绿色农业高质量发展的行动纲领，以提高都市现代绿色农业发展水平，更好地满足市民群众对美好生活的向往。

一、《行动计划》执行情况

《行动计划》提出，2018—2020 年上海都市现代绿色农业发展要以乡村振兴战略为统领，坚持以资源节约、环境友好、生态稳定为基本路径，以绿色供给、农业增效、农民增收为基本任务，以制度创新、政策创新、科技创新为基本动力，以企业主体、市场主导、政府监管为基本遵循，构建更高质量、更强竞争力、更有效益、更可持续的绿色农产品供给体系，满足人民日益增长的绿色优质农产品需要。

《行动计划》明确了到 2020 年的主要目标：

一是资源利用更加节约高效。到 2020 年，划定建设 80 万亩粮食生产功能区、50 万亩蔬菜生产保护区和 12 个特色经济作物优势区；主要农作物综合机械化率达到 94%以上；标准化蔬菜园艺场绿叶菜机械化率达到 50%以上。粮食生产功能区内耕地质量等级提升至 2.0，高于全国平均水平。

二是生产环境更加清洁有序。到 2020 年，主要农作物化肥、农药使用量实现负增长，全市化肥、化学农药使用总量分别减少至 7.9 万吨和 0.32 万吨。秸秆综合利用率达到 96%以上，养殖废弃物综合利用率达到 95%以上。

三是绿色供给能力明显提升。到 2020 年，农产品质量安全水平和品牌农产品占比明显提升，地产农产品的绿色食品认证率达到 20%以上。打造 20 个国内外具有一定影响力的农产品知名品牌。

《行动计划》明确了四大任务：

一是优化功能布局，发展绿色产业。优化都市现代绿色农业功能与生产力布局，保障蔬菜有效供给，确保粮食生产功能，做强特色农产品。提升绿色农产品生产能力，积极推广应用绿色生态防治技术、清洁化生产技术和农业资源循环利用模式，稳步提升绿色食品供给率。打造农产品特色优质品牌，树立都市现代绿色农业发展的整体品牌形象，提高农产品质量和附加值。

二是保护生态资源，守住美丽田园。建立种养环境养护制度，提高耕地有机质含量和耕作层厚度，创新生态修复技术，优化养殖环境。推行绿色低碳循环生产方式，加大农业绿色生产技术推广力度，积极推行种养结合等节肥节药生态农业模式。推进农业废弃物资源化利用，加强秸秆综合利用示范点建设，建立完善蔬菜基地农业废弃物资源利用配套设备，实现规划保留的畜禽养殖场粪污处理设施装备配全配套。

三是提升农产品质量，满足市场需求。强化质量监督，推进农产品质量安全检验检测体系建设，坚守农产品质量安全底线，着力提升绿色食品权威性和公信力。推进绿色农产品标准化生产，创建绿色食品原料标准化生产基地，大力推广优质安全、生态环保型肥料农药等投入品，全面推行绿色、生态和环境友好型生产技术。加快推进本市种植业绿色食品认证工作，提升绿色食品认证率。

四是强化创新驱动，支撑绿色发展。完善科研院所、高校、企业等各类创新主体协同攻关机制，建立主导产业绿色生产技术体系。健全完善农业生态补贴制度，支农政策优先向划定的“三区”倾斜，建立财政补贴机制，综合运用税收、政策性担保、信贷支持等激励政策，引导社会资本支持绿色农业发展。建立健全资源环境生态监测预警体系、农业面源污染监测体系，加快构建全市统一的农业公共信息化服务平台。实施绿色农业人才培养计划，加快培育新型经营主体和职业农民队伍，加强绿色农业科技领军人才队伍建设。

通过全市上下各级农业部门的共同努力，经评估，《行动计划》设置的主要指标全部完成，发展目标基本完成。完成农业“三区”划定工作，共划定 136.49 万亩，其中，粮食生产功能区 80.32 万亩，蔬菜生产保护区 49.07 万亩(313 个保护片)，特色农产品优势区 7.1 万亩(13 个优势区)。2020 年，设施菜田土壤改良面积 6 万亩，畜禽规模化养殖比重 96%，水产标准化健康养殖比重 97%，主要农作物综合机械化率 95%；化肥使用总量(折纯量)7.53 万吨，农药使用总量 0.28 万吨；畜禽粪污综合利用率已达 97%，规模化畜禽养殖场粪污处理设施配套率 100%，处于全国领先水平；秸秆综合利用率达到 96.5%。截至 2020 年底，有效期内绿色食品企业数共 875 家，产品 1 573 个，获证产量 125.58 万吨；有机农产品企业 11 家，产品 21 个。全市绿色食品认证率达到24%。

二、《行动方案》制度设计

为进一步深入贯彻落实党中央、国务院关于实施质量兴农战略的决策部署，全面提升都市农业质量效益和竞争力，推进上海市农业高质量发展，根据乡村振兴“三园”工程建设总体要求，2020年底本市研究制定了《上海市推进农业高质量发展行动方案(2021—2025年)》，作为“十四五”时期上海都市现代绿色农业高质量发展的行动纲领，以加快推进农业高质量发展。《行动方案》提出了总体目标、5大行动、13个先行片区、5个保障机制。

(一)总体目标

上海农业高质量发展应以推进农业绿色发展为核心，深入贯彻落实“人民城市人民建，人民城市为人民”重要理念，努力实现“五高”(高品质生产、高科技装备、高水平经营、高值化利用、高效益产出)。以农业“三区”为重点，通过实施五大行动，构筑五大保障机制，聚焦打造一批绿色田园先行片区，不断优化农业资源要素配置、产业结构、空间布局和管理方式，提高农业综合效益和竞争力，推进上海农业高质量发展。到2025年，基本建立农业高质量发展制度框架体系。

(二)实施五大行动

一是绿色循环发展行动。推行绿色生产方式。绿色生产基地覆盖率达到60%，绿色农产品认证率达到30%以上。建设12家美丽生态牧场。建设100家国家级水产健康养殖示范场，水产绿色健康养殖比重达到80%。推进生态循环农业发展。以生态循环农业示范创建为抓手，集中打造2个生态循环农业示范区、10个示范镇、100个示范基地。

二是科技装备提升行动。建设农业智能化生产基地。打造10万亩粮食生产无人农场，打造一批智能化菜(果)园，建设2万亩高标准蔬菜绿色生产基地。夯实数字农业发展基础。深化上海数字化农业信息平台建设，提升全产业链数字化管理水平。提升现代种业创新能力。建立农业种质资源保护体系，加大地方特色农产品资源保护与开发力度。支持基础好的种业企业开展商业化育种，鼓励种业企业开展国际战略合作。

三是经营主体培育行动。重点打造100家年销售额1亿元以上、具有核心竞争力和带动能力的产业化龙头企业。培育50家现代农业高新技术企业。支持30家农业产业化联合体做优做大做强。提升农业新型经营主体。组织1 000家家庭农场、农民合作社开展示范家庭农场、示范合作社创建，重点培养300家市级以上示范家庭农场、示范合作社。打造5个区域性集约化育苗中心。布局一批规模适度的农产品预冷、贮藏保鲜等初加工冷链设施。聚焦蔬菜保护区建设和农业绿色生产基地，发展“全程机械化＋综合农事”服务。培育高素质农民。强化政策激励，引导有志青年投身现代农业。全市累计培育农业经理人500名，大专学历以上文化程度占比达到70％，累计培育新型职业农民2.5万名，形成一支有文化、懂技术、善经营、会管理的高素质农民队伍。

四是特色品牌建设行动。打造优质食味稻米品牌。筛选和推广一批品优味佳的食味稻米品种。完善稻米品质评价以及生产、加工、保鲜贮藏标准体系。推广应用电子信息追溯标识，集中打造优质食味稻米区域公用品牌。到2025年，上市销售的地产稻米品牌化比例达到50％。提升特色产业品牌优势。做精做优一批特色农产品区域品牌和企业品牌。做强休闲农业文化品牌。各涉农区重点培育和提升1～2个休闲农业文化品牌。

五是产业融合增效行动。建设产业融合发展平台。结合乡村振兴示范村和美丽乡村示范村建设，集聚优势资源和产业特色，打造一批产业特色镇(村)、产业融合发展示范园。拓展农业多种功能。促进农业与文化、旅游、教育、康养等产业融合，提升休闲农业和乡村旅游水平，重点打造10条休闲农业和乡村旅游精品线路。

(三)打造13个先行片区

依托各区农业资源禀赋和特色产业发展基础，全力打造13个规划定位明晰、资源要素集聚、品牌优势突出、生产方式绿色、技术装备先进、产业融合创新的绿色田园先行片区，示范引领都市现代绿色农业高质量发展。其中，浦东新区重点打造生鲜蔬菜产业片区和品牌瓜果产业片区，金山区重点打造特色果蔬产业片区和农旅融合产业片区，崇明区建设现代畜禽养殖产业片区和高端设施农业产业片区，嘉定区建设数字化无人农场产业片区，松江区打造优质食味稻米产业片区，奉贤区重点建设东方桃源综合产业片区，青浦区打造绿色生态立体农业片区，宝山区打造乡村康养产业片区，闵行区建设都市田园农业片区，光明集团打造现代种养循环产业片区。

(四)健全五大保障机制

具体而言，主要是建立工作推进机制、财政金融保障机制、规划用地支撑机制、人才培养机制、监测评估机制五个保障机制。

（市农业农村委发展规划处 章黎东）

划定农业“三区”举措与成效

自《国务院关于建立粮食生产功能区和重要农产品生产保护区的指导意见》(国发〔2017〕24号)印发以来,按照农业农村部、自然资源部、国家发展改革委的部署,以及上海市委、市政府的要求,由上海市农业农村委员会牵头,会同上海市规划和自然资源局、上海市发展和改革委员会,扎实推进粮食生产功能区、蔬菜生产保护区和特色农产品优势区(以下简称农业“三区”)划定工作。自2019年以来,在原有的工作基础上,进一步完善了划定成果和管理办法。经市委常委会和市政府常务会议审议通过,全市圆满完成划定任务。

一、开展的主要工作

一是优化完善划定成果和管理办法。在完成市级技术审查、区级补划完善、市级抽查核验、区镇村公告公示、专家和部门意见征询、规划衔接等工作的基础上,不断优化完善划定成果。2019年6月17日,上海市分管副市长主持召开市政府专题会议听取汇报,原则同意农业“三区”划定成果和管理办法。根据会议精神,做进一步修改完善。二是严格审议,形成农业“三区”成果和管控要求。9月9日,经市政府常务会议审议通过。9月18日,经市委常委会审议通过,会议指出,粮食生产功能区、蔬菜生产保护区和特色农产品优势区划定工作是上海市都市现代绿色农业发展重要的基础性工作,要紧密结合上海超大城市实际和农业高质量发展要求,巩固划定成果,落实管护责任,切实把农业“三区”保护好、建设好、管理好,积极推进农业种植业结构调整,更好地推动乡村振兴战略落地见效。三是落实要求,全面完成数据汇交报部。按照农业农村部的工作要求,扎实推进农业“三区”划定成果检查验收、建档立卡和上图入库等工作,开展了内业技术检查、外业核查和成果评价,全面完成了区级自验、市级核验、市级验收和数据汇交报部等工作。

二、划定情况

为推动中央批准的自贸区临港新片区总体方案加快落地,将先行启动范围涉及

1.16 万亩农业“三区”地块调出。调整后，上海市农业“三区”划定总面积为 136.49 万亩。其中，粮食生产功能区 80.32 万亩，完成了农业农村部下达的划定任务；蔬菜生产保护区 49.07 万亩（含 15 个蔬菜保护镇），为稳定本市地产蔬菜供应提供了有力保障，后续将结合永久基本农田的优化调整补足 50 万亩；划定马陆葡萄、白鹤草莓、庄行蜜梨、书院西甜瓜等特色农产品优势区 13 个（7.1 万亩），基本包含了本市主要的地产特色品牌农产品，能较好地满足市民需求。

从划定规模上看，全市共划定了 497 个粮食生产功能片，其中，划定地块面积在 500 亩以上的保护片有 422 个（划定地块面积 78.07 万亩），约占全市粮食生产功能区总划定面积的 97%；划定了 313 个蔬菜保护片，其中，划定地块面积在 1 000 亩以上的保护片有 193 个（地块面积 42.52 万亩），占全市蔬菜划定保护地块总面积的 85%。农业“三区”划定达到了集中连片的预期目标。

从划定布局上看，粮食生产功能区主要集中在崇明区、金山区、松江区和青浦区，占全市划定面积的 73.5%；蔬菜生产保护区主要集中在崇明区、奉贤区、浦东新区和青浦区，占全市划定面积的 78.2%。农业生产条件较好的区域实现了应划尽划。

三、管理办法

农业“三区”管理办法总的考虑是，在划好的基础上，更要管好、建好，落实主体责任，严格保护、建设和管理要求，实现农业农村、规划资源部门在同一张图上的数量、质量双保护的目标。

管理办法共分五章二十七条，在适用范围与职责分工、使用与建设、保护与管理、监督与考核等方面作出明确规定，强化空间管控、质量管控和功能管控。该办法强调了农业“三区”应当纳入上海市城市空间基础信息平台落图管理，在新增建设用地项目选址、土地预审、农转用征收、供地等方面，进行农业“三区”控制线审查，严格调整补划程序，确保农业“三区”数量不减少、质量不降低，划定地块得到有效保护。

（市农业农村委村镇建设处 温祖良）

推进农业绿色认证举措与成效

近年来，上海在推进都市现代绿色农业发展进程中，紧紧围绕农业农村部和中国绿色食品发展中心“稳发展优供给，强品牌增效益”的主线，落实《上海市都市现代绿色农业发展三年行动计划（2018—2020 年）》和乡村振兴战略实施要求，践行新发展理念，积极推进绿色食品认证，保障绿色优质农产品有效供给。截至 2020 年底，全市有效期内绿色食品企业 875 家、产品 1 573 个、产量 125.58 万吨，绿色食品获证产量占农产品总产量的 24%。

一、创新审查模式，实施分段管理

（一）顶层设计，分级管理

上海在全国率先形成较完善的市、区两级分工负责的绿色食品分级管理体系。区级负责辖区内种植业绿色食品受理审查、现场检查、续展等工作；市级负责预审、初审、材料上报等管理工作；畜禽类、水产类、蜂产品类、食用菌类、加工类等高风险产品的受理审查、现场检查和续展工作仍由市级负责。分级管理体系的实施，有效形成了上下联动机制，可以缓解市级人员少、工作量大的问题，充分发挥各区属地化管理的作用，更有针对性地指导和服务企业，形成上海绿色食品发展制度优势。

（二）创新方式，严把关口

为严把绿色食品申请关，及早发现问题、防控风险，上海创新工作方式，制定预审工作制度，做到“四早”，即早准备、早梳理、早计划、早预检。对首次申请绿色食品，且生产过程复杂、安全风险较高、标准把握不明的申请人，组织预先审查及风险评估，以确定申请人资质、生产能力等条件是否符合绿色食品要求。预审由至少 2 名市级检查员参加，形成省级机构绿色食品预审报告。对预审通过的申请人，由区级机构正式受理并开展相关审查和现场检查工作；预审未通过的，按照要求整改到位后，再由区级机构受理。

（三）续展跟踪，动态管理

建立续展跟踪机制，安排市级检查员以督导员角色参与各区续展工作。一方面，督导区级机构是否按照程序规范操作，避免出现走马观花式现场检查，杜绝走过场、态度松懈、检查力度减弱等。另一方面，核查企业基地环境、生产投入品、档案记录、质量管控体系等，对不符合绿色食品标准的企业，实行退出机制，确保企业绿色食品生产可持续性。经过续展跟踪和动态管理，每年形成年度抽查绿色食品续展企业情况汇总表，及时向市、区和企业反馈信息，确保了续展审查工作质量，近五年企业和产品续展率均在80%以上，远超全国60%的平均水平。

二、提高认证门槛，落实“三全”要求

（一）“三全”要求早部署

为擎住“绿色食品”金字招牌、严控蔬菜生产风险，针对种植中存在的因品种多、茬口多、规模小给绿色生产带来风险隐患的问题，2019年率先提出蔬菜绿色食品生产采取“全基地”“全季节”“全品种”管理措施，即在基地可种植面积上的各茬口蔬菜所有品种全部为绿色食品，简称“三全”。2021年，将“三全”要求扩大落实到果品生产主体，严格限制蔬菜、果品平行生产。

（二）“三全”要求严执行

按照“严把规模比例、严控品种茬口、严管生产续展”要求，做好绿色食品认证申报前预审和省级综合审查工作。对原已获证主体，不符合“三全”要求的，通过调品种、增面积等方式确保顺利续展；对无法达到“三全”要求的，执行退出机制。对新申报主体，要求严格执行“三全”，加强指导和管控。通过实施“三全”管理，引导蔬菜种植结构的调整，改变多品种种植的状况，促进规模化、组织化水平的提升，也为绿色食品持续健康发展夯实基础。

三、突破饲料瓶颈，推进养殖认证

（一）推进绿色生资认证

养殖业绿色食品生产涉及环节繁多、情况复杂，面临着认证门槛高、绿色饲料及饲料原料缺乏等问题。为突破绿色饲料瓶颈问题，联合中国绿色食品协会和上海市饲料行业协会对37家饲料生产企业开展绿色生资认证培训，同时组织开展饲料生产企业与养殖企业交流研讨和产销对接活动，鼓励饲料生产企业生产并申报绿色生资，解决养殖业绿色食品申报无饲料可用的难题。目前已有南美白对虾、龙虾、螃蟹、产蛋鸡等的9个饲料品种获得绿色生资认定，有效助推养殖业绿色发展。

（二）提高养殖认证积极性

一是强化对主体的服务。对有申报需求的养殖企业进行现场指导、人员培训和

政策宣传，动员企业按照绿色标准要求开展小范围实验，逐步推行到更大的生产范围。及时了解企业生产和申报动态，针对原料来源、生产成本、销售渠道等关键环节存在的问题，共同寻求解决途径，积极推进养殖产品绿色认证进程。二是加大政策支持力度。制定完善对绿色食品获证产品的奖补政策，对不同类别产品实施差别化奖补，激发主体认证积极性。目前，上海已有猪肉、南美白对虾、中华绒螯蟹等产品获得绿色食品认证，实现了养殖类绿色食品零突破，进一步助力绿色食品获证产品的结构优化。

四、优化工作机制，提升监管效能

（一）加大证后监管力度

每年制定《上海市绿色食品监管工作方案》，明确绿色食品证后监管要求，落实市、区两级监管任务。同时，制订跨镇监管、包装标识检查、证后产品监测等专项工作方案，量化"市、区、镇"三级目标任务，对标对表、有序推进。目前，每年获证企业监管检查覆盖率达95%以上，获证产品抽检合格率达99.0%以上，绿色食品大米、果品、加工产品用标率达80%以上，绿色食品生产基地设立绿色食品标识标牌比例达90%以上。

（二）创新证后监管方式

一是实施交叉监管。为解决"自家孩子自家宠""区级机构发现问题少、整改少"等问题，上海率先从严推行"跨区监管、跨镇监管"模式。2019年始，将交叉监管检查机制正式纳入制度化管理，并进一步向基层延伸。目前，市级绿色食品监管检查百分之百组织区级监管员跨区监管，鼓励并引导各区组织辖区内跨镇监管。通过"对照标准，看看别人，照照自己"的交叉监管检查模式，强化区级监管员责任意识，激活基层队伍特别是镇监管员活力，整体提升监管队伍能力水平。二是实施数字监管。推进绿色食品获证企业全面应用"国家农产品质量安全追溯管理信息平台"和"上海市农产品质量安全网格化监管平台"。按照"互联网＋监管"实施方案要求，实现每月绿色食品生产主体日常巡查全覆盖，已累计录入巡查信息3 087条，有效实现了绿色食品证后监管信息化。

五、注重培训管理，强化队伍建设

（一）以"专"为本，加强培训管理

为贯彻落实绿色食品工作系列要求，定期以专题授课、标准宣贯、案例教学、现场教学等形式组织开展培训工作。结合蔬菜、果品、加工、养殖不同专业需求，细化

培训内容，针对不同产品的申报审核要点、风险管理控制点和现场检查要求等开展专项培训。依托新媒体平台，制作“绿色食品标志许可审查辅助教学片”，开展线上培训。此外，提高区级机构对申报材料的审核要求，规范审核流程，鼓励各区组织集中审核，加强检查员间的交流。

（二）以“责”为要，激发工作活力

检查员队伍是绿色食品事业发展的压舱石，上海要求检查员既要做好现场检查工作，还要履行“三员”（即指导员、观察员、联络员）职能。指导员负责指导企业按照绿色食品要求生产，准备申报材料，但不包办、不代劳；观察员由市、区选派，对区、镇检查员实施检查的过程和质量作客观评价；联络员由企业所在镇的检查员担任，负责联络沟通、发现问题、传达信息。通过赋予检查员新角色、新职责，激发检查员的工作热情和活力，进一步提升绿色食品工作队伍能力，稳步推进绿色食品认证工作。

（市农业农村委农产品质量安全监督管理处 楼甜甜）

粮食生产举措与成效

粮食安全是实现经济发展、社会稳定和国家安全的重要基础。稳定粮食生产，对应对复杂形势、保持经济社会发展大局稳定具有重要意义。历届上海市委、市政府高度重视粮食生产，认真落实粮食安全省长责任制，切实扛起主销区粮食安全责任。近年来，本市粮食生产围绕"藏粮于地、藏粮于技"的总体要求，多措并举，改革创新，不断提升粮食生产水平，努力完成国家交给上海的粮食生产任务。

一、主要措施

（一）明确目标，落实粮食安全责任

按照粮食安全省长责任制工作要求，围绕都市现代绿色农业发展，保障粮食生产能力，2019 年完成国家下达上海市 80 万亩粮食生产功能区划定任务，划定面积 80.32 万亩。全市粮食生产保持相对稳定，特别是主要粮食作物水稻生产面积稳定在 155 万亩以上。为确保完成国家下达本市粮食生产目标任务，结合上海实际，下达了粮食生产年度分解目标，层层压实责任，将粮食生产目标任务完成情况纳入市委、市政府重点工作和乡村振兴考核范围。2020 年，市政府办公厅印发了《关于促进本市粮食生产平稳发展意见的通知》，明确了八方面工作措施；修订完善了《上海市粮食安全省长责任制考核办法》，细化年度考核细则，加强工作考核，用好考核这根"指挥棒"，强化考核结果运用，将考核结果纳入地方党政领导班子年度绩效考核和领导干部年度考核范围。2020 年，全市粮食种植面积为 171.4 万亩，完成国家下达本市粮食生产面积 170 万亩（约束性指标）的目标任务。

（二）落实责任，加强耕地保护

耕地是至关重要的农业资源。为贯彻落实国家农业绿色发展战略和推进农业供给侧结构性改革，围绕耕地质量保护与提升，从 2016 年起，上海先后制定印发了《上海市耕地质量保护与提升实施方案》《上海市耕地河湖休养生息实施方案（2016—2030 年）》和《推进本市粮田季节性轮作休耕养地工作的通知》等，明确并实施"养、退、休、轮、控"综合措施，保护和提升耕地质量，实现耕地永续利用。为完善耕地保护与

提升政策，本市出台了《关于完善本市耕地质量保护与提升补贴政策意见的通知》，提高了补贴标准，扩大了资金使用范围。同时，将耕地质量保护与提升工作纳入本市粮食安全省长责任制和耕地保护考核内容，加强工作考核，促进了耕地保护措施的落实。2018—2020年市郊绿肥及深耕面积累计达到373.5万亩和推广商品有机肥97.3万吨，超额完成每年100万亩绿肥深耕和22万吨有机肥的目标任务，并积极探索种养循环农业模式。同时，围绕秸秆禁烧工作要求，按照农用优先、多元利用的原则，全市连续出台了四轮秸秆综合利用政策，高效推进粮食秸秆粉碎还田、打捆回收发酵饲料化、草腐菌生产基质化等农作物秸秆综合利用，2020年秸秆综合利用率达到96.5%。通过政策引导，实施有机肥替代化肥、秸秆还田，开展专用配方肥、缓释肥的示范应用，提高土壤有机质含量。2020年全市耕地有机质含量达到29.06g/kg，比2017年提高4%，耕地质量有效提升。

（三）示范引领，推动绿色生产

按照农业农村部工作部署，结合上海粮食生产特点，以示范点建设为抓手，以点带面，全面推进粮食绿色高质高效创建活动。成立了粮食绿色高质高效创建工作领导小组、专家指导组，切实加强创建工作的领导和指导，并逐片、逐点配备技术人员，从组织上保障全市创建工作的有序推进。制订年度实施方案，明确年度创建目标、实施内容、检查考核机制及标准。重点集成推广用地养地相结合的粮食作物绿色茬口模式、高效全程机械化生产、良种配套绿色生产技术、氮磷钾养分平衡施用和病虫草害绿色防控五大关键技术。2018—2020年，全市共建立水稻绿色高质高效创建示范点1 095个，示范面积115.3万亩次，基本实现市郊涉粮区、镇及规模化实体企业全覆盖。同时，开展技术培训和指导，强化创建管理，树立统一创建标牌、实施“五统一”管理、建立一点一档案，开展阶段性检查评比活动，对评选出的市级优秀示范点进行通报奖励。落实创建资金，确保创建工作取得实效。

（四）提质增效，推进稻米产业化

加强全产业链建设，布局落地了一批稻谷烘干、稻米加工与冷藏等产业链后端装备，充分发挥郊区稻田冬季养地和水稻绿色生产等生态优势，实施早中晚熟品种搭配、绿色生产模式应用、稻田生态种养、标准化清洁生产、绿色认证、安全追溯体系为主要环节的地产优质粳稻全产业链绿色生产模式开发与应用，培育形成具有一定市场规模和知名度的“松江大米”“崇明大米”“青浦薄稻米”“金山味道”等区域公共品牌以及“瀛丰五斗”“东滩绿港”“依家良匠”“鹤舞稻香”等一批地产企业大米品牌。“松早香1号”和“沪早香软1号”等早熟国庆稻品种种植面积稳定在3万亩以上，利用“错时上市”的契机，满足市民品尝新鲜大米的需求。同时，由于国庆稻生育期短，水旱轮作低碳生态，已成为郊区西红花、甜瓜等高效经济作物茬口主要配置品种。利用农民丰收节、多媒体等契机和渠道，市、区两级政府每年组织地产国庆新大米和晚熟大米进超市、进社区、进学校、进公园等活动，开展丰富多彩的稻米品鉴、评优和推介活动，地产稻米品牌影响力逐步提高。2020 年，我委联合上海寻梦信息技术有限公司在拼多多平台共建线上营销平台——“沪农优品馆”，引导农户“触网”发展电商业务，扩大大米销售渠道。通过评优推优、广泛宣传引导，线上线下相结合，进一步提高农民“卖米”意识，推进优质稻米产业化，实现粮食提质增效，增加农民收入。通过培育品牌，引导绿色生产，将郊区农田生态价值融入地产稻米品牌，实现生态效益与经济效益的有机统一。

（五）防灾减灾，努力减少损失

针对上海粮食病虫草害发生特点，制订病虫草害防控预案，建立了全市病虫害预警体系，加强病虫监测，特别是水稻稻飞虱、稻纵卷叶螟“两迁”害虫和草地贪夜蛾的监测，及时发布病虫情报，为科学防控提供依据。推广高效低毒低残留农药和病虫害绿色防控技术，示范推广绿色防控技术，制订了水稻绿色防控技术方案，强化技术培训，扩大示范推广面积。2020 年，全市水稻病虫害绿色防控技术示范面积 21.58 万亩，示范点 229 个，总推广应用面积 82.5 万亩，覆盖率 61.18%。通过绿色防控技术的推广应用，大大减少了化学农药的使用。开展《农作物病虫害防治条例》宣传，提高防治意识。近年来，通过有效监测和防控，上海未出现重大病虫害损失，病虫害防治取得了实效。同时，加强与气象、水务、应急部门的沟通协调，制定应对灾害措施，切实抓好防灾减灾工作，努力减少因灾损失。

（六）稳定政策，保护种粮积极性

近年来，上海不断优化强农惠农富农政策组合。粮食生产补贴政策保持相对稳定，就种植水稻而言，市级财政补贴标准稳定在每亩 260 元，各区结合生产实际，以稻田生态补偿和农业机械化发展为主基调，在市级财政补贴的基础上增加粮食规模经营、种源、农业机械社会化服务、生物肥料、农药等物化补贴。同时，为稳定种粮农民收入，各区出台了稻谷销售补贴。2020 年全市 9 个区水稻种植亩均补贴 400 元左右，各类物化补贴最高超过每亩 1 500 元。认真落实粮食补贴政策，不折不扣下达补贴资金，补贴资金全部通过“一卡通”“一折通”或银行转账等方式发放。同时，加强补贴资金监管，加大对补贴面积的核查，确保补贴面积真实，并做好补贴资金的公开工作，接受社会监督，确保资金落实到位。

二、取得的成效

(一)优化粮田茬口模式

以农业绿色发展为落脚点，建立和完善耕地轮作休耕制度，降低耕地使用强度，形成了用地养地相结合的稻田绿肥或休耕茬口绿色种植模式，提高耕地质量，为推进优质稻米产业化发展提供了基础保障。同时，从源头上减少化肥农药的使用。

(二)提高绿色生产水平

以化肥农药减量增效为重点，通过实施粮食绿色高质高效创建和绿色生产基地建设，形成了以“休养轮作型”“循环农业型”和“生态种植型”三种优质稻绿色生产技术模式，建立了水稻绿色生产技术标准。2020年郊区绿色食品稻谷(含全国绿色食品原料标准化生产基地)生产面积约占郊区水稻面积的58%，水稻良种良法、机械化种植、绿色栽培技术和绿色防控技术等主推技术覆盖率达到95%以上，实现了化肥农药减量，提高了绿色生产水平。

(三)促进粮食转型升级

以提质增效、农民增收为目标，充分发挥上海优质食味米品种的种源优势，形成了早、中、晚熟优质品种的合理布局，推进优质稻绿色生产和产业化、品牌化开发，促进粮食生产提质增效。2020年，全市“卖大米”的比例达到30%以上，推动了从“卖稻谷”向“卖大米”转变，促进了粮食生产转型升级，从而提高了种粮收入。

(四)提高粮食保障能力

以全面推进水稻机械化育插秧、机械化穴直播栽培为重点，积极探索水稻生产全过程机械化施肥和机械化植保为手段，不断提升水稻生产全程机械化综合水平。2020年，水稻耕种收综合机械化率达到96%。积极推进粮食烘干能力建设，到2020年，本市粮食烘干能力为2.45万吨/批次，粮食烘干水平达到85%以上。同时，加大高标准农田建设，提高了建设标准，到2020年已建成高标准农田171.18万亩，有效增强了农业抗灾能力，保障粮食生产安全。

(市农业农村委种植业管理处 陈建芳)

花卉产业推进举措与成效

花卉产业被誉为“美丽产业”“富民产业”，是服务高品质生活的重要载体，对上海推进令人向往的创新之城、人文之城、生态之城建设具有重要意义。近年来，上海市以筹办第十届中国花博会为契机，多措并举，创新推动特色花卉产业高质量发展，在种源创制、科技创新等方面取得了较好成效。

一、主要工作举措

（一）抓好花卉产业发展顶层设计

上海市委、市政府领导十分重视花卉产业发展，多次批示并召开专题会议。李强书记提出，实施乡村振兴战略的目标就是“农民富、农业强、农村美”，要做好“美环境”“种风景”这篇大文章，做大做强美丽产业，带动农民增收致富。李强书记、彭沉雷副市长等市领导多次深入乡村调研，推进花卉产业发展工作。2020年，彭沉雷副市长、赵祝平副秘书长先后召开市政府专题会议3次，组织各委办局深入研究花卉产业发展政策，协调解决重点难点问题，研究部署工作任务；并赴松江、崇明和江苏常州等地现场调研，召开座谈会听取花卉生产企业、交易市场、协会、科研院所相关人员的意见建议。市农业农村委张国坤主任、叶军平副主任牵头，组建工作专班，深入郊区、云南和江苏等地开展调研，组织有关部门、单位研究花卉产业发展方向、路径及对策；先后多次召开了专题会议，充分听取花卉龙头企业、农户、有关部门、专家和行业协会的意见建议，起草并向市委、市政府上报专报等相关材料。

（二）夯实花卉产业发展政策保障

2020年，按照上海市政府部署，市农业农村委牵头研究花卉产业发展工作，在市绿化市容局、市商务委、市规划资源局、市文化旅游局、市农科院和市花卉协会等单位参与下，经过多次调研、多方商议、多轮修改，制定印发了《上海市人民政府办公厅关于推进花卉产业高质量发展 服务高品质生活的意见》（沪府办〔2020〕72号），明确了本市推进花卉产业高质量发展的目标任务、重点项目和保障措施。同时，在《上海市人民政府关于印发〈上海市推进农业高质量发展行动方案（2021—2025年）〉的通知》

(沪府〔2020〕84 号)等文件中,明确提出大力发展花卉园艺产业。此外,2021 年将推进花卉高质量发展工作纳入乡村振兴"挂图作战"目标管理系统,对各区工作推进情况进行常态化考核。

(三)加大花卉产业支持力度

近年来,通过聚焦项目、科技等资源,把花卉产业作为绿色产业、富民产业和美丽产业着力打造,加大了资金、资源投入力度,先后推动建设一批高标准、智能化生产基地,取得一批科研成果,推动了上海花卉产业提档升级,并为第十届花博会提供了产品和技术保障。积极支持规模化花卉企业发展,大力培育新型花卉产业经营主体,不断引进国内外企业投资花卉产业。据统计,2018 年以来,市农业农村委批复都市现代农业项目中涉及花卉的有 26 个,总投资超 10 亿元。2021 年还将批复建设花卉项目 9 个,总投资近 3 亿元。

(四)推动花卉产业集群化发展

近年来,通过政策引导、吸引社会资本参与等方式推动花卉项目向重点区域集聚,在松江、崇明和浦东三个区先后建设了松江区浦南花卉基地种苗生产能力提升项目、国际菊花产业园菊花工厂、花博园光明超级花卉工厂、崇明智慧生态花卉园和上海鲜花港智能花卉生产基地等二十多个现代化的花卉生产基地项目,总投资十多亿元,有效地推进了市级花卉产业集聚区的高质量发展。同时,在其他区推动建设了上房园艺新优植物引种研发生产基地、宝熠花卉生产基地和盛佰俪花卉生产基地等一批规模化、智能化、设施化高档盆花、切花和种苗产业基地,实现花卉产业空间布局由平面分布转型为集群化发展。此外,引导并推动冷藏保鲜库、营销中心等公共服务区在产业集聚区内均衡布局和一体化建设。

(五)推动花卉新产业新业态新模式发展

结合上海市乡村振兴示范村、美丽乡村示范村建设,以花为媒推进"上海花城"建设,促进全市花卉产业和文化旅游产业、创意产业等有机融合。崇明 23 万户农村家庭开展宅前屋后环境整治,扮靓花路花村花宅,建设海上花岛。利用花卉产业资源开发农旅融合的产业项目,重点支持和推动以花卉特色为主体的产业基地、花卉文化主题公园、花卉田园综合体、花卉特色小镇、花园中心等建设;结合全市休闲农业和乡村旅游精品线路的规划和布局,推动建设花村、花海、花田、花径等乡村花卉旅游资源,推出一批花卉观光旅游线路和旅游产品。积极探索花卉进社区、美家园等景观应用新模式,推动西红花、水仙花、蜡梅、菊花、玫瑰、铁皮石斛、百合等花卉功能性产品挖掘。支持开展以花为主题的创业创新活动,培育发展花卉产业线上线下相结合的新主体、新业态、新模式。

(六)推动花卉产业科技创新

进一步提升上海花卉产业的科技创新能力,加大知识产权保护力度,促进花卉新品种、新技术、新装备、新产品的研发和应用。近3年来,市农业农村委通过科技兴农资金立项支持花卉科研项目15个,总投入6 949.5万元,其中投资2 000万元设立"花博会特色花卉应用关键技术集成与示范"科研项目,为花卉科研和花博会筹备工作提供了有力的技术支撑。支持本市花卉产业科创体系建设,每年提供经费500万元,继续依托本市花卉产业技术体系,打造全市花卉科研资源集成、科研技术协作的科创平台。支持上海市农业科学院、上海应用技术大学等科研院所和高校的科技人员参与企业技术创新,打造引领国内的种源创新高地,促进产学研用相结合。

二、取得的初步成效

(一)产业区建设格局初步形成

目前,全市商品花卉种植面积近3万亩,产值约10亿元,产品以盆花、切花、种苗、种球等特色花卉种类为主。近年来,通过项目聚焦和政策引导,建成了崇明智慧生态花卉园、花博园光明超级花卉工厂等多个现代化、工厂化、智能化花卉生产基地项目,花卉产业集群化发展趋势进一步凸显,初步建成了松江、崇明和浦东三个产业特色鲜明、产业链完整、区域经济带动能力强的市级花卉产业集聚区。同时,在集聚区以外推进建设了闵行区上房园艺"梦花园"、青浦区盛佰俪"玫瑰园"、嘉定区外冈"蜡梅园"等一批设施条件良好、品种特色明显、具备现代化经营管理水平的专业化花卉生产基地,培育了浦东新区"周浦花海"、金山区"花开海上"和青浦区"寻梦园"等若干个以花文化为主题的旅游功能区。全市已基本形成"3+X"花卉产业集聚区发展格局。

(二)花卉经营主体继续壮大

近年来,本市形成了上海鲜花港、上海种业(集团)有限公司、上海源怡种苗有限公司、上海虹华园艺有限公司和上海上房园艺有限公司等一批在全国有影响力的花卉企业,在行业内处于国内领跑地位,花卉种苗种球、盆花切花等生产技术位于国内领先位置。据统计,全市现有50亩规模以上的花卉企业(合作社)100多家,其中国家级农业龙头企业1家,市级农业龙头企业3家,形成了龙头企业+联扶合作社联合体、龙头企业+合作社和合作社+农户的多种联农带农产业发展形式,年累计带动农户3 000多户。

(三)科技服务能级不断提升

近年来,本市花卉产业发展以科技兴农项目为支撑,以花卉产业技术体系为抓手,推动花卉创新能级不断提升,在种子种苗、栽培技术、产品开发等方面形成一系列科研成果。仅“十三五”期间，就先后获得上海市科技进步奖 2 项，培育花卉新品种 35 个，制定国家行业标准 12 项、地方标准 2 项、企业技术规范(标准草案)38 项。目前，本市花坛花、菊花和康乃馨种苗市场占有率在国内最高，其中菊花种苗在亚洲处于领先水平，盆栽红掌、百合、菊花、仙客来及多肉植物等花卉品质处于国内先进行列，菊花、矮牵牛、朱顶红、彩色马蹄莲、萱草、百合、康乃馨等花卉种质资源的收集、保存与种质创新处于国内领先水平。

(四)花卉衍生品开发成效初显

近年来，本市在花卉精深加工和衍生品开发方面做了重要探索，取得了较好成效，形成了藏红花面膜、藏红花饮品、玫瑰精油、铁皮枫斗、铁皮石斛含片、薰衣草香皂、山茶精油、芳香植物茶饮及菊花茶等系列花卉衍生品，带动了花卉产品的生产和营销，极大地提升了产品附加值和产业效益。2020 年，本市花卉二产产值约 6 亿元。上药集团围绕藏红花产业发展，开发出面膜、药妆、饮品等系列衍生品，受到市场的广泛欢迎，2020 年藏红花及其产品实现销售额近 1 亿元。

(五)花卉流通消费连续增长

近两年，为打通花卉产地和零售环节的堵点，本市着力推动新的花卉批发市场建设。依托“互联网＋”等新技术的新商业模式初步形成，众多上海地区的花卉企业利用拼多多、叮咚买菜等平台发展花卉电子商务，拓展了花卉流通的新渠道。冷链配送带动了仓储、物流的升级换代，在方便居民消费的同时，加快了花卉产品的流通速度，实现花卉业的提质增效。据统计，全市有各类花卉批发、花卉服务、花店及销售点 1 万余家，流通消费总额达 100 亿元，约占全国的 1/15，成为我国最大的花卉消费城市，其中鲜切花的年消费量国内最大，庭院花卉、市政景观用花品质和数量均处于国内领先行列。

(六)产业融合发展持续升温

近几年，“花卉＋”产业快速发展，升温较快的是花海旅游、景观应用、家庭园艺和花卉会展，成为花卉产业增长的重要趋势。浦东新区的“周浦花海”和金山区的“花开海上”成为花卉旅游的新亮点，“郁金香品种展”“春季新优花卉品种展示会”“上海家庭园艺节”“上海菊花节”“青浦寻梦园”等花卉主题景点快速成长。此外，上海花卉会展影响日益增强，每年与花卉相关的各类会展活动有 60 余场，其中影响力大的有国际花卉园艺博览会、国际多肉植物展、家庭园艺节等。2021 年第十届花博会在上海成功举行，成为我国花卉界的重大盛事，进一步活跃了本市花卉会展业。

(市农业农村委种植业管理处 王广鹏)

蔬菜产业发展举措与成效

蔬菜是重要的民生商品，在都市现代绿色农业和城市保供稳价中具有举足轻重的地位。自实施乡村振兴战略以来，上海市蔬菜工作坚持目标导向、问题导向和底线思维，以供给侧结构性改革为目标，以“绿色田园”工程为抓手，聚焦“稳量、提质、增效”总目标，大力实施高标准设施菜田建设、高效率“机器换人”和高品质绿色生产行动，着力提升城市蔬菜保供能力、绿色生产能力和产业增效能力，为城市“菜篮子”保供发挥了积极作用，取得了积极成效，促进了蔬菜产业高质量发展。

一、确保地产蔬菜有效供给

(一)强化责任落实

持续实施“菜篮子”市长负责制，强化责任落实。一是落实属地责任。通过与9个涉农区和2个市属单位签订《确保蔬菜生产保障市场供应责任书》，将生产任务落实到区、镇和生产单位，明确目标任务，强化属地责任。二是实施考核奖励。通过签订责任书，对绿叶菜生产实施奖励，将稳定蔬菜生产责任列入乡村振兴“挂图作战”考核。三是强化信息监测。确保生产面积不滑坡，生产质量不下降，市场供应不减少。2016—2020年，全市年均播种面积达到135万亩次，上市量262万吨，青菜田头交易年均价1.8元/千克，蔬菜自给率稳定在40%左右。

(二)优化支持政策

一是优化种植补贴。自2016年以来，市级财政安排蔬菜生产专项补贴资金，其中蔬菜农资综合补贴130元/亩、“夏淡”期间绿叶菜种植补贴80元/亩。2020年调整为农资补贴50元/亩，蔬菜上图补贴为绿叶菜120元/亩次、其他蔬菜50元/亩次的补贴标准，合计最高补贴5个亩次。二是支持绿色生产。通过财政资金支持标准园、蔬菜废弃物处理示范点、绿色防控示范基地、水肥一体化示范基地、设施菜田土壤修复、农业废弃物回收处置等绿色生产。三是完善价格保险。充分发挥金融保险的风险保障作用，完善“冬淡”和“夏淡”绿叶菜成本价格保险机制，对稳定绿叶菜淡季供应、保障菜农基本利益和完善价格调控保障体系发挥了积极作用。

四是加大建设力度。通过高标准农田建设、都市现代农业发展及产业集群等专项支持政策,提升蔬菜设施装备水平。2016 年以来推进高标准设施菜田等建设 1.2 万亩,投入建设资金 18.5 亿元;完成高标准农田(菜田)建设 1.6 万亩,投入建设资金 2.9 亿元。

(三)创新产销服务

一是搭建产销平台。依托行业协会,建设地产优质绿色蔬菜线上线下融合对接平台,推动产销企业有效对接;搭建基地+电商的合作新平台,主动对接盒马、叮咚等新零售企业,促进货畅其流。二是加强组织协调。在"新冠"疫情期间,加强与商务部门的对接,积极指导蔬菜基地采取基地互助、订单共享等方式,解决销售困难。三是强化信息发布。推行生产基地直达配送的套餐制模式供菜,通过市、区两级三农微信公众号等公共信息服务平台,发布"菜篮子"产品销售信息。四是开展品鉴评优。组织开展耐热绿叶菜、番茄、黄瓜、南瓜等地产优质品种评选和推介活动,优质蔬菜的影响力进一步提升。五是加强流通服务。通过"菜篮子"工程车的合理配置,进一步加强了产销流通服务。目前,全市配有 860 张"菜篮子工程专用车"通行证和 107 张"市区货运汽车通行证",确保蔬菜农产品进城销售。

二、推动蔬菜产业高地建设

(一)强化规划引领

一是规划保护空间。会同市规划资源局、市发展改革委,推进蔬菜生产保护区划定 49.07 万亩(含 15 个蔬菜保护镇),涉及 311 个蔬菜保护片,其中划定地块面积在 1 000 亩以上的保护片有 193 个(地块面积 42.52 万亩)。二是强化镇域规划。在划定蔬菜生产保护镇的基础上,会同市规划资源局编制出台《上海市镇级都市现代绿色农业专项规划编制导则》等文件,指导金山区廊下镇等 5 个蔬菜生产保护镇编制农业专项规划,确保蔬菜产业规划引领。三是加强建设指导。会同市财政局、市规划资源局等联合出台《关于推进本市蔬菜生产保护区建设的实施意见》,进一步明确了蔬菜生产保护区建设目标和建设内容,推进了本市蔬菜区域化布局、专业化种植、机械化生产、社会化服务、品牌化销售、产业化经营。

(二)加强能力建设

一是提升装备水平。2018—2020 年,全市新启动建设 27 个高标准设施菜田项目,建设面积 0.8 万亩,总投资约 9.3 亿元,其中市财政投资 5.6 亿元。二是推进宜机化建设。新建管棚设施由原来的单体棚为主转向连栋温室为主;对老旧"八型"管棚通过宜机化改造,提升了机械的通过性,满足中小机械蔬菜生产作业需求,全市已形成 18 个蔬菜机械化示范基地。三是加强管理考核。会同市财政局制定了《关于加强设施菜田财政性资产管理的意见》等文件，对已建高标准设施菜田的运行和管护进行监督检查和考核验收，2016 年以来共落实管护奖励资金 6 709 万元，形成了设施菜田管护的长效机制。

（三）打造产业高地

一是培育产业集群。将“都市蔬菜”申报成为全国首批农业产业集群建设产业，重点实施了蔬菜机械化、区域化育苗中心，食用菌工厂化，采后加工仓储，现代流通等项目建设。2020 年投入中央财政资金 1 亿元，撬动地方及自筹资金 1.4 亿元，产业集群项目建设取得阶段性成果。二是提升产业能级。通过规划引领、招商引资和都市现代农业项目建设，形成了一批布局合理、装备先进、科技引领、绿色发展的蔬菜产业基地，建成了由中荷现代农业创新园、廊下蘑菇小镇、恒大上海现代农业产业园、华固绿色蔬菜产业园、枫泾九丰现代智慧农业博览园、清美蔬菜产业示范基地等高水平产业基地。三是提高产业化水平。推进优势经营主体产业化建设，21 家蔬菜食用菌企业获得省级以上农业产业化龙头企业称号，其中国家级龙头企业 9 家。大力培育示范引领合作社，112 家蔬菜食用菌合作社获得省级以上示范合作社称号，其中国家级农民专业合作社示范社 41 家。

三、促进地产蔬菜绿色发展

（一）推进标准园建设

一是制订工作方案。根据《2016—2020 年上海市园艺作物标准园创建工作的实施意见》，结合本市蔬菜标准园创建实际，制定《上海市蔬菜标准园创建考核验收办法》，编制《上海市蔬菜标准园创建工作手册》。二是统一创建标准。围绕园地选择、栽培管理、采后处理、品牌建设、质量管理等制定统一标准，推进蔬菜生产“三品一标”提升行动，更高层次、更深领域推进蔬菜绿色发展，并取得较好的成效。三是组织创建验收。创建以来，全市共完成创建农业农村部和上海市蔬菜标准园 220 家，实现了标准园蔬菜产品质量达到食品安全国家标准，化学农药减量 30%，化肥减量 10%，节本增效 10%的创建目标。

（二）推广绿色生产

一是制订工作方案。印发《2020 年蔬菜绿色标准化生产实施方案》，制定《蔬菜病虫害绿色防控技术规范》，编制《设施菜田土壤保育与改良关键技术手册》，推进设施菜田双减工作。二是强化示范创建。结合乡村振兴目标任务考核，完成每年创建示范村的任务。2018—2020 年累计完成绿色防控 31.9 万亩次，水肥一体化应用面积

8万亩次，土壤保育6.3万亩次。三是促进低碳生产。推动蔬菜废弃物资源化利用，2018—2020年在全市创建29个园艺场蔬菜废弃物综合利用示范点，建立了农业包装废弃物、废旧农膜和黄板等集中回收体系。四是开展绿色认证。地产蔬菜绿色食品认证企业共282家，认证产品664个，认证产量56.05万吨，绿色食品认证率达到20.78%。

(三)强化质量监管

一是推进信息追溯。全市50亩以上规模化蔬菜生产基地实现信息上网，信息化上网面积达到蔬菜规模化生产面积的70%以上。二是强化技术指导。编制《上海蔬菜化学农药减量途径和技术》，制定蔬菜绿色防控推荐产品目录，推荐高效低毒低残留农药品种。三是开展例行监测。对全市蔬菜生产基地和种植户开展定量检测和农残快速检测，把好上市蔬菜质量安全关。“十三五”累计开展蔬菜农残例行监测2.3万件样品，合格率达到99.5%以上。

四、推进蔬菜科技创新

(一)实施“绿叶菜产业技术体系”建设

一是提升机械化水平。开展主要绿叶菜品种全程机械化试验示范，鸡毛菜、茼蒿、苋菜等绿叶菜实现全程机械化作业；制定《青菜穴盘苗集约化生产技术要点》，制定8米跨度温室与单棚主要环节机械化的作业规范，在上海清美等公司开展机械化作业产业化应用，取得积极成效。二是开展品种创新。开展了青菜、生菜、菠菜和芹菜等绿叶菜品种的选育工作，培育了海清、新夏青6号、夏苏青等优质青菜品种，沪菠系列菠菜品种，耐抽薹芹菜品种。三是推广绿色生产。研究制定高效作业茬口，制定青菜全程绿色高效生产技术规程，实现减肥减药和增产增收。四是开展采后技术研究。制定绿叶菜采后规格化包装、品牌化销售的操作规程和绿叶菜采后贮藏保鲜技术规程。累计申报和获得专利42项，申请和登记品种8个，制定标准7项，发表文章100余篇。

(二)实施“食用菌产业技术体系”建设

一是开展种质资源创新。收集食用菌菌种资源400多份，认定新品种14个，并在全国进行示范推广，总计推广300万袋；种质创新、品种培育、产业化应用获得神农中华农业科技一等奖和上海市科技进步一等奖。二是创新栽培技术。双孢蘑菇培养料三次发酵国际先进技术引进消化获得成功，比传统生产方式增产15%。推广农业废弃资源循环高效利用和农民增收模式，发展秸秆栽培大球盖菇产业，全市累计推广7 000亩次，消化利用稻秸秆10.5万吨，经济效益显著。三是建立示范基地。建立雪榕、永大等一批示范基地，探索果树废枝资源化栽培食用菌和林下食用菌栽培新模式；举办上海食用菌产品与品牌推介直播活动，打造上海地产食用菌品牌。

（市农业农村委蔬菜办公室 朱敏 孙延东 杨学东）

绿色生态养殖举措与成效

近年来，上海市紧紧围绕“产出高效、产品安全、资源节约、环境友好”的总体要求，以绿色发展理念为指导，多措并举推动种养结合，凝心聚力抓好畜牧业转型升级，着力实现畜牧业与二、三产业的融合发展，着力提升畜牧业综合生产能力、防御疫病能力和市场竞争能力，探索打造都市现代绿色畜牧业，取得了良好的成效。

一、畜禽养殖业布局结构加快优化

贯彻落实《上海市养殖业布局规划（2015—2040 年）》，以“生态优先、规模适度、布局合理、循环发展”为指导，坚持种养结合，将畜牧产能向粮菜主产区和环境容量大的适度养殖区转移，实现畜禽粪污就近就地利用。全市一批畜牧业落后产能被坚决淘汰，以远郊和域外农场为主要产区、以标准化规模养殖为主要模式、以奶牛和生猪为主打畜种的产业格局基本形成，上海市畜牧业布局结构加快优化。

二、畜禽粪污资源化利用取得积极成效

制定《上海市畜禽养殖废弃物资源化利用实施方案》，成立上海市畜禽养殖废弃物资源化利用工作领导小组。将畜禽粪污资源化利用工作列入乡村振兴重点任务清单及对涉农区“三农”考核内容，促进各项措施的落实。组织制定《上海市养殖业抗菌药物使用规范（试行）》（沪农委规〔2019〕14 号）和《畜禽粪便生态还田技术规范》（DB31/T 1137－2019），分别从养殖前后端促进农业生态循环发展。开展绿色种养循环农业试点。实施养殖环节兽用抗菌药减量化行动，持续开展三批次全国兽用抗菌药使用减量化行动试点工作。上海市畜禽养殖废弃物资源化利用的发展机制得到有效确立，猪粮型家庭农场全粪还田和规模化养殖场粪污处理模式得到肯定，农业农村的生态环境得到较大改善。农业农村部门、生态环境部门加强联动，组织开展畜禽粪污资源化利用专项自查和检查评估工作。在农业农村部 2019 年度专项工作延伸绩效管理评估中，上海市农业农村委被评为“畜禽粪污资源化利用延伸绩效管理优秀单位”。2020 年，上海市畜禽粪污资源化利用率居全国前列，规模化畜禽养殖场粪污

处理设施装备配套率达 100%。

三、畜牧业产业能级持续优化

坚持绿色发展理念、高质量发展目标和种养结合模式，持续发展都市现代绿色畜牧业，探索“楼房养猪”模式，落实好环评告知承诺制，优化生猪保险政策，一批高标准畜禽养殖场投建投产，产业能级得到有效提升。祥欣畜禽有限公司成为首批国家生猪核心育种场、国家规模化种猪疫病净化创建场、全国生猪遗传改良计划种公猪站；上海奶牛育种中心等 5 家养殖场成为国家级动物疫病净化场(示范场)；光明牧业金山种奶牛场成为国家奶牛核心育种场；“申鸿七彩雉”经国家畜禽遗传资源委员会审定，成为我国历史上首个人工培育的珍禽新品种。以上海祥欣、上海光明、上海松林为代表的一批畜禽企业得到长足发展，在良种化、规模化、标准化等领域为本市畜牧业赢得了较高的行业地位，展现了较强的市场竞争力。

四、动物疫病防控工作扎实推进

落实《上海市动物疫病防治中长期规划(2013—2020 年)》，重大动物疫病强制免疫覆盖率达到 100%，高致病性禽流感、口蹄疫、猪瘟、高致病性猪蓝耳病、小反刍兽疫等重大动物疫病得到有效控制。始终保持对生猪养殖、运输、屠宰、消费等各环节的监管，严格落实监测排查、屠宰检疫、生猪调运等各项防控措施，坚决打击违规开证、私屠滥宰、饲喂泔水等违法违规行为。鼓励生猪就地就近屠宰，加快实现从调猪向调肉转变。崇明奶牛“两病”区域净化通过农业农村部验收，成为全国首个动物疫病净化区，为全国动物疫病净化提供上海经验。坚持保障公共卫生，崇明动物无害化处理中心新建项目、上海市动物无害化处理中心迁建项目相继竣工投产，动物无害化处理体系得到强化。在农业农村部 2019 年度专项工作延伸绩效管理评估中，上海市农业农村委被评为“加强重大动物疫病防控进步明显单位”。

五、畜产品质量安全保障有力

持续开展兽药饲料等投入品质量安全监测，严把“源头关”。强化地产生猪出栏前“瘦肉精”及其替代品监测、动物及动物产品兽药残留监控、生鲜乳质量安全监测，严把“产地关”。严格落实屠宰企业“两项制度”“扫雷行动”“标准化创建”等任务要求，严把“屠宰关”。严格落实道口查证验物和消毒制度，加强生鲜乳收购运输环节监管，严把“流通关”。近年来，全市地产饲料质量安全监测合格率 97%以上，地产兽药质量监督抽检合格率 97%以上，兽药残留检测合格率 100%，生猪产地“瘦肉精”日常检测和飞行检测合格率100%，生鲜乳质量检测合格率100%，没有发生地产重大畜产品安全事件。

（市农业农村委畜牧兽医管理处 孙立彬）

渔业发展及长江禁捕举措与成效

近年来，上海水产围绕乡村振兴战略实施，持续深化渔业供给侧结构性改革，着力补短板、破瓶颈、强弱项，加快推进都市现代渔业转型升级和高质量发展，确保水产品安全有效供给和渔(农)民持续增收。2019年，上海市圆满完成全国人大常委会《渔业法》贯彻实施情况执法检查，本市《渔业法》贯彻实施工作得到全国人大领导和检查组高度肯定。至2020年，上海市拥有淡水养殖面积15.38万亩，拥有捕捞渔船和渔业辅助船等各类渔船537艘。2020年，上海市水产品总产量达24.74万吨，其中海水水产品产量16.4万吨、淡水水产品产量8.34万吨；全市渔业总产值达47.77亿元；上海渔民人均收入达28 975元。

一、长江大保护及全面禁捕得到扎实推进

长江“十年禁渔”是贯彻落实习近平总书记关于“共抓大保护、不搞大开发”重要指示精神，保护长江母亲河和加强生态文明建设的重要举措，是为全局计、为子孙谋，功在当代、利在千秋的重要决策。上海市委、市政府坚决贯彻落实习近平总书记等中央领导同志重要指示批示精神，按照党中央、国务院决策部署，切实加强长江流域水生生物资源保护，严厉打击各类危害水生生物资源的非法行为，扎实有序推进本市长江退捕与禁捕工作。

一是强化组织保障、全面部署落实。市委书记李强高位推动，上海成立由龚正市长任组长的长江退捕与禁捕工作领导小组，同时在农业农村、公安、市场监管等部门以及浦东、崇明等区分别设(成)立工作专班；市政府多次召开长江退捕禁捕推进会议和专题会议，全面部署落实和协调解决相关问题；市政府办公厅印发《上海市长江退捕与禁捕工作方案》，进一步明确工作责任，细化工作措施；市农业农村委会同市财政局、市人力资源社会保障局印发《关于长江上海段水域进一步加强禁捕管理和落实补偿制度的通知》，进一步压实各区政府和相关部门长江禁渔管理职责，明确长江禁捕专项资金使用和补偿措施。

二是精准建档立卡，船网分类处置。2017年，上海市出台长江捕捞渔船减船拆解

政策，市级财政参照海洋渔船减船拆解标准，按 5 000 元/千瓦对长江渔船拆解（捕捞权回收）予以补贴，指导崇明、浦东等沿江区出台长江退捕、捕捞渔船减船拆解方案并组织实施。2018 年，按照市领导对长江禁渔工作提出“上海要带好头”的要求，本市以“三年任务、一年完成”为工作目标，提前实施长江上海段退捕工作，至 2018 年 8 月，192 艘长江渔船全部退出长江水域生产，提前两年实现长江全水域退捕。2020 年，按照国家认定标准，核定上海市退捕渔船 192 艘，退捕渔民 194 名，精准完成建档立卡。至 2020 年底，上海市全面完成捕捞证 100%回收、捕捞渔船 100%拆解、捕捞网具 100%销毁、渔民社会保障 100%覆盖、有意愿渔民 100%转产就业的“5 个 100%”退捕任务。

三是强化部门联动，开展铁腕整治。2020 年，市农业农村委与市公安、市场监管等部门及相关区进一步加强联勤联动，建立健全多部门联合打击非法捕捞机制，“江上打、水上查、陆上堵”，合力挤压非法捕捞、运输、交易活动空间，累计查处各类违法案件 360 起，抓获犯罪嫌疑人 236 人，查获长江水产品 24 余吨，取缔“三无”船舶聚集点 56 处，拆解“三无”船舶 869 艘，驱离外省籍渔船 1 720 艘次，非法捕捞运输交易活动得到有效遏制，长江上海段实现“四清四无”目标。2021 年以来，市农业农村委会同市公安、市场监管等有关部门及相关区，全面深入开展“清船、净岸、打非”三大行动，动真碰硬“大排查”，水陆综合“大整治”，本市长江禁捕水域处于高度可控状态，沿江沿岸闸口港汊封闭管理，渔具、网具、矮围以及“三无”船舶动态清零，江海沿岸持续保持干净。通过水上巡航、陆上巡查，无人机、光电雷达相互协作等方式，本市始终确保长江口水域“四清四无”。

四是实施精细管理，健全长效机制。各部门通过综合执法、联合行动、水查陆处等多种方式，充分发挥“一网统管”、网格化管理的信息共享、快速反应、联勤联动优势，强化水上查、陆上堵、水陆联动等长效管理机制，建立非法捕捞等违法犯罪行为发现、响应和处置机制，按照事权职责及时严厉查处。在坚持“市负总责、区抓落实”原则基础上，市级有关部门和各区政府深化长效监管机制，将禁捕水域网格化管理纳入河湖长制管理体系，同时按照“先发现、即暂扣、再移交、后处置”模式，对任何问题线索，做到“谁先接受(发现)，谁先响应处理”，明显提升了执法监管处置效能。同时，依托长江口禁捕管理工作协调机制，会同周边兄弟省建立长三角长江“十年禁渔”协同机制，不断建立健全涉渔问题线索大排查长效机制和联合联动执法机制，着力加强执法保障，推进长江禁捕智能化管控系统和渔政执法基地(码头)、高速执法船艇建设。2021 年，长三角三省一市的人大常委会统一发布施行《关于促进和保障做好长江流域禁捕工作若干问题的决定》。

二、水产养殖绿色发展取得扎实成效

一是水产养殖绿色生产扎实推进。加强制度设计，印发《上海市水产养殖绿色生产操作规程(试行)》，在全市推行节能减排的水产养殖绿色生产方式。至 2020 年，全市共有 490 家水产养殖场实施水产养殖绿色生产，实现按规程生产面积达 11.28 万亩，覆盖率达 72%。加强源头管控，规范水产养殖投入品使用，试点水产养殖节水减药减排技术，降低对外环境的影响。开展水产养殖场尾水治理设施建设和改造，联合市环科院印发了《上海市水产养殖尾水排放操作规程(试行)》，制订水产养殖场尾水治理实施方案，对养殖场排污设施进行装配、改造和优化，达到循环水再利用和达标排放。2018 年试点对 2 000 亩已建标准化水产养殖场进行尾水治理设施建设，至 2020 年全市尾水治理改造面积达 6 万余亩。

二是标准化水产养殖场建设有序推进。全市累计批复建设标准化水产养殖场总面积达 18.6 万亩；同时积极创建全国水产健康养殖示范场，全市现有 65 家水产养殖场获得全国水产健康养殖示范场称号，面积达 6.1 万亩。

三是养殖品种结构得到调整。注重减少“四大家鱼”(青、草、鲢、鳙)养殖比重，增加“三虾一蟹”(南美白对虾、罗氏沼虾、日本沼虾、中华绒螯蟹)和一些名、特、优水产品种，让更多的优质水产品“游”上市民餐桌。加大科技投入进行育种技术攻关，攻克了刀鲚子二代人工繁育、美洲鲥鱼陆基亲本培育、褐菖鲉人工繁育等技术难关。“三虾一蟹”产业技术体系建设取得突破，中华绒螯蟹第一轮产业体系选育出拥有上海完全自主知识产权的国家水产新品种“江海 21”，种源辐射与影响不断增强，年生产“江海 21”蟹苗约 2 万公斤、蟹种约 200 万公斤，覆盖养殖面积约 40 万亩，成为全国养殖面积最广的河蟹品种；虾类产业技术体系进展顺利，青虾、罗氏沼虾、南美白对虾在亲本改良、人工繁育技术方面取得明显突破。实施本地水产原种保种和亲本更新补贴政策，实现鱼类良种覆盖率达 96%，虾类良种覆盖率达 50%，有效支撑了本市名特优水产养殖发展。

四是养殖水域滩涂规划完成编制。在编制完成和实施《上海市养殖业布局规划(2015—2040 年)》的基础上，按照农业农村部养殖水域滩涂规划编制有关要求，积极推进养殖水域滩涂规划编制，目前已形成《上海市养殖水域滩涂规划(2018—2035 年)》，各区均已完成区养殖水域滩涂规划发布。

三、渔业安全监管水平得到有效提升

一是地产养殖水产品质量安全可控。推行档案渔业、地产水产品产地证明制度，加强宣传引导，加强执法检查，加大抽检力度，使上海市水产品质量安全监管工作落到实处。近年来，本市地产养殖水产品抽检合格率保持在99%以上，未发生使用违禁药物重大案件。同时，加强病害防治和水生动物疫病防控，建立首批58名渔业官方兽医队伍，建成上海市水生动物疾病远程会诊系统，显著提升了水产重大疾病预防控制能力，近年来无重特大水生动物疫病发生。加强外来物种入侵防控，2020年本市多地发现福寿螺及其卵块，市农业农村委会同市水务局迅速采取措施，开展排查和清除防治；积极与江浙皖三省农业农村厅对接并牵头签订《"长三角"防止福寿螺蔓延联防联控工作机制框架协议》；目前，全市已灭螺192 250只，清除卵块74 524处。

二是渔业安全生产形势平稳向好。落实安全生产工作责任制，开展渔业"安全生产月"和"安全生产万里行"活动，做好渔业防台防汛、进博会期间渔业安全维稳等各项工作，加强执法检查，消除安全隐患，确保渔业安全生产。持续推进标准化渔船更新改造，至2018年已累计更新改造标准化海洋渔船131艘，本市渔船"老、旧、差"的面貌大为改观。推进标准化渔港建设，完善横沙国家一级渔港各类配套设施与能力，提升本市渔业防灾减灾水平；横沙国家一级渔港维护整治项目顺利推进。同时，加快推进完善本市渔港渔船安全救助、监管等信息系统建设，实现对渔港、渔船全天候、全方位、组合式实时监管，有效提升了渔业安全监管效能。近年来，本市无重特大渔业安全事故发生，本市远洋渔船未发生违规航行作业情况。加强远洋渔业疫情防控，建立本市远洋渔船船员动态日报制度，及时协调帮助企业解决外籍船员及病故遗体滞留问题；全力响应国家总体外交战略，积极指导上海远洋渔船运送医护用品、粮食、农业机具等物资援外以及滞留当地援外人员转运回国，外交部和驻外使领馆多次专函本市致谢。

四、渔业生态资源养护取得较好成效

一是近海捕捞强度持续压减。推进近海捕捞渔船减船拆解，保护近海渔业资源和生态环境。严格执行海洋捕捞"双控"制度，"十三五"期间全市已组织122艘(总功率13 332千瓦)海洋捕捞渔船实施减船拆解，提前、超额完成农业农村部下达上海的压减任务。研究制订伏休期间海蜇限额捕捞试点方案，2019年起在杭州湾海蜇专项捕捞中开展限额捕捞，生产秩序良好。

二是执法监管不断加强。严格加强海洋伏休、长江禁渔、内陆水域禁渔期执法监督管理，持续加强对非法捕捞、涉渔"三无"船舶等破坏水域生态环境违法行为的整治，推进"行刑衔接"，健全长效管理机制，维护上海的渔业捕捞生产秩序。

三是增殖放流和生态修复持续推进。"十三五"期间，全市共投入各类增殖放流资金 9 688 余万元，在重要渔业水域放流各类苗种 6.69 亿余尾(只)，并开展增殖放流效果评估。结合生态保护红线管控，落实长江刀鲚水产种质资源保护区有关管理措施，加强渔业生态修复。

四是水生野生动物保护得到加强。连续多年组织开展“关爱水生动物，共建和谐家园”水生野生动物保护科普宣传月活动，加强水生野生动物利用行政许可和执法检查，不断完善水生野生动物收容救护工作机制。开展濒危物种专项救护，“十三五”期间，上海累计救护中华鲟、大鲵、江豚等各类水生野生动物 2 281 尾(只)。2017 年，上海启动中华鲟保护区基地二期项目建设，并纳入崇明世界级生态岛建设重点项目，进展顺利。积极推进中华鲟保护地方性法规出台，《上海市中华鲟保护管理条例》于 2020 年 5 月 14 日经上海市人民代表大会常务委员会审议通过，已于 2020 年 6 月 6 日起实施。

五、渔业产业融合和功能拓展迈出稳健步伐

一是休闲渔业稳步发展。结合标准化水产养殖场改造，因地制宜建成规模不等休闲垂钓场 58 家，每年吸引逾百万市民前往垂钓，经营收入超亿元。上海市共有 7 家休闲垂钓场获得“全国休闲渔业示范基地”称号，奉贤区南桥镇一品渔村标准化水产养殖场被评为全国精品休闲渔业示范基地。上海休闲水族产业影响力和知名度进一步扩大，已连续举办十五届上海国际休闲水族展览会，年销售额超过 7 亿元人民币，上海国际休闲水族展览会被评为国家级示范性渔业文化节庆(会展)。

二是远洋渔业产业链进一步延伸。按照国家“走出去”战略和“一带一路”倡议，加强对外合作，加强为企业服务，会同有关部门在项目审批、渔船更新改造、政策性补贴等方面，积极落实各项扶持政策，并大力支持上海远洋渔业“产业外扩、产品回国”战略实施，延伸远洋渔业产业链，同时加强对远洋渔业企业规范生产的监督管理，促进了上海远洋渔业健康持续和规范有序发展。目前，上海地区已拥有 8 000 吨级大型拖网加工船 1 艘、大型金枪鱼围网船 12 艘、大型鱿鱼钓船 10 艘、金枪鱼延绳钓船 12 艘以及其他(过洋)拖网渔船 33 艘，在世界各地建立合作、合资企业和办事机构 13 家。近年来，上海远洋捕捞年产量稳定在 15 万吨左右，本市远洋渔业无重特大渔业涉外事件发生。“十三五”期间，本市远洋渔业企业共回运 50.78 万吨自捕水产品，更多优质、高档的深海水产品供应市民餐桌。

三是横沙渔港经济区发展规划顺利实施。积极协助市长兴岛开发办、崇明区政府共同推进实施国家发改委、农业农村部批准的《上海横沙渔港经济区发展规划(2018—2025 年)》。横沙渔港口岸开放功能初步显现，2017—2020 年累计实现俄罗

斯帝王蟹直航上海横沙渔港达29艘次，卸货量1 900余吨，货值10亿余元；三文鱼加工生产流水线2017年正式投入生产，销售额逐年递增，2020年销售额达20 234万元。2017年，横沙渔港获得中国水产加工与流通协会颁发的“中国(国际)金枪鱼交易中心”称号，被农业农村部评为“2017全国最具影响力水产品批发市场”。

（市农业农村委渔业管理处 田青霄）

农业机械化发展举措与成效

2018 年以来，农机化工作围绕市政府重点工作、乡村振兴“三园”工程，以提升上海农业现代化水平为目标，聚焦绿色发展和结构优化，扎实推进农机化转型升级，提高都市现代绿色农业的支撑保障水平。

一、认真实施农机化扶持政策

一是会同市经信委、市发展改革委等 5 部门印发《关于加快推进农业机械化和农机装备产业转型升级的实施意见》，明确了总体要求、重点工作和保障措施，加快推动农机装备和农业机械化向高质量、高效能转型升级，率先实现农业现代化。二是规范实施农机购置补贴政策，出台了《上海市农机购置补贴实施方案》，新设“地方补贴范围”，把具有地方特色、本市急需的农业机械纳入补贴范围，增加适用机械供给。探索信息化管理新模式，优化完善辅助管理系统、自主投档平台、补贴 APP 等信息化系统；开展补贴“三合一”试点，实现远程办补、物联网监管和二维码溯源管理，提高便民利民程度和监管水平。2018—2020 年共下达购机补贴资金 2.4 亿元，其中中央财政资金 1.14 亿元，市级财政资金 1.26 亿元。全市新增各类农机约 15 000 台套，农机装备结构进一步优化升级。三是会同市财政局、市商务委印发《上海市农业机械报废更新补贴实施方案》，加快老旧农机淘汰报废，提升绿色、安全水平，累计已报废补贴农机 26 台。

二、加快推进粮食生产全程机械化

一是推进水稻机械化种植，坚持“机插秧、机直播”同步发展，配置先进适用机械，优化作业技术路线，加强操作技能培训，全面推广水稻种植机械化，2020 年主要农作物综合机械化率达到 95%。二是组织开展全国主要农作物全程机械化示范区创建，2019 年已完成所有涉农区示范创建工作，率先在全国实现示范区全覆盖。三是积极示范推广农业绿色生产技术，开展水稻机械化种植同步侧深施肥技术操作培训，跟踪测评作业效果，建立 30 个示范点，累计配置侧深施肥装置 176 台，共完成作业面积约

10.5 万亩；推广农作物高效植保，进一步扩大自走式植保机和植保无人机应用面积和范围，累计新增植保无人机 100 余台，自走式高效植保机 260 多台。四是积极推进粮食烘干能力建设，建设区域性粮食烘干中心，全市粮食烘干能力达到 2.4 万吨，粮食安全保障能力显著增强。

三、加快推进蔬果生产“机器换人”

一是围绕移栽、采收等薄弱环节，遴选国内外相关农机，组织开展适应性试验，将生产急需、本市适用的蔬菜生产机具纳入补贴范围，增加适用机械供给。二是强化农机农艺融合，实地验证和优化完善关键作业环节的技术路线和操作规程。三是发挥农机产学研推合力，开展绿叶菜作业集成技术研究和适用机械研发。四是组织编制本市蔬菜生产“机器换人”行动计划，以“机器换人”示范基地创建为抓手，着力提升本市绿叶菜生产机械化水平，按照“一基地一方案”方式，推进示范基地的棚室道路宜机化改造、主栽品种优化、作业机械配置、技术路线完善、作业机手培训等，累计创建蔬菜生产“机器换人”示范基地 18 个，创建单位机械化水平均超过 55%。五是探索果树种植机械化，结合桃、梨等主干型省力化栽培模式，试验选型果园耕整地、除草、施药、采摘等作业机械，拓展机械化作业覆盖面。承办 2019 年“全国蔬菜生产机械化试验示范工作经验交流会”，举办蔬菜生产“机器换人”推进会、全程机械化演示和产销对接、作业技能培训竞赛等活动，得到委领导充分肯定，新华社、《农民日报》、《解放日报》、《文汇报》、东方卫视等主流媒体多次深度报道，社会反响热烈。

四、加快推进农机数字化建设工作

一是组织开展无人驾驶农机作业试验，推进粮食生产无人农场建设，协调组织现场演示会，多次赴嘉定、松江、青浦、崇明等区开展专题调研，对接落实示范点并推动相关扶持措施，组织相关技术企业加快推进技术创新和应用，其中，上实现代农业公司联合江苏大学、上海交大共同承担“水稻生产全程农机智能化技术集成与示范”研究，开始进行农机自动导航无人驾驶和农业全过程无人系统研究；嘉定外冈启动了“水稻全程作业环节无人驾驶研究与试验”科技兴农项目；青浦区和市农科院联合申报了农业农村部“长三角水稻生产全程机械化科研基地（上海）建设”项目。二是建设“上海市农机物联网管理平台”，对拖拉机、收割机、插秧机、直播机、自走式喷杆喷雾机五类自走式农业机械安装北斗定位终端，对接上海高精度地图，集成各类监管和调度功能，全面提升农机化管理水平。

五、积极发展农机社会化服务

一是多元化、多形式培育农机服务组织，形成了闵行区“政府购买农机服务”、宝山区“农机服务集体经营”、嘉定区“机农合一”、浦东新区农机“一镇一社”、松江区“机农互助”和“农机4S店”、奉贤区和青浦区“农机生产经营一体化”、金山和崇明区“农用无人机专业植保飞防”等农机社会化服务模式，推行订单式、托管式、承包式、“互联网＋供需对接”等多种作业组织对接方式和服务模式，增强供需对接，拓展服务内容，提高经营效益。二是加强典型示范，成功创建了2家“全国农机合作社示范社”，3家全国“全程机械化＋综合农事服务”服务中心典型，切实发挥了引领、辐射作用。三是结合区级设施农用地规划编制，利用现代农业发展专项资金，针对农机“住房难、维修难”等问题，科学合理布局落点，督导项目选址落地，加快区域性粮食烘干中心、农机库房、维修点等基础设施建设，提高农机基础设施水平。四是组织参加第三届全国农业行业职业技能大赛，获农机修理工项目团体第六名，3名选手均获得优异成绩（二等奖1名、三等奖2名）。

六、不断强化农机安全监管

一是建立主管部门、行业、生产经营者分工负责的农机安全生产责任体系，区与镇、镇与合作社、合作社与机手层层签订农机安全生产责任书。二是依法实施牌证管理、农机年检、驾驶员考试等源头工作，夯实农机安全生产基础，全市拖拉机、联合收割机注册登记率保持在99%以上，拖拉机、联合收割机驾驶人持证率稳定在99%以上。三是广泛开展宣传教育，提高农机安全生产意识，组织开展农机“安全生产月”系列活动，采取送教下乡、集中学习等形式，广泛营造良好的安全生产氛围。四是“三夏”“三秋”农忙期间组织全市开展农机安全生产大检查，排查安全隐患，落实整改措施，加强执法监管，保持农机安全生产形势受控。五是推进本市“平安农机”示范创建工作和农机安全监理岗位标兵评选工作，累计创建“平安农机”示范单位51个，评选市级岗位标兵19人，推荐评选全国岗位标兵4人。六是举办“3.15农民维权暨放心农机下乡活动”，推广质优安全的农机新技术、新装备，展示先进适用农机装备，发放各类宣传资料。

（市农业农村委农业机械化管理处 王思静）

农业科技创新及推广举措与成效

近年来，上海农业科技工作围绕乡村振兴战略实施和农业高质量发展的要求，持续优化完善农业科技政策和经费投入，农业科技支撑体系不断健全，创新能力不断增强，推广体系不断完善，产业体系不断壮大。本市农业科技进步贡献率已达79.09%，接近世界发达国家水平，都市现代农业综合发展指标评价指数、都市现代农业发展指数均位列全国第一。

一、主要举措

上海农业科技改革以政策为导向、以项目为抓手，鼓励引导“产学研用”形成合力，提高财政资金使用效益，为农业产业发展发挥重要支撑作用。

(一)不断优化政策支持

1. 落实“放管服”要求，优化项目管理。上海市科技兴农项目由市农业农村委、市财政局共同设立，支持在本市注册登记的法人或其他组织开展农业科学研究及技术开发、技术推广、成果转化等科技活动，有一套相对完整的项目和资金管理制度、流程。按照国家科技项目管理“放管服”要求，市农业农村委会同市财政局近年来两次对原《上海市科技兴农项目及资金管理办法》进行了修订，整合项目类型，优化项目管理流程，减少项目单位日常报送内容，对部分预算内容使用要求进行松绑，旨在改革原有科研管理制度，发挥项目承担单位自主权，减轻项目承担单位和人员事务性负担，释放创新活力。

2. 完善评价体系，实施绩效评价。为了解已验收项目的实际应用效果，挖掘有潜力的项目成果进入市场，按照《上海市科技兴农项目绩效评估暂行办法》，科技兴农项目建立了以结果为导向的绩效评价机制，每年由第三方评估机构对已验收两年的科技兴农项目从预期目标、科技水平、市场效果、应用前景等多个方面进行绩效的全面评价，对绩效评价结果较好的项目，支持成果转移转化。2021年，在广泛调研的基础上，绩效评价指标得到进一步优化，公益性推广、技术服务等涉及成果转化的指标权重进一步加强。

3. 探索激励机制，支持成果转化。按照农业科技成果转化的有关政策，上海市农业农村委牵头，上海市农业科技服务中心联合国家技术转移东部中心、上海技术交易所、上海临港·枫泾科创小镇等第三方机构，创新农业科技成果转化路演推介新形式，形成了“五步法”农业科技成果转化交易服务流程，构建起上海农业科技成果转化交易“一站式服务平台”，持续推进农业科技成果转化交易。

(二)持续发挥资金导向作用

近年来，市农业农村委充分发挥市级财政资金引导作用，通过科技兴农项目立项工作，鼓励科研团队与生产一线紧密结合，引导市场提出问题，与科研单位共同研究解决方案。

1. 加大科技兴农项目资金投入。科技兴农项目资金从“十三五”初的 2.25 亿元增加到 3.12 亿元，项目类型整合为三大类，围绕乡村振兴战略实施、农业高质量发展要求，针对农业发展中的短板和薄弱环节，兼顾发展方向和生产一线需求，聚焦重点地区、重点方向，为都市现代绿色农业发展提供了坚实的科技支撑。

2. 大力支持“产学研用”深度融合。科技兴农专项资金发挥财政资金引导性作用，以项目为平台，支持涉农科研院所、高校、技术单位、企业、新型经营主体深度融合，按照优势互补、成果共享的原则，共同开展科技创新、集成与应用。通过共建项目，科研单位更加贴近一线生产需求，农业生产主体得以借力科研单位的技术力量，共同解决“卡脖子”问题。

3. 充分激发企业科技创新活力。近几年的科技兴农项目申报指南中明确，鼓励产学研联合，发挥企业创新主体作用，支持企业、合作社与科研院所、高校、技术推广等单位联合申报，其中一些项目还明确必须由企业或合作社牵头申报。近年来，农业新型经营主体(龙头企业、合作社、家庭农场)主持科技兴农项目比例逐年提升，2020 年主持的项目数已占项目总数的 50%，课题经费超过立项总经费的 59%。

(三)稳定支持产业技术体系建设

根据农业农村部、财政部要求，本市已先后设立水稻、绿叶菜、河蟹等十个产业技术体系，每年从科技兴农预算中安排资金稳定资助在研产业技术体系。体系建设打破了原有科研体制的框架，整合相关资源，既不是实验室里单纯的科研，也不是单纯的基层服务，而是以“科技服务产业、创新创造需求”为宗旨，为产业链上的农民、企业等用户提供完备的科技支撑，实现了科学研究、试验开发、推广应用的有效连接。体系项目创新了财政投入方式，一旦确定立项，5 年建设一轮，每年可以获得稳定的财政支持，在一定程度上解决了科研人员每年跑项目、争经费、不能安心专心投入研发的问题。通过体系建设，各产业都建立了一支能为整个产业链服务的科技队伍。

二、取得的成效

(一)科技创新体制机制不断完善,涌现一批优秀创新成果

本市已初步建立了适应都市现代农业发展的农业科技创新体系,形成了以涉农高校、科研院所为主体,国家级和省部级创新平台为重点,一批区域特色研究所和企业研发中心为亮点,农业科技园区和示范基地为载体的农业科技创新体系。目前,上海建有CIMMYT—中国特用玉米研究中心等10多个国家级创新平台,以及设施园艺重点实验室等20多个部市级创新平台。上海育成了世界上第一份杂交节水抗旱稻不育系,选育出“旱优73”“申优26”等品种,推广到十多个省市及非洲、东南亚地区,并获得国家科技进步奖一等奖。“沪软1212”“松香粳1018”等食味米新品种获全国优质粳稻品种食味品质鉴评金奖。长征52号青菜、“申科甜2号”甜玉米、“早生新水”梨、“沪油桃009”等优质高产新品种广受市民欢迎。育成国内首个具有自主知识产权、适合工业化生产的真姬菇、杏鲍菇、金针菇品种。研发出雉鸡行业国内首个具有独立知识产权的国家审定品种“申鸿七彩雉”。率先在国内实现了长江刀鲚的全人工繁殖和刀鲚苗种规模化生产。2020年,本市15项农业科技成果获得国家级、市级科技奖项。

(二)多元化农技推广体系初步稳定,农业科技推广效能明显

借助推广项目、产业技术体系、基层农技推广体系项目实施,本市不断推进“一主多元”推广机制融合,目前各区公益性农技推广机构、队伍已经同科研院所、企业、社会化服务机构等多种元素紧密融合,形成了比较稳定的多元化推广体系。多种元素的渗透为农技推广工作带来了新活力,加快了新品种、新技术、新理念、新模式的推广速度,也为农业生产带来了实实在在的好处。上海农业生产已基本实现良种化,一些品种甚至在沪外成为主推或主栽品种。上海郊区奶牛、生猪良种率达到100%,水稻和蔬菜良种覆盖率达到95%以上。秸秆综合利用率达到96%,畜禽粪便处理利用率位居全国前列。蔬菜农残检测合格率99%以上。水稻机械化种植率达到92.4%,耕种收全程机械化综合指标达到96%以上。

(三)农业产业体系不断丰富,地产农产品影响力不断提升

产业技术体系围绕着“产业”和“技术”两个核心内容,把长期单兵作战的农业科技人员“拢起来”,把长年各自为战的农业科研主体“聚起来”,把长久分散的农业科技资源“合起来”,取得了丰硕成果。其中,水稻产业技术体系优化布局上海市早、中、晚优质米品种,2020年优质米种植比例达到99%以上,其中优质软米种植占比35.5%,本市自主选育品种市场占有率超过55%。上海本土中华绒螯蟹养殖水平已从“落后”

"追赶"发展为行业内的"并跑"和"领跑"，"江海 21"已推广到全国 16 个省市，养殖省份位列全国第一。"江海 21"种源年推广养殖面积约 40 万亩，本市成蟹良种覆盖率超过 60%。玉米体系选育出的 7 个优质抗逆、营养功能型新品种中，4 个品种通过国家审定，3 个品种通过上海市审定。本市郊区鲜食玉米实施规模化、品牌化种植，实现增收 37.9%。"沪香 F2""申香 215"香菇等自主知识产权品种保障了地产优质农产品供给。依靠科技创新和产业发展，上海农产品市场每年能稳定供应 100 余万吨粮食，240 余万吨蔬菜，10 万吨食用菌，20 余万吨西甜瓜，近 30 万吨各类水果和 30 万吨水产，3.9 亿株以上花卉优质种苗(球)，丰富了上海市民的"米袋子""菜篮子"和"花瓶子"。

(四)成果转化规模不断扩大，创新动力得到提升

上海围绕农业科技成果转化中供需双方信息不对称、体制机制不健全等问题，以市场化需求为导向、以专业化交易服务为支撑、以促进农业科技成果转化为目标，持续推进农业科技成果转移转化工作，为上海都市现代绿色农业发展、乡村振兴战略实施提供坚实的科技支撑。已有优质杂交粳稻组合"申优 26"、优质甜瓜品种'华蜜 0526'、优质高产杂交粳稻品种"花优 14"、中华绒螯蟹"江海 21"等 90 余项农业科技成果通过平台实现公开转化交易，交易金额超过 1 亿元。仅 2020 年，就有 15 项农业科技成果通过平台成功实现转化，交易金额 1 036 万元。

(市农业农村委科技教育处 贺凌倩)

农业生态环境保护举措与成效

近年来，上海市农业农村委认真学习贯彻习近平生态文明思想，贯彻落实市委市政府的决策部署，围绕实施乡村振兴战略、发展都市现代绿色农业的要求，加强组织领导，落实工作责任，强化政策、考核、执法、科技等支撑，扎实推进农业生态环保工作，推动农业农村生态环境改善，促进“产出高效、产品安全、资源节约、环境友好”都市绿色农业高质量发展。

一、主要举措

（一）加强组织领导

成立由市农业农村委主要领导任组长，委相关处室负责人、各区农业农村委领导为成员的市农业生态环境工作领导小组，建立了统筹协调、分工负责、考核管理、协同推进的工作机制。加强市区联动和部门协同。把生态环保工作与绿色发展任务、项目相衔接、相融合、相协同，形成工作合力。

（二）强化制度保障

初步建立绿色发展的政策体系，完善以绿色发展为导向的农业生态补偿制度。

（三）加大科技创新

开展面源污染防治、耕地土壤污染修复、菜田改良、可降解地膜和新型肥料农药研制，以及生态循环农业技术研究和示范，为生态农业发展提供技术支撑。

（四）加强监管

推进档案农业，将网格化监管平台与农资和农产品生产经营主体信用档案结合。加大检查和监测力度，依法查处违法违规行为。

二、取得的成效

（一）强化种植业清洁生产，化肥、农药使用量显著下降

据上海市统计局统计，2020 年本市化肥（折纯）、农药使用量分别为 6.89 万吨和 0.27 万吨，比 2015 年分别减少 36.6% 和 43.7%，完成第七轮三年环保行动计划化

肥、农药使用量分别降至 7.9 万吨和 0.35 万吨的目标。

1. 调整种植结构，实施粮田轮作休耕。调整种植结构，减少冬季麦子种植，改种绿肥或深耕等季节性轮作休耕，2018—2020 年全市市域范围内绿肥种植和深耕面积累计达到 373.5 万亩。

2. 实施菜田土壤地力培育改良，提高土壤地力。通过蚯蚓养殖、微生物菌肥施用等多种方法，对 6.3 万亩设施菜田进行了土壤保育和改良，设施菜田土壤有机质明显提升。

3. 大力推广绿色生产技术，科学施肥、合理用药。研究和推广新型肥料、绿色农药以及施肥用药新技术，提高施肥施药的精准性和有效性。2018—2020 年全市市域范围累计推广商品有机肥 97.3 万吨、农作物配方肥 550 万亩次、缓释肥 67.8 万亩次。2020 年，蔬菜绿色防控 10.9 万亩。

（二）推进畜禽粪污综合利用和水产养殖尾水治理，养殖业污染治理取得成效

1. 强化畜禽养殖污染治理，推进畜禽粪污综合利用。本市 2020 年畜禽粪污综合利用率为 97%，规模化畜禽养殖场粪污处理设施装备配套率 100%。畜禽粪污资源化利用工作获 2019 年度农业农村部专项工作延伸绩效管理考评优秀。一是制定标准规范。制定《畜禽粪便生态还田技术规范》（DB31/T 1137－2019），实现雨污分流、干粪收集处理、尿污水发酵处理，推动规模化畜禽养殖场粪污无害化处理、资源化利用或达标排放。制定《上海市养殖业抗菌药物使用规范（试行）》，规范兽药、饲料添加剂的生产和使用，持续开展三批全国兽用抗菌药使用减量化行动试点。二是强化技术示范推广，推进种养结合、清洁养殖、精准饲料等健康养殖技术，以及沼气工程、全量还田等处理模式，降低粪污产生量，提高粪污利用率。开展美丽生态牧场建设，加强典型示范。

2. 加强水产养殖污染防治，实施水产养殖尾水治理工程。一是优化水产养殖空间布局。依据《上海市养殖业布局规划（2015—2040 年）》，划定了禁养区、限养区和养殖区，明确了“三区”管控措施。全市共发放水域滩涂养殖证 379 本，发证总面积 6 710.33 公顷。二是推进水产生态健康养殖。按照《上海市水产养殖绿色生产操作规程（试行）》，开展生产条件改造和提升，做好水质检测、生产日志记录、投入品管理等工作。至 2020 年全市共有 490 家水产养殖场开展绿色生产方式养殖，覆盖水面 11.28 万亩，覆盖率达 72%。三是开展水产养殖尾水治理。已开展 6 万亩水产养殖场尾水治理设施建设和改造，通过采取进排水改造、生物净化、人工湿地等措施对水产养殖场进行养殖尾水处理，逐步实现养殖尾水资源化利用和达标排放。

3. 加强渔业生态保护。2018—2020 年，本市投入水生生物资源增殖放流财政资金共计 6 500 余万元，放流各类水生生物 4.1 亿余尾（只）。放流水域包括淀山湖、黄

浦江上游、长江上海段以及杭州湾近海水域，放流品种包括鲢、鳙、翘嘴红鲌、长春鳊、花䱻、黄颡鱼、长吻鮠、中华绒螯蟹、刀鲚、三疣梭子蟹、菊黄东方鲀等30余个品种，以及中华鲟、胭脂鱼、松江鲈3个濒危珍稀物种。

(三)实施耕地土壤分类管理，土壤污染风险得到有效管控

1. 完成了本市农用地土壤环境质量类别划分。在农用地土壤污染状况详查的基础上，根据土壤污染程度、农产品质量情况，进行耕地土壤环境质量类别划分，全市耕地划分为优先保护类(无污染)、安全利用类(中轻度污染)与严格管控类(重度污染)三个类别，其中安全利用类耕地面积约占耕地面积的0.55%，严格管控类耕地约占耕地面积的0.009%。耕地土壤质量总体良好。

2. 开展耕地土壤分类管理，确保安全利用。在完成耕地类别划分的基础上，编制了三个类别耕地相对应的环境保护、安全利用、严格管控工作方案，制定了受污染耕地安全利用技术指南和上海市耕地常见农作物重金属富集清单(简称三方案一指南一清单)。指导各区制定安全利用地块“一地一方案”，明确安全利用措施，包括农艺调控、替代种植、土壤和农产品协同监测评价等措施，确保耕地安全利用。目前，安全利用类地块已全部落实安全利用措施，严格管控类地块已全部退出食用农产品种植，完成年度受污染耕地安全利用率目标。

3. 持续开展耕地土壤与农产品协同监测，管控农产品安全风险。根据耕地土壤环境质量和种植结构，全市布设100个监测点，覆盖主要土壤类型，主要面向水稻、蔬菜和果树等作物，开展耕地土壤环境质量和农产品质量的跟踪监测。监测结果表明，对照土壤环境质量标准以及食品中污染物限量标准，100个监测点的土壤重金属含量全部低于风险管控值，无严重污染点，158个农产品的重金属污染物含量全部符合标准，合格率达100%。同时，对39个安全利用类和7个严格管控类受污染耕地单元实施土壤监测，做到对耕地土壤环境质量问题早发现、早处理。

(四)强化农业废弃物处理利用，推进生态循环农业发展

1. 积极推进蔬菜废弃物资源化利用。以蔬菜生产保护区内规模化园艺场为重点，2018—2020年本市建设了29个园艺场蔬菜废弃物综合利用示范点，支持示范点购置废弃物粉碎、发酵、翻耕、运输等配套设备，开展蔬菜废弃物肥料化、能源化、饲料化等处理示范，在示范点区域范围内实现蔬菜废弃物综合利用率100%，三年累计资源化利用面积15 160亩，蔬菜废弃物处理能力3.75万吨。

2. 持续强化农药包装废弃物和废旧农膜回收。依托农资连锁经营网点，建立了农药包装废弃物回收及集中处置体系，形成了生产基地—村级—镇级—区级农药包装废弃物回收网络，2020年回收农药包装废弃物706.8吨，基本实现100%回收。依托农药包装废弃物回收体系，扩大集中收集点功能，收集农膜、黄板等废弃物。配合

市场监管部门对农资零售店开展监督检查，从源头控制不达标地膜的投入。积极推广应用可降解地膜。2019 年全市农膜使用量 6 769 吨，其中地膜使用量 1 239 吨，农膜回收率 96%，其中地膜回收率 88%。

3. 持续推进秸秆综合利用。按照农用优先、多元利用的原则推进农作物秸秆综合利用，2020 年秸秆综合利用率达到 96.5%。一是政策支撑保障。全市连续出台了四轮秸秆综合利用政策，2018—2020 年市级财政累计下拨补贴资金超过 2.2 亿元。二是推进秸秆机械化还田。每年新增 65 马力以上的拖拉机 400 台左右，其他配套机具 1 000 套左右，提升还田作业能力。三是引导离田利用。争取中央资金 774 万元，分别用于支持崇明区和宝山区提升秸秆收集储运加工能力。四是建立资源台账。根据农业农村部的统一部署，摸清本市秸秆资源产生和利用情况，为更好地推进秸秆综合利用提供数据支撑。

4. 推进农业生态循环示范区建设。2019 年正式启动生态循环农业示范创建工作，通过以点带面、点面结合、辐射带动的形式，构建起乡村振兴农业生态发展的大、中、小循环，为实现乡村振兴发挥引领、示范和支撑作用。2019 年确定了第一批 2 个示范区、6 个示范镇和 26 个示范基地创建，目前已完成 26 个示范基地创建工作的市级验收。2020 年新增 4 个示范镇和 33 个示范基地创建单位。

（五）开展农业生态环境监测，掌握农业面源污染基础数据

1. 加强土壤环境监测。建立耕地地力、土壤环境质量长期定位监测网络，每年进行耕地地力和土壤环境质量监测。近两年又新增土壤墒情监测点、农产品质量安全监测点，耕地质量监测体系逐步得到了完善。

2. 加强农业农村面源污染监测。2019 年启动了“农业面源污染对小流域水环境影响”“农业生产方式对农田生态环境影响”及“农业源大气氨排放”三个方面的监测工作，完成年度监测任务。在青浦、奉贤和浦东新区设置了 6 个监测点（其中国家级点 3 个，市级点 3 个）开展种植业面源污染定位监测，重点监测了露地蔬菜及水稻种植模式下的农田地表径流氮磷养分流失状况。通过农业面源污染监测工作，摸清了污染物排放规律，为农田面源污染的控制和综合治理提供科学依据。

3. 开展水产养殖水域环境监测。2018—2020 年，每年对 200 家水产养殖场进行水质监测，按照水产养殖的放养期、生长期和捕捞期，开展 3～4 次外源水、池塘水和尾排水的监测。从监测结果看，依据《淡水池塘养殖水排放要求（SC/T 9101—2007）》二级标准，池塘水达标率为 77.72%，养殖尾水达标率为 81.13%。

（市农业农村委科技教育处 田吉林）

产业融合发展举措与成效

乡村振兴，产业兴旺是基础。近年来，上海市深入贯彻党的十九大精神，在推进实施乡村振兴战略的过程中，以农业农村现代化为总目标，以农业供给侧结构性改革为主线，立足超大城市的需求与特点，采取了一系列措施，使乡村产业体系更加完善，产业融合发展水平不断提升。

一、强化政策支持，完善顶层设计

党中央、国务院高度重视乡村产业发展，2019 年 6 月，国务院印发了《关于促进乡村产业振兴的指导意见》，对发展壮大乡村产业作出专项部署。2020 年 7 月，农业农村部印发了《全国乡村产业发展规划（2020—2025 年）》，围绕促进农村一二三产业融合等，提出明确指标任务。

上海市委、市政府、市人大也一直高度重视促进产业兴旺、加快乡村产业规划工作，多次组织实地督查、开展重点课题调研、召开专题会进行研究，提出明确的意见和建议。

2021 年上半年，《上海市乡村产业发展规划（2021—2025 年）》编制工作正式启动。规划主要参考《全国乡村产业发展规划（2020—2025 年）》《长江三角洲区域一体化发展规划纲要》《上海市推进农业高质量发展行动方案（2021—2025 年）》《上海市乡村振兴“十四五”规划》、部分兄弟省市乡村产业规划、各区出台的乡村产业发展规划或实施意见等百余篇政策文件，较为系统地梳理了五个方面的内容。

一是明确空间布局和功能布局。规划从双维度对本市乡村产业空间布局和功能布局进行了分析：从城乡一体化空间和功能要求角度划分，提出城区流通消费功能空间、镇域融合创新功能空间、农村供给生态功能空间；从行政区域空间和功能特点角度划分，提出横沙智慧农业发展园、崇明绿色生态示范区、浦东新片区开放合作承载区、嘉宝松闵城乡融合示范区的“一园四区”的总体布局。

二是明确农业优势支柱产业。根据本市资源条件和技术优势，重点选择 1 个现代种业研发产业和食味稻米、绿色蔬菜、特色瓜果、都市花卉、优质畜禽、健康水产、生鲜乳业7个农产品优势支柱产业进行全产业链打造，形成8大产业体系，通过一二三产业融合发展，实现产业集群，为现代农业高质量发展提供强力支撑，为本市农产品供应提供基本应急保障。

三是明确加工流通产业发展方向。考虑到本市地产农产品主要以鲜食为主的现状，结合本市都市型消费特点，提出围绕稻米、净菜、生鲜乳、水果、花卉、蛋品、肉类、水产品等生鲜农产品，积极拓展清洁、保鲜、分级、包装、冷链物流环节，形成品牌化、精品型初级加工流通新产业。同时，结合本市生态循环农业和碳中和要求，强调发展农业副产品产业开发，实现秸秆、畜禽粪便、水产品废弃物等资源化利用，延伸产业链。

四是凸显生态绿色发展理念。规划中把生态绿色农业作为本市现代农业和乡村产业发展的本质特征和重要标尺，提出把标准化建设、清洁化种养、资源化利用作为基本生产模式。同时，不仅要把乡村作为农产品的生产空间，也要作为城市的生活空间、生态空间，在土改良、碳排放、水保护等方面加大工作力度。

五是凸显产业融合发展战略。规划结合本市乡村产业现状，对乡村产业的范畴进行了明确，提出乡村生产性服务业、生活性服务业和农产品电子商务。同时，梳理了国家和本市各类产业融合平台，为乡村产业进一步聚焦区域、聚焦项目、聚焦政策指明了方向，也把创新创业作为培育产业融合的重要抓手。规划中还强调用品牌思维发展乡村产业，提出品牌培育要综合考虑区域公用品牌、企业品牌和产品品牌，多层级协调发展，在大力发展农产品品牌的同时，还要注重培育乡村特色产业和融合产业的品牌创建工作。

二、强化示范引领，打造融合平台

充分挖掘本市资源禀赋及区域优势特点，围绕树标杆、补短板，通过推进农产品加工、流通、服务发展升级，实现产业链不断延伸，形成了一批形态更高级、布局更优化、结构更合理的乡村产业发展项目。

一是聚焦支柱产业，建设优势特色产业集群。以全产业链开发、全价值链提升为目标，推动产业形态由“小特产”转变为“大产业”，空间布局由“平面分散”转变为“集群发展”，主体关系由“同质竞争”转变为“合作共赢”，打造具有较强综合竞争力的现代农业产业经济带。2020年，上海成功申报建设“都市蔬菜优势特色产业集群”，首批中央财政资金支持1亿元，主要围绕蔬菜机械化生产、采后加工和仓储冷链、品牌建设等方面，设立蔬菜项目36个，直接投资约2.45亿元。2021年，农业农村部批准“都市蔬菜优势特色产业集群”续建项目，中央财政资金追加0.5亿元，重点支持育苗、设施装备和采后加工储运等方面，推动蔬菜产业形态升级，空间布局转向集群发展，形成结构合理、链条完整的优势特色产业集群，推动蔬菜产业高质量发展。

二是突出要素融合，建设现代农业产业园。通过科技集成、主体集合、优势集聚，统筹布局生产、加工、物流、研发、示范、服务等功能，促进产业格局由分散向集中、发展方式由粗放向集约、产业链条由单一向复合转变，发挥要素集聚和融合平台作用，支撑“一区一业”发展。2020 年，金山区现代农业产业园被农业农村部认定为第三批国家现代农业产业园，以“双核、五心、三带、两片区”为空间规划，打造了金山特色、上海代表、全国领先的“生产＋科技＋加工＋品牌＋营销”一二三产融合发展新格局。

三是发挥区域优势，建设农业产业强镇。发挥乡镇上联城市、下接乡村的纽带作用，聚焦一个农业主导产业，推动产城融合、产村融合发展，打造综合服务功能强、宜居宜业的乡村产业融合综合体。自 2018 年以来，经农业农村部批准，上海市相继推进奉贤区青村镇、金山区朱泾镇、松江区泖港镇、浦东新区宣桥镇、金山区廊下镇 5 个镇开展农业产业强镇建设。项目聚焦稻米、蔬菜(食用菌)等区域主导产业关键领域、薄弱环节发展，提升原料基地、加工营销等设施装备水平，促进主导产业转型升级、由大变强。

四是涵养乡村特色，建设“一村一品”示范村镇。依托乡村资源优势，围绕特色种植、特色养殖、特色食品、特色文化等主导产业，建设了一批优势特色鲜明、乡土气息浓厚、文化内涵丰富、产村产镇深度融合、带农增收效果显著的“一村一品”示范村镇。自 2011 年以来，农业农村部共组织开展了十批次的“一村一品”示范村镇认定工作，本市共有 30 个村镇被批准认定并通过年度检验，产生 3 个亿元村(金山区廊下镇勇敢村、宝山区罗店镇天平村、浦东新区宣桥镇新安村)、1 个十亿元镇(浦东新区宣桥镇)，初步形成了一村带数村、多村连成片的发展格局。

三、培育发展新业态，打造全产业链

积极引进培育承载城市功能的新产业，积极跨界配置农业与现代产业要素，产业交叉融合发展的趋势初步形成。大力推动农业农村创业创新，不断提升休闲农业文化品牌，根据乡村资源特点，进一步激活乡村资源，因地制宜地培育和发展具有乡村特色的新业态。

一是推动休闲农业和乡村旅游发展。2020 年，全市休闲农业和乡村旅游景区(点)达 450 个，包括农家乐、休闲农庄、郊野公园、民宿等。年接待近 1 500 万人次，营业总收入约 12 亿元，带动就业 2.55 万人。每年与市文化旅游局等相关部门联合举办 1～2 次上海美丽乡村休闲旅游行推介活动，发布多条美丽乡村休闲旅游精品线路。同时，向农业农村部推荐中国美丽乡村休闲旅游行精品景点线路。组织开展休闲农业和乡村旅游宣传推介画册素材收集以及编印工作，完成《2021 上海美丽乡村休闲旅游行》(宣传册)。组织开展本市2021年全国休闲农业重点县申报工作,推荐金山区和松江区申报全国休闲农业重点县。组织开展本市中国美丽休闲乡村申报推介工作,推荐金山区百家村等4个村作为2021年中国美丽休闲乡村候选村。在此之前,上海已有31个村被认定为中国美丽休闲乡村。连续几年,会同市文化旅游局、市妇联等联合举办海派农家菜大擂台,现场200多道农家菜同台展示比拼交流,在保留原厨艺大比拼的基础上,不断提质升档促振兴。此外,每年还举办上海市休闲农业和乡村旅游管理人员培训班,来自市、区农业农村委休闲农业和乡村旅游职能部门、市乡村产业行业协会会员单位的管理人员等参加学习并进行互动交流。

二是开展农村创新创业宣传推介。截至2020年底,通过多批申报和推荐,上海已有4个区被认定为全国农村创新创业典型县,有17个园区、基地被认定为全国农村创新创业园区、孵化实训基地,有11人被认定为全国农村创新创业优秀带头人典型案例。通过组织申报、遴选评议,2021年又推荐了顾慧华等4人作为全国农村创新创业优秀带头人典型案例。总结本地农村创业创新的典型模式,结合全国返乡入乡创业创新政策宣传周等各类活动,通过“上海三农”等平台,推出“返乡路 创业情”系列报道,大力推介农村创业创新的典型案例,营造良好创业创新氛围。连续多年组织举办本市农村创新创业大赛暨全国农村创新创业大赛上海地区选拔赛,通过角逐,推荐脱颖而出的优秀选手参加全国半决赛、决赛。同时,连续多年组团参加全国农村创新创业博览会,展示上海农业创新企业发展成果,展现上海农村创业创新良好风貌,不断为乡村振兴注入新动力。

三是推进全产业链高质量发展。以完善利益联结机制为纽带,推进延链、补链、壮链、优链,贯通产加销、融合农文旅,拓展乡村多种功能和产业增值空间,着力打造创新能力强、产业链条全、绿色底色足、安全可控制、联农带农紧的农业全产业链。2021年,上海市向农业农村部申报“奶业全产业链”作为重点链,上海奶业发展坚持“规模化、良种化、机械化、生态化、品牌化”引领,围绕奶业全产业链高质量发展目标,充分发挥光明乳业作为国家级龙头企业的示范带头作用,组成农业产业化联合体,构建起了农业研发、生产、加工、储运、销售、品牌、体验、消费、服务等各个环节紧密关联、有效衔接、耦合配套、协同发展的有机整体;推荐松江区申报“全国农业全产业链典型县”,该区出台《关于促进松江区优质稻米全产业链高质量发展的意见》,以稻米为主导产业,从种子繁育到种植、收获、烘干、加工、销售实现了全产业链发展。

(市农业农村委产业发展处 李悦)

农业品牌建设举措与成效

上海农业发展历来重视农业品牌化建设，坚定走质量兴农的上海都市现代绿色农业发展之路。进入农业新发展阶段，“三农”工作重心转向全面推进乡村振兴。产业振兴是乡村振兴的基础，产业振兴必须品牌先行。近年来，按照乡村振兴的总要求，上海市围绕农业供给侧结构性改革和都市现代绿色农业发展，以绿色发展为引领，积极推进农业品牌建设。

一、创新推动，营造品牌建设“比学赶超”的良好氛围

为更好地谋划“十四五”上海农业品牌建设，充分发挥政策引导作用，促使涉农区及新型农业经营主体明确品牌建设的主体责任，创造“比学赶超”的氛围，上海尝试探索地产农产品品牌发展指数测评工作。从消费者和市场端的角度，形成农业品牌评价指标体系并进行评价，创新研究品牌建设工作可测量、可评价、可诊断的工作方法。参与测评的品牌涉及瓜果类、蔬菜类、肉类、水产类、稻米类等。通过对本市不同区、不同年龄层的 4 800 多个调查样本的调研分析，创设上海地产农产品品牌发展指数，形成各区农产品品牌发展指数，区域公用品牌、企业/产品品牌排行等结果。进一步明晰了上海各农产品品牌的优势点、品牌建设中存在的问题，为品牌建设提供有力参考。

二、挂图作战，全力推进乡村振兴 20 个品牌建设

2019 年，上海通过构建上海市乡村振兴目标管理系统，对乡村振兴重点任务实行“挂图作战”，将各区、光明食品集团重点培育的品牌工作纳入乡村振兴考核。近三年，持续推进乡村振兴 20 个品牌建设。一是开展生产培训，确保各品牌农产品的优质。马陆葡萄、松江大米、闵田悦禾、仓桥水晶梨、奉贤黄桃、庄行蜜梨等积极开展种植技术培训，加强生产指导。二是加强优质品牌农产品的宣传推介，促进产销对接，拉动消费，提升品牌知名度。2020 年在上海“五五购物节”期间，浦东“南汇 8424 西瓜”“南汇甜瓜”开展了上市推介活动；青浦开展了“生态青浦”农产品季暨第八届枇杷

文化旅游节活动，宣传推广区域公用品牌的系列农产品。三是线上线下联动，宣传品牌，拉动优质农产品的销售和消费。浦东开启“南汇 8424 西瓜”天天果园专场直播；金山与美团点评集团合作，推进“金山味道”推广宣传，金山小皇冠、珠丰甜瓜等上线美团买菜；光明集团旗下大丰禽业、爱森、星辉蔬菜积极开展线上和线下联动。

三、质量引领，积极构建农产品品牌服务平台

以实施乡村振兴战略为统领，按照上海市都市现代绿色农业高质量发展要求，着力构建“鱼米之乡”产销服务平台，全方位、多层面、多角度塑造上海农产品品牌的整体形象。“鱼米之乡”产销服务平台集产销服务、成果展示、宣传推广、品质监测、在线服务等多种功能于一体，积极培育和宣传推介农业品牌，促进产销对接。目前已有 139 家企业、合作社入驻平台，包含果蔬类、米面粮油类、加工品类、非遗类、乡村旅游及美丽乡村类等乡村产业、产品 216 个。9 个涉农区积极培育区域公用品牌，各区区域公用品牌按照“一个公共品牌、一套管理制度”的要求进一步完善管理体系，推动企业和农民合作社“子品牌”借助农产品区域公用品牌的力量，抱团发展，做大做强。

四、培育壮大，激发农产品品牌建设主体发展新动能

上海加快培育以农民专业合作社、农业产业化龙头企业为代表的新型农业经营主体。截至 2020 年末，本市有各类龙头企业 356 家，区级以上农业农村部门认定的龙头企业 175 家。其中，国家重点龙头企业 24 家，市重点龙头企业 64 家，区重点龙头企业 87 家。通过“公司＋农民合作社＋家庭农场”等多种组织形式，发挥各自优势、分工协作，促进农业产业的“接二连三”，激发高质量发展新动能。2020 年，全面开展本市地产高质量农产品调查，进一步摸清本市高质量农产品经营主体的生产经营状况。据统计，2020 年上海高质量农产品经营主体达 900 余家，总产值近 80 亿元，占全市农业总产值比例近三成，高质量农产品发展成效显著。

五、宣传推介，提升本市农产品品牌影响力

着力提升本市农产品品牌在全国的影响力。目前，浦东新区南汇水蜜桃、崇明区清水蟹、嘉定区马陆葡萄三个被评为中国特色农产品优势区。松江大米、崇明大米、南汇水蜜桃、马陆葡萄 4 个农产品入选中国农业品牌目录 2019 农产品区域公用品牌。“松江大米”被成功评选为 2020 十大大米区域公用品牌。马陆葡萄、南汇水蜜桃、崇明清水蟹入选“美味中国——2021 年全国优质农产品品牌日历”。着力提升本市优质农产品在市民消费群体中的影响力。先后组织番茄、黄瓜、西瓜、鲜食玉米、水

蜜桃、葡萄、蜜梨、黄桃、羊肉、稻米、草莓等 12 个品类开展品鉴评优暨品牌推介活动，盒马鲜生、拼多多等 10 多家流通企业为品鉴评优活动战略合作单位，图片直播与网红直播带货等多种宣传推介形式的引入，把品鉴活动与品牌推介等相融合，提高品鉴活动效果和品牌影响力。

六、搭建平台，推动本市地产优质品牌农产品走出去

利用全国农交会、中国绿色食品博览会等农业展会、产销对接会、电子商务等营销平台，推动品牌农产品走出去。2020 年 9 月，在中国农民丰收节期间，上海组织“崇明大米”参加 2020 年农产品区域公用品牌热销暨中国品牌农产品展销庆丰收活动。同月，第二十一届中国国际食品和饮料展览会在上海国家会展中心举办，本市农业品牌企业、新零售企业和农产品市场型企业共计 12 家企业及合作社参与这次展会，产生经济效益达数千万元。11 月，组织 34 家参展企业及合作社参加第 21 届中国绿色食品博览会，多方位展现上海绿色农业发展成果、绿色品牌美誉度及创新产品。以及组织品牌企业、农业科技企业、农业信息化企业、农产品电商企业等 30 多家企业参加第十八届中国国际农产品交易会，聚焦绿色农业、品牌农业、科技农业、数字农业发展成果，多角度彰显上海“三园”工程建设成效，展现上海农业高质量发展之路。

七、强化培训，提高新型农业经营主体的品牌意识

为进一步增强农业龙头企业、农民专业合作社、家庭农场等新型农业经营主体的品牌意识，主动适应市场化、信息化和消费升级的要求，鼓励农业龙头企业整合资源，促进农民合作社规范化建设，推进家庭农场集群，形成协同打造农业品牌的利益共同体，2020—2021 年每年举办农业品牌建设培训班。培训对象包括各区农业农村委主管品牌建设的科室负责人、区域农产品公用品牌商标持有单位负责人、企业品牌负责人等 200 余人。为帮助成长型的合作社、农业企业利用新型互联网营销手段宣传推广企业品牌，2021 年 9 月开展“鱼米之乡”产销服务平台入驻主体培训，共培训 152 家合作社、农业企业的 168 位新农人。通过培训，进一步提高新型农业生产经营主体对农产品品牌建设的理论素养、知识水平、营销能力，推动农业品牌化发展。

（市农业农村委市场与信息化处 钱玮）

新型农业经营主体培育举措与成效

上海新型农业经营主体培育工作以习近平总书记关于“三农”工作重要论述为指引，深入贯彻“创新、协调、绿色、开放、共享”新发展理念，在推动上海都市现代绿色农业发展、实施乡村振兴战略和“三园”建设中，使新型农业经营主体发挥了先锋队和主力军作用。

2018 年以来，按照上海都市现代绿色农业发展要求，本市加快培育以家庭农场、农民合作社、农业龙头企业为主的新型农业经营主体，积极推进多种形式适度规模经营，新型农业经营主体带动的农田面积占全市农业经营用地面积比例达到 90%。按照“扶优、扶大、扶强”的原则，不断推进示范引领，培育示范家庭农场、各类示范合作社、国家级和市级农业产业化重点龙头企业，促进不同经营主体资源共享、优势互补、合作共赢，逐步建立了“合作社＋家庭农场”“农业龙头企业＋合作社＋家庭农场”等多种农业经营组织模式，引导发展农业产业化联合体。

一、家庭农场不断快速发展

家庭农场作为推动农业经营方式创新、破解“谁来种地”难题的活力单元，按照“家庭经营、规模适度、一业为主、集约生产”的发展思路，积极探索多种形式家庭农场发展，注重粮食生产经营与其他经营内容结合发展，以多样化经营不断提高经济效益，注重与其他新型农业经营主体利益联结，实现不同主体间的优势互补。通过资金扶持、完善服务、市场引导，取得不断发展。2020 年 11 月 27 日上海市第十五届人民代表大会常务委员会第二十七次会议通过了《上海市家庭农场发展条例》，并于 2021 年 1 月 1 日起施行。该条例以地方性法规形式明确了促进家庭农场发展的各类扶持政策和政府部门的服务职责，是全国首部促进家庭农场发展的地方性法规。截至 2020 年，本市共登记备案家庭农场 3 965 家，家庭农场经营土地总面积 61 万亩，户均经营面积为 154 亩；其中从事水稻生产的家庭农场 3 820 家，占全部登记备案数的 96.5%。本市家庭农场务农成员总数 9 727 人，户均人数 2.46 人，平均短期雇工 4.52 人/月。家庭农场主平均年龄 53 岁，50 岁以下占 37.3%，平均务农年限为 22

年。2020 年，通过无公害农产品、绿色食品、有机农产品认证的家庭农场合计 3 145 家，占比约 79.4%。2020 年，本市家庭农场经营总收入 119 710 万元，年平均收入为 30.21 万元。根据中共中央办公厅、国务院办公厅《关于加快构建政策体系培育新型农业经营主体的意见》(中办发〔2017〕38 号)，2019 年本市新修订和印发了《上海市市级示范家庭农场评定办法》，2020 年市级示范家庭农场 76 家。

二、农民专业合作社得到规范提升

农民专业合作社作为提高农业组织化程度、增强农产品市场竞争力和推进现代农业发展的重要载体，破解了“如何种地”“怎样种好地”的困局，成为组织生产、提供服务、带动成员、开拓市场的中坚力量。近年来，上海出台了一系列政策文件，从财政扶持、税收优惠、金融支持、用地用电扶持、吸引优秀人才、搭建服务平台等多方面推出优惠扶持举措，促进了农民专业合作社规范有序发展和质量提升，筛选培育了一批示范主体。2020 年 3 月 19 日上海市第十五届人民代表大会常务委员会第十八次会议通过《上海市实施〈中华人民共和国农民专业合作社法〉办法》，该办法自 2020 年 5 月 1 日起施行，是全国首部促进合作社规范发展的地方性法规。截至 2020 年底，本市注册登记农民专业合作社 10 580 家，正常运行 9 217 家，暂停运行 1 363 家。其中，纳入统计范围、具有一定经营规模、运行规范和发展较好的农民专业合作社 2 506 家，拥有成员 55 317 人，带动农户 127 074 户，实现年度经营收入 79.59 亿元，盈余 3.95 亿元。2020 年，根据新修订的《国家农民专业合作社示范社评定及监测办法》，本市对市级示范社标准等进行了相应的修订，并重新发布了《上海市农民专业合作社示范社评定和监测办法》。在此基础上，2020 年评定与监测市级示范社 240 家，目前全市区级以上示范社 624 家，国家级示范社 97 家，年经营收入超过 1 000 万元的合作社稳定在 100 家以上；年经营收入超过 2 000 万元的合作社稳定在 50 家以上；年经营收入超过 5 000 万元的合作社稳定在 10 家以上。良好的经营情况反映了本市合作社的生产发展活力、带动农户能力、市场开拓能力。

三、农业龙头企业进一步做大做强

农业龙头企业作为农业产业化经营的主导力量，通过加快实现资金、技术、品牌、信息等融合，形成了一批区域特色明显、市场知名度高、发展潜力大的农业龙头企业。2019 年，根据新修订的《农业产业化国家重点龙头企业认定和运行监测管理办法》(农经发〔2018〕1 号)，为了培育和发展本市具有规模效益、生产技术先进、管理运营科学的农业龙头企业，结合上海都市现代绿色农业发展实际，重新修订并实施了《农业产业化上海市重点龙头企业认定和运行监测管理办法》(沪农委规〔2019〕4 号),除了把以农产品生产、加工、流通为主业的农业企业纳入管理范围,新增加了农业信息科技、设施装备、生产服务为主业的农业企业,适应了都市现代绿色农业发展的新趋势和新特点。截至 2020 年末,本市有区级以上农业龙头企业 183 家,市级以上农业龙头企业 88 家,国家级农业龙头企业 24 家。区级以上龙头企业固定资产净值 296.19 亿元,年营业收入 1 062.81 亿元,实现净利润 72.53 亿元,上缴税金 23.96 亿元,出口创汇 1.04 亿美元;带动就业 6.91 万人,其中带动农户就业 3.01 万人,带动农户 114.47 户,农户从区级以上龙头企业获得收入总额 13.41 亿元。年销售收入 1 亿元以上的农业龙头企业 98 家。

四、农业经营主体实现融合发展

乡村振兴的重要基础在于乡村产业兴旺,要实现农业产业兴旺,必须建立起以新型农业经营主体融合发展为抓手,形成以农户家庭经营为基础、合作与联合为纽带、社会化服务为支撑、龙头企业为引领、农业产业化联合体为载体的立体式复合型现代农业经营体系。本市积极探索,在新型农业经营主体自愿联合的基础上,围绕建设区域公共品牌、发展地域特色优势农产品等,积极引导各类新型农业经营主体融合发展,推动组建农业产业化联合体,切实发挥好联合体内龙头企业、合作社、家庭农场的各自优势,打造农产品全产业链,进一步提高农产品竞争力,带动农民增收和村级集体经济发展,实现利益共享,实行产加销一体化经营。2020 年,上海已组建清美蔬菜产业化联合体、上海松林食品产业化联合体、鑫博海农副产品加工联合体、上海宝岛蟹业联合体等各类农业产业化联合体 35 家。

（市农业农村委农村合作经济指导处 张颖）

数字农业发展举措与成效

数字农业是国家发展“数字中国”战略的重要组成部分，是实现信息化与农业现代化深度融合的有效举措，更是推动农业高质量发展的重要手段。多年来，围绕实施乡村振兴战略和促进都市现代绿色农业发展这条主线，按照农业生产智能化、经营网络化、管理数据化和服务在线化的要求，本着为生产者、管理者、消费者服务这一宗旨，上海全力打造“一网、一图、一库工程”，取得了显著成效。

一、工作举措

（一）深入调研、寻找痛点，开展农业数字化转型课题研究

积极落实市委、市政府决策部署，加快农业领域数字化转型步伐，采取走访、座谈等方式深入基层一线，听取新型农业生产经营主体在农业生产、管理、服务中的高频急难问题，组织农业龙头企业、高等院校、重要管理部门等召开农业农村数字化转型座谈会、专家咨询会等，为破除农业领域存在的数字鸿沟寻找解决方案。与市社科院合作，聚焦调研中发现的“优质农产品供需矛盾”等七个农业领域痛点问题，对标国内外数字农业“四全”发展趋势，以“融合、挖掘、赋能、增效”为主线，完成《加快推进上海农业数字化转型研究报告》。

（二）加强设计、绘制蓝图，形成“1＋N＋X”数字农业顶层架构

为更好地为生产者、管理者、消费者服务，加强数字农业顶层设计，以全市农业数字底图和主题数据库为基础，建立系统联通融合应用标准，打造1套市区两级农业管理者数字看板，N类综合应用场景，X个核心业务系统，最终形成集种植、畜牧、渔业、农机、农产品质量安全监管、农业执法等管理为一体的一张网。

（三）加大投入、落实项目，推动智慧农业健康发展

以提高农业生产效率和实现“机器换人”为目标，开展与打造无人农场、智能化菜（果）园相关的关键设备及生态循环农业智能装备研发，为本市都市现代绿色农业高质量发展提供技术引领和支撑。支持以“智慧农业生产技术研究与示范”为专题的科技兴农项目，研究示范农业生产智能装备与技术，推进信息技术在农业生产、经营与

服务中的应用，提升农业智能化生产、精准化管理水平。推进本市现代农业产业技术体系建设，围绕本市主导农产品，从种苗选育、种养殖、技术推广、产业化、加工消费等完整生产环节进行技术研究。

（四）全面动员、主体入网，推进农业生产作业信息直报

2020年起，我们围绕粮食、蔬菜、瓜果、水产等全面开展农业生产作业信息直报，全市6 000多家生产经营主体入网，入网面积超80%，2021年截至9月，各农业生产经营主体累计上报农事记录近500万条，填报及时率平均超过90%。同时，探索培育满足高质量数据采集要求的信息化运维团队，构建信息指导员队伍体系，在全市建立了一支近1 200人的区、镇、村三级信息指导员队伍，辅助和指导各经营主体开展农业生产作业信息直报工作。

（五）制定标准、狠抓质量，纳入乡村振兴挂图作战考核

生产作业信息直报工作是一项基础性工作，关系到农业数字化转型的成败，关系到农业管理方式的创新变革。为提高生产作业信息数据的及时性、准确性、完整性，我们持续加大工作力度。制定信息直报标准，按照“时点清晰、环节完整、要素简明”原则，明确了水稻、西甜瓜、水果、水产、蔬菜、草莓等品类填报信息的基本时限、基本环节、基本要素，让直报有章可循。建立四方联动核查机制，围绕农事电子档案重构日常管理制度，建立业务部门、监管部门、检测机构和执法部门四方联动机制，强化工作协同，开展日常核查、重点核查和飞行核查。“精准报”列入乡村振兴考核，实施“挂图作战”，综合考虑及时率、精准率和入网率三项指标，进行不同赋值，对低于一定标准的区予以警示。

（六）整合系统、汇聚资源，构建大系统大平台

围绕三农管理和三农服务能力的需要，按“大数据、大系统、大平台”设计架构，以“六个统一”为基本原则，标准化、规范化、集约化推进农业政务信息系统整合。将生产作业、涉农资金、农产品质量安全、为农服务等系统整合为农业农村公共信息服务系统；围绕现状农用地、宅基地、建设用地等整合建设本市农业农村一张图；将行政许可、政务服务、行政执法等系统整合为政务服务一网通办系统；将行政办公、人事管理、后勤管理等内部日常事务系统整合为内部协同办公大系统。

二、具体成效

（一）数字农业底座基本成型

在全市统一编码规则下，完成了九个涉农区和三家国企范围内的粮田、菜田、经作田、果园、水产与畜牧养殖、林地和零星用地共七类农用地现状地块数据采集和上

图，累计绘制100多万个地块，涉及农业生产现状用地近230多万亩，形成数字农业一张底图。以"三清单一目录"为基础，不断优化公共数据共享机制，通过数据归集、编目、治理，形成上海农业农村数据资源目录，为农业数据资源交换共享提供基础保障，已归集3.85亿条数据，3.2TB数据资源，共享库表1 700张、数据产品485个、接口120余个，已为市环科院、市气候中心、宝山罗店镇、区农业农村委等单位提供数据共享服务。

（二）政务服务能力显著提升

依托市"一网通办"总门户、上海农业网、综合受理大厅等，推进线上线下政务服务流程再造、数据共享、业务协同，形成融合一网受理、协同办理、综合管理为一体的政务服务体系。市、区两级涉农行政审批事项实现申请材料减半、承诺时限减半。17个涉农行政审批事项实现全市通办，申请人可至"9＋1"任一窗口进行业务咨询，提出办事申请，递交办事材料。市、区两级30类证照完成历史数据全量归集和电子证照制作，实现线上线下实名核验和材料免交。36个涉农行政审批事项接入市"一网通办"统一受理平台，申请人可通过市统一物流平台实现行政审批事项申请材料寄送和证照寄收。

（三）"互联网＋监管"深度应用

积极推进地产农产品质量安全"互联网＋监管"，全面应用网格化监管系统APP，2 500余名市、区、镇、村"四级"监管人员线上工作，实现对主体信息及日常巡查、监督抽查、产品抽检信息的痕迹化管理。在全市农业一张图基础上，为经营主体建立监管档案，将监管信息与主体、地块一一对应、动态展示，推进形成地产农产品全覆盖、精细化监管，提升基层农产品质量安全监管水平。

（四）信息系统建设全面启动

坚持业务需求导向，全面启动信息系统建设，加快推进农业数字化转型。对本市大中型拖拉机、联合收割机、插秧机、穴直播机和喷杆喷雾机5类自走式农业机械安装北斗定位终端，建立统一的数据存储运算中心，启动建设一套智能化、精准化、可视化的农机智联系统。围绕畜牧全产业管理，构建一套集生产、防疫、检疫、屠宰、无害化处理等为一体的智慧畜牧系统，与农业农村部系统实现多项数据交互，实现养殖场线上推送报检信息、官方兽医在线受理、检疫合格证在线出证等功能。运用雷达、光电、无人机等先进技术装备和边缘计算、大数据分析等现代信息技术，对接城运中心"一网统管"，通过数字化、信息化、智能化的全方位赋能，启动建设一套"水、陆、空、天"一体的长江禁捕智能管控系统。

（五）为农信息服务持续保障

以益农信息社为载体，夯实信息服务基础，累计建成标准型益农信息社 1 103 家、专业型益农信息社 66 家。以益农信息平台为抓手，实现不同层次、不同内容、不同范围的信息服务，主要涵盖公益、培训、便民等服务，累计发布各类文章 2.4 万多篇。开展三农热线服务，2021 年截至 9 月，热线服务 27 万人次，组织下乡进社区活动 47 场次，发放科普资料 0.92 万份，现场直接服务 0.55 万人次。

（市农业农村委市场与信息化处 顾方）

现代种业发展举措与成效

农业现代化，种子是基础。上海市委、市政府高度重视种业发展，把现代种业发展作为农业高质量发展的重要组成部分，不断深化改革，强化政策扶持，稳步推进现代种业发展，特别是实施乡村振兴战略以来，本市种业健康有序发展，取得一定成效。

一、主要举措

（一）强化顶层设计

一是2021年市委、市政府将"打好种业攻坚战"写入本市全面推进乡村振兴加快农业农村现代化的实施意见。市政府将"提升现代种业创新能力"作为上海市乡村振兴"十四五"规划、上海市推进农业高质量发展行动方案的重要内容。二是鉴于《市政府办公厅贯彻国务院办公厅关于深化种业体制改革提高创新能力意见的实施意见》有效期届满，2020年6月，经市政府同意，修改后重新发布，提出深化种业体制改革，建立以种子企业为主体的育种创新体系，推动育种人才、技术、资源依法向企业流动，充分调动科研人员积极性，保护科研人员发明创造的合法权益，促进产学研结合，提高企业自主创新能力，构建商业化育种体系，加快推进本市现代种业发展。三是认真贯彻落实中央关于种业振兴行动的决策部署，围绕上海科创中心建设和都市现代农业发展，研究制定《上海市推动现代种业高质量发展行动方案》。按照"一年开好头、三年打基础、五年见成效、十年实现重大突破"的总体安排，谋划各阶段的目标任务。

（二）深化种业体制改革

一是推进水稻种子供应体系改革。2018年开始，按照《上海市水稻种子供应体系改革方案》（沪农委〔2017〕316号），推进水稻种子供应市场化改革。取消水稻良种补贴，改变原先由政府定供种企业、定种植品种、定种子价格、定工作程序的水稻统供种制度，建立以市场为导向、以企业为主体、农民自愿购种、强化监管指导服务的市场化水稻供种体系。二是实施育繁推一体化企业培育工程。出台《上海市农作物种子育繁推一体化后备企业评定管理办法》(沪农委〔2016〕281 号)，2021 年修订后重新发布(沪农委规〔2021〕10 号)。实施“育繁推一体化”种子企业培育工程，做强做大种子企业，提高本市农作物种子企业核心竞争力，加快推动本市现代农作物种业健康发展。三是开展种业人才发展和科研成果权益改革。根据农业农村部等部门《关于扩大种业人才发展和科研成果权益改革试点的指导意见》(农种发〔2016〕2 号)，本市在市农业科学院、上海交通大学农业与生物学院开展试点，优化成果分配机制，激活科研育种人员的积极性和内驱力。

(三)提高市场监管能力

2019 年 2 月，市农业农村委员会设立种业管理处，对全市农作物种业和畜禽种业进行统一管理。同年 8 月，组建成立市农业农村委员会执法总队，对农作物种子、种畜禽生产经营等环节进行统一监督执法。2020 年 1 月，上海市种子管理总站承担的本市种子管理领域技术保障服务等公益性职责交由上海市农业技术服务中心承担。优化营商环境，推进放管服改革，优化审批服务，激发市场主体活力。加强与市场监管、公安、司法等部门协同，提升种业监管效能。全面贯彻落实《种子法》，强化种子质量监督和种业市场监管，建立健全农作物、畜禽良种测定评价体系，加快种子质量检验、品种试验、DUS 测试等种业监管技术支撑能力建设，加强知识产权保护，严厉打击侵权行为。

二、主要成效

(一)种质资源保护体系初步建立

建立了包括长期库、中期库、超低温库及种质圃的综合性农业生物基因资源库，列入国家农作物种质资源子平台，初步建成果树、花卉、食用菌等种质资源圃。建成嘉定梅山猪、浦东白猪等畜禽保种场 10 个，其中国家级保种场 4 个。收集保存农作物、果树、花卉、微生物、畜禽等地方种质资源(遗传材料)22 万余份。拥有一批优质地方畜禽资源，其中梅山猪、浦东白猪、崇明白山羊、申鸿七彩雉等 15 个品种列入国家畜禽遗传资源目录，10 个品种列入上海畜禽遗传资源保护名录。向全国提供资源共享利用 8 万余份(次)，其中水稻资源共享利用培育新品种 327 份，累计推广 11.9 亿亩，产生经济价值超过 1 600 亿元。

(二)种业科技创新能力不断提升

2018 年以来，上海选育的主要农作物新品种获得国家审定 21 个，非主要农作物品种登记 169 个，植物新品种权 125 项；获得上海市审定 107 个，非主要农作物认定 128 个。本市选育的节水抗旱稻、杂交粳稻、鲜食玉米、蔬菜瓜果等品种，深受市场欢迎，近年来推广面积不断扩大，“沪软 1212”“松香粳 1018”“旱优 73”“银香 38”4 个品种荣获全国优质稻米食味品质金奖。选育畜禽品种及配套系 4 个。上海市农业生物基因中心“水稻遗传资源的创制保护和研究利用”获得 2021 年国家科技进步一等奖。这些品种的审（认）定、登记和推广，显著提升了上海种业自主品牌知名度和影响力，也更好地凸显了上海农业服务全国的功能。“旱优系列”节水抗旱稻品种年推广面积达到 200 万亩以上，部分节水抗旱稻品种走出国门，在一些“一带一路”国家和非洲国家开展了试种示范，表现较好。“申优系列”杂交粳稻、“沪香软系列”优质稻、“沪玉糯系列”鲜食玉米等在长三角地区乃至全国大面积推广种植，表现优异，“申香 16 号”“申香 215”“沪香 F2”等香菇品种已推广到全国香菇主产区。

（三）种业企业综合实力稳步增强

全市有农作物种子企业 60 家，其中全国育繁推一体化企业 2 家，全国特色作物种业企业 3 家。2020 年种子销售额 8.68 亿元，其中种子销售收入超过 1 亿元的企业 5 家，占全市种子销售额的 66.04%，集中度相对较高。中垦种业、上海天谷生物科技公司为全国育繁推一体化企业，上海惠和种业为全国 15 家“中国蔬菜种业信用骨干企业”之一，蔬菜种子销售额位居全国前三。全市有畜禽种业企业 50 家，2020 年产值 7 亿元。上海祥欣畜禽有限公司的种公猪站成为国家首批 2 个全国生猪遗传改良计划种公猪站之一，2020 年种猪外销量位列全国 20 强，含有上海祥欣基因的商品猪占全国上市商品猪的十分之一。上海奶牛育种中心为国家奶牛产业技术体系南方地区唯一的综合试验站，在国内较早建立了生产性能测定（DHI）实验室，为奶牛养殖提供良好的技术保障。

（四）种源基地建设持续推进

积极推进南繁基地、优势制种基地和种畜禽核心育种场建设，保障农作物用种和畜禽用种需求。南繁基地 1 030 亩用地正加快推进建设。本市区域内拥有水稻制繁种基地面积 1.8 万亩，2020 年列入种业基地提升项目 4 100 多亩。全市主要农作物优良品种覆盖率 100%，水稻主导品种覆盖率达 97%以上。同时，祥欣种猪场、上海农场光明种猪场、嘉定湖羊场、申鸿七彩雉等畜禽种业基地设施取得明显提升。

（五）种业监管治理能力进一步提高

逐步形成“行业管理＋综合执法＋行业协会”的监管体系。种子质量检测机构不断健全，全市已有 4 家单位取得种子质量检测资格，并正在积极探索建立基于 SSR（微卫星标记）的上海主要农作物 DNA 指纹图谱。2020 年，严格春秋两季种子质量监督抽查和种子市场专项整治、夏季水稻生产基地巡查、冬季种子企业监督抽查等工作，对全市持证种业企业检查实现全覆盖，被检企业主营品种覆盖率达到 60%以上，水稻、玉米品种全覆盖；被检企业经营档案、包装、标签合格率100%，零售主体经营活动备案率100%。种子质量合格率99%以上，持续居于高位。

（市农业农村委种业管理处 杜兴彬）

农田建设举措与成效

农田建设是都市现代绿色农业高质量发展的重要基础。2019 年机构改革以来，上海深入贯彻落实党中央、国务院关于高标准农田建设的重大决策部署，实施藏粮于地、藏粮于技战略，紧紧围绕高标准农田建设目标任务，加快构建集中统一高效的农田建设管理体制机制，分区域、分类型、有重点地推进高标准农田建设，不断改善农业生产基础条件，积极为上海都市现代绿色农业高质量发展打好底板。

一、农田管理体制建设取得新成果

一是形成集中统一管理机制。按照全市机构改革方案要求，市农业农村委主动加强与规划资源、水务、财政等相关部门对接，摸清工作底数，平稳接转工作职能，农田建设顺利实现由分散管理到源头整合的转变。加强市、区联动，强化农田管理队伍建设，完善技术支撑体系建设，建立专家库和项目储备库，逐步形成“市农业农村委牵头负责、部门协同配合、上下联动推进”的集中统一高效管理机制。

二是不断完善管理制度框架。根据部相关文件要求，通过深入调查研究，整合本市原农田水利和农业综合开发等项目不同建设标准、管理要求，会同市财政局将农田项目和资金管理合而为一，制定《上海市农田建设项目和资金管理办法》，明确农田建设项目的申报、立项审批、组织实施、资金管理和竣工验收等全程管理要求；出台《上海市农田基础设施管护工作意见》和《上海市农田基础设施管护工作考核办法》，明确管护主体和责任，落实管护资金，强化绩效考核。目前，本市农田建设管理制度框架基本完备，形成从立项、实施到建后管护及考核的全程闭环管理。

三是强化财政投入保障。根据农田基础设施公益性要求，加强与市财政局会商研究，明确农田建设资金由市、区两级财政全额保障。根据本市实际，按照粮田、菜田和经济作物对高标准农田建设的不同要求，分类设置并提高毛地亩均投资上限标准，其中，粮田项目为 1.4 万元/亩，菜田项目为 3.5 万元/亩，经济作物项目为 2.3 万元/亩。

四是落实行业管理要求。多次组织召开农田建设管理工作业务培训，加强对部、市两级政策宣贯解读，指导各地配套完善地方政策，细化落实工作举措，不断提升农田建设管理水平。结合年度项目评审所发现的问题，组织相关单位开展农田项目初步设计和概算专题培训，统一明确技术要求，对项目设计质量及单位开展综合评价，完善设计单位名录，强化行业自律和动态监管。

五是开展绩效监督评价。将高标准农田建设纳入全市乡村振兴考核和涉农区年度绩效考核内容，结合粮食安全区长责任制考核和区级政府耕地保护责任目标考核等要求，增加农田建设分值比重，完善高标准农田评价标准，量化评价指标。加强项目建设督导，细化年度目标任务，明确时间节点，采用“亮红灯、拉警报、搞督促”等方式，不断强化高标准农田建设工作的绩效考核。

二、农田建设规划明确新方向

一是完成上一轮规划目标任务。根据全国高标准农田建设总体规划，上海至2020年需建成高标准农田171万亩。按农业农村部工作要求，扎实开展“十二五”以来高标准农田建设清理评估工作，摸清历年建成高标准农田数量、质量、分布和利用状况，加快推动历年结转项目竣工验收，积极对接本市农业农村“一图、一网、一库”建设，形成全市高标准农田建设“一张图”，做到“底数清、位置准、情况明”。经部核定，上海至2020年底已建成高标准农田面积为171.18万亩，圆满完成任务指标。

二是启动新一轮规划编制工作。在清查评估和质量“回头看”工作基础上，通过叠图比对分析，摸清本市永久基本农田和农业“三区”内高标农田建设现状和潜力。根据农业农村部对高标准农田建设规划的编制工作要求，启动和部署规划编制工作，下发《关于做好高标准农田建设规划编制工作的通知》(沪农委〔2021〕52号)，同步推动市、区两级规划体系建设。组织开展技术培训，制定规划，编制工作方案，将目标任务分解至各区及市属企业，划定规划建设空间方案，落实建设时序安排，积极推动高标准农田建设向开发潜力大、建设成效高的区域集中。

三是突出重点区域和重点项目。以产业发展需求为导向，将高标准农田建设项目主要锁定在永久基本农田和农业“三区”范围内，优先聚焦绿色田园先行片区、乡村振兴示范村、美丽乡村示范村和经济相对薄弱村等重点区域，以及优质食味稻米、绿色蔬菜等重点项目，积极推动重点区域和重点项目内的高标准农田建设。

三、高标准农田建设取得新进展

一是超额完成年度任务。自2019年以来，农业农村部共下达上海高标准农田建设任务11万亩，其中2019年为4万亩，2020年为3万亩，2021年为4万亩(每年各含高效节水灌溉面积1万亩)。通过分解指标、下达任务，组织项目申报和设计，动态收录项目入库，召集专家集中评审，择优选项建设，累计批复高标准农田建设 14.32 万亩（含高效节水灌溉面积约 6 万亩），其中 2019 年 6.87 万亩，2020 年 3.36 万亩，2021 年 4.09 万亩，有序推进年度目标任务落实。

二是足额落实建设资金。上海持续加大高标准农田投入力度，足额安排建设资金。2019 年批复高标准农田建设总投资 7.37 亿元，其中市级财政投资 5.73 亿元，区级财政和市属企业配套投入 1.64 亿元。2020 年批复高标准农田建设总投资 4.15 亿元，其中市级财政投资 3.27 亿元，区级财政和市属企业配套投入 0.88 亿元。2021 年批复高标准农田建设总投资 4.59 亿元，其中市级财政投资 3.69 亿元，区级财政和市属企业配套投入 0.90 亿元。

三是分类精准实施建设。根据上海农业“三区”划定成果，分为粮田、菜田和经济作物三种建设类型，统筹生产生活生态，实行田、土、水、路、林、电、技综合配套。指导各地按照“缺什么，补什么”原则优化项目建设内容和工程措施，完善农田水利配套设施，实施高效节水灌溉工程，合理安排机耕路和生产路，不断提高农机作业便捷度；同时，按照生态环保和生物多样性要求，减少硬化增加绿化，因地制宜构建生态沟渠系统。

四是强化全程动态监管。充分利用全国农田建设监测监管平台，将项目各阶段建设信息全面上图入库，加强项目进度管理，及时调度和督导，约谈进度滞后项目的管理部门，督促落实举措，抢抓有利时机，加快建设进度，实现尽早完工。严格执行建设标准，全面落实项目法人制、招投标制、工程监理制、合同管理制，强化实地检查和现场抽查，全程加强质量把控。推行项目完工验收、区级竣工初验、市级抽查和验收机制，严格把好项目验收关，确保建设质量达到设计要求。

四、农田建后管护有了新举措

一是加快管护制度建设。紧紧围绕“设施完好、管理规范、运行稳定、保障生产”的目标，研究制定农田基础设施管护工作意见，明确管护工作内容、实施范围、职责分工、资金保障和监督考核要求。要求各区和市属企业因地制宜、建管并重，健全地方管护制度，逐级压实镇村管护责任，切实将管护工作落到实处，保障农田基础设施良性运行。

二是加强管护资金保障。明确市、区两级财政在年度预算中安排管护资金，鼓励各地结合实际多渠道筹措，要求各级管护资金年均累计投入原则上不低于 100 元/亩。加强资金使用过程监管，确保资金专款专用、落实到位，有效用于农田基础设施的日常管理和运行维护。

三是强化管护绩效考核。坚持目标导向和结果导向，制定农田基础设施管护工作考核办法，逐级开展考核评价，强化结果应用，将考核结果作为市级管护奖补资金分配依据，并按照考核结果等级确定奖补资金分配系数，实行奖优罚劣。

（市农业农村委农田建设管理处 包代红 颜佳成）

质量兴农发展举措与成效

近年来，上海在推进都市现代绿色农业发展进程中，切实落实中央农村工作会议和全国农产品质量安全强监管推进会议精神，以“质量兴农、绿色兴农、品牌强农”为目标，围绕市政府重点工作和乡村振兴重点任务，切实压实责任，加强监督，守好底线，积极推动绿色优质农产品发展。

一、坚持标准引领，推进农业生产标准化

（一）完善农业标准体系

优质安全的农产品，首先是生产出来的，抓手是制标贯标。为建立健全本市农业标准体系，适应本市农业产业结构调整和优势产业及产品可持续发展的需要，以农业农村领域标准预研制项目为载体，自实施乡村振兴战略以来共支持 132 个项目立项，内容涵盖农业（种植业、养殖业和农产品初加工）生产中涉及的产地环境、种质资源、投入品使用、生产技术规范、产品质量、加工储运、质量管理、检测方法、农业机械化、农产品品牌、农业社会化综合服务以及乡村建设治理等方面，旨在为国家标准、行业标准、地方标准和团体标准提供技术支撑。此外，2020 年创新开展农业农村领域标准预研制项目库建设工作，经初审共有 135 个项目纳入项目库，坚持“成熟一个，发展一个”的原则，有针对性地对相关内容予以立项支持。

（二）推行农业标准化生产

强化标准示范应用，持续开展标准园（场）建设。种植业领域，以规模化种植、标准化生产、商品化处理、品牌化销售、产业化经营为抓手，积极开展标准园创建工作，自实施乡村振兴战略以来，共 70 家蔬菜标准园、75 家经济作物标准园通过市级标准园验收考核。水产养殖领域，制定《上海市水产养殖绿色生产操作规程（试行）》，明确水产养殖绿色生产环节的各项工作要求，在全市推行节能减排的水产养殖绿色生产方式，全市共有 490 家水产养殖场实施水产养殖绿色生产，实现按规程生产面积达 11.28 万亩，覆盖率达 72%。畜牧养殖领域，围绕生产高效、环境友好、产品安全、管理先进等要求，积极开展畜禽养殖标准化示范场创建工作，推进光明牧业有限公司金

山种奶牛场和上海明珠湖农业科技有限公司完成国家畜禽养殖标准化示范场创建工作，进一步提高了标准化生产水平。

二、坚持绿色发展，保障优质农产品供给

(一)稳步推进“二品一标”认证管理

围绕乡村振兴战略和“三园工程”要求，积极践行质量兴农、绿色兴农，在坚守农产品质量安全底线的同时，以增加绿色优质农产品供给为主攻方向。截至2020年11月30日，全市有效期内绿色食品企业875家、产品1 573个、获证产量125.58万吨，全市绿色食品认证率达24%。获农业农村部中绿华夏有机食品认证中心认证的有机农产品企业11家、产品21个。此外，全市共有白鹤草莓、庄行蜜梨、彭镇青扁豆等15种地产农产品获得农产品地理标志，同时对马陆葡萄、奉贤黄桃、金山蟠桃、彭镇青扁豆、崇明白山羊予以地理标志保护工程项目支持，重点围绕增强综合生产能力、提升产品质量和特色品质、扩大授权范围、加强品牌建设、推动信息化管理等方面，结合实际实施生产基地建设、生产设施及加工设备改造升级、绿色生产技术推广、生产档案电子化管理和信息化监管系统建设、管理制度完善、宣传展示等一系列举措，打造引领乡村特色产业发展样板。

(二)开展农产品绿色生产基地创建

为破解因规模限制导致的绿色食品区域碎片化问题，2019年启动农产品绿色生产基地创建工作，从基地建设、生产管理、污染防治、监测评估、管理制度等方面制定《农产品绿色生产基地建设管理规范》及其实施方案。通过将绿色生产基地与标准园、示范区、示范镇建设相结合，落实绿色防控技术应用，使绿色食品生产基地逐步成为绿色生产技术集成的示范区，从而形成覆盖全产业、全区域和全主体的绿色生产格局，整体提升地产绿色优质农产品综合生产能力。2020年完成首批26家绿色生产基地创建及验收，2021年全市共开展23.6万亩绿色生产基地创建工作。

三、坚持问题导向，提高农产品质量安全水平

(一)加强农产品质量安全监测

系统组织监测评估，强化风险隐患排查，充分发挥监测的“雷达”作用，确保地产农产品质量安全合格率保持在98%以上。一方面，优化农产品监测工作顶层设计，制订工作方案，强化风险隐患排查，结合生产实际对监测类别、参数、频次、主体分布等进行全面梳理，科学制定市区分级、主体分类、定量与定性结合、风险与监督配合、频次合理、覆盖全面的地产农产品监测制度。另一方面，坚持监测结果信息公开制度，

加强监测结果会商分析，实现全市农产品质量安全监测信息互通、数据共享。监测参数上，在国家农产品质量安全监测参数91项指标的基础上，增加了农兽药残留、重金属等37项指标；监测形式上，采用市、区定量检测和镇级快速检测相结合的方式，实行监督抽查、风险监测、飞行检测等多形式、全方位的农产品质量安全监测制度；抽检主体上，涵盖辖区内的种植养殖基地、农民专业合作社、家庭农场和农户，落实随机抽样原则，确保监测不留盲区。自实施乡村振兴战略以来，组织开展地产蔬菜、瓜果、食用菌、畜禽肉类、禽蛋、生鲜乳、水产品等农产品的例行监测、监督抽查、飞行检测，全市累计定量检测9.4万批次。

（二）强化基层监管能力建设

一是健全基层监管队伍。制定基层监管工作规范，建立健全“市、区、镇、村”四级联动的农产品质量安全监管网络。全面推广使用网格化监管系统APP，规范、强化日常监管工作，督促生产经营主体按标生产、合理用药、科学施肥，落实禁限用规定和农药安全间隔期、兽药休药期、生产记录等制度，实现基层监管日常巡查、“二品一标”证后监管痕迹化。二是创新监管手段。积极推进地产农产品质量安全“互联网＋监管”，执法、监测、监管三支队伍100％线上工作，实现对主体信息及日常巡查、监督抽查、产品抽检信息的痕迹化管理。目前，已为全市8 400余家农产品生产主体建立监管档案，并将监管信息与主体、地块一一对应、动态展示，推进形成地产农产品全覆盖、精细化监管。目前，全市已有273名执法人员、19家检测机构、367名抽样人员、2 316名监管人员在线上开展监管工作，逐步推进闭环管理，压实每个环节的责任。

（三）加大监管力度

一是加大监管力度。坚持问题导向强监管，强化“发现问题是业绩、解决问题是政绩”理念，把发现问题、查办案件数量纳入对区党政领导班子的绩效考核，进一步压实属地责任，切实强化地产农产品监管。聚焦非法添加、违禁使用、制假售假、私屠滥宰等突出问题，深入开展农产品质量安全专项整治行动，开展“双随机”监督抽查，强化对农业生产档案的监督执法，严厉打击违法违规行为。联合市场局、公安局等七部门印发《上海市食用农产品“治违禁、控药残、促提升”三年行动实施方案》，聚焦11个重点品种，制定精准治理清单。会同市食药安办、商务委、市场局等部门，开展韭菜、豆芽、梭子蟹、淡水鱼等食用农产品专项整治。会同市场监管、公安等部门，开展农资打假及打击侵犯品种权和制售假劣农资行为专项行动。此外，加大对风险高、隐患大的农产品，在重点环节、重点时段和重点区域加大执法抽检频次，加强行政执法与刑事司法衔接，定期曝光典型案例，形成执法监管的威慑力。充分利用各类媒体加强农产品质量安全知识宣传，构建社会共治格局。二是强化质量追溯。制定《上海市食用农产品合格证制度实施方案》，积极探索“追溯＋合格证”“检测＋合格证”等信息化联动开具模式，力争到 2021 年底实现食用农产品生产企业、农民专业合作社、家庭农场开具合格证全覆盖。同时，与市场部协调推进食用农产品合格证制度实施，推动生产主体落实农产品质量安全第一责任，从根本上提升农产品质量安全水平。目前，全市共 9 个区、1 196 个生产主体实施合格证制度，已累计开具 411 万张，附带合格证上市的农产品共 39.7 万吨。通过以合格证为载体，进一步完善“追溯＋合格证”的衔接，逐步实现地产农产品源头可追溯、流向可跟踪、信息可查询、责任可追究。

（市农业农村委农产品质量安全监督管理处 楼甜甜）

农业保险工作举措与成效

上海市委、市政府历来高度重视农业保险工作，上海是1982年我国恢复国内保险业务以来，唯一坚持不间断开办农业保险的地区。近年来，上海立足农业发展实际情况，不断加大对农业保险的支持力度，创新农业保险品种，为上海农业的发展起到了保驾护航的作用。上海农业保险依托各级农业部门，不断探索，积极开拓，勇于创新，逐步形成了“政府政策扶持、市场化运作、专业化经营、以险养险”的农业保险发展模式，有效地化解了农业自然风险，缓冲了农业生产市场风险。

农业是基础产业，在整个国民经济中具有不可替代的重要作用。农业保险是带有服务性、公益性的“准公共产品”，是农业支持保护政策的重要组成部分。近年来，我们在发展农业保险过程中，将农业保险作为促进现代农业生产发展的重要举措和强农惠农富农政策的新增长点，对农业保险的定位始终坚持微利、准公益，不单纯以营利为目的。

一、上海农业保险基本情况

目前，农业保险范围基本覆盖全市主要农业生产领域；农业保险已经从传统单一的风险补偿功能逐步拓展到风险补偿、防灾减灾、生产调节、信贷支持和社会管理等多种功能并存。上海农业保险深度达7%，农业保险密度接近2 000元/人，超过发达国家水平。上海在水稻、生猪、能繁母猪、奶牛等重点农产品的保险覆盖率和保障水平方面也处于全国领先水平。2020年，上海地区农业保险保费收入7.90亿元，其中，市级补贴政策类农业保险保费收入5.99亿元，保障金额达到220亿元，接近全市农业总产值。

二、上海农业保险发展成效

(一)财政支持力度不断加大

上海市农业农村委、上海市财政局等部门建立了完善的农业保险补贴政策体系。根据上海都市现代绿色农业发展的需要，围绕粮食、蔬菜、畜牧、经济作物以及种源农业和高效生态现代水产养殖业，适时调整和完善本市农业保险补贴政策。2020 年，市级财政保费补贴资金达到 2 亿元，中央、市、区三级财政保费补贴资金占保费总收入的 67%。随着财政补贴力度的不断加大，上海市水稻、麦子、油菜、生猪、奶牛等主要农产品品种实现保险全覆盖，经济果林、设施蔬菜、西甜瓜和淡水养殖等品种的保险数量也有不同程度提高，农业保险覆盖率在全国省级行政区位列首位。

（二）农业保险创新能力不断增强

上海在农业保险产品创新方面一直走在全国的前列。2018 年起，市农业农村委会同市财政局开展农业保险“以奖代补”创新项目，在金山、松江等区陆续开展了稻米收入综合保险、耕地地力指数保险、南美白对虾目标价格指数保险等五个险种，推动农业保险产品从保物化成本向保价格、保收入升级，截至目前，“以奖代补”创新险种保费收入超过 5 000 万元，创新项目试点效果较好，满足了基层投保农户的风险需求。近年来，各区农业农村委、区财政局根据本区域农业发展特点，逐步将区域特色农产品保险、价格指数类保险、“保险＋期货”等创新险种纳入区级财政补贴范围，鼓励创新农业保险支农模式，丰富保险支持“三农”手段。同时，上海市创新“银行＋担保＋保险”模式，引导保险机构积极开展农业信贷担保业务，2019 年安信农业保险公司累计担保贷款金额达到 3 170 万元。通过“农业保险＋信贷”创新试点，实现了农业保险增信功能，提高农户信用等级，缓解了农户“贷款难、贷款贵”的问题。

（三）农业保险大灾风险分散机制完善

为保障农业保险稳定持续经营，上海市自 2014 年开始不断完善本市大灾风险补偿机制。2019 年，上海市农业农村委会同上海市财政局等单位，出台《上海市农业保险大灾风险分散机制实施办法》（沪农委规［2019］16 号），办法明确针对台风、特大暴雨、重大病虫害（疫病）等不可抗拒灾害，政策性农业业务赔付率超过 90%为大灾风险，超过 150%为农业保险巨灾风险；市级财政对农业保险机构购买有关政策性农业保险业务赔付率在 90%～150%损失部分的再保险，给予 60%的再保费补贴，最高不超过 800 万元。上海在政府扶持的基础上，以“无形的手”为主、“有形的手”为辅，强调市场运作，通过财政托底、保险参与、再保介入等市场手段，建立了财政支持的多层次农业保险大灾（巨灾）风险分散机制。

（四）农业保险精细化服务水平不断提升

1. 推进农业保险信息化建设。一是积极推进农险电子保单。目前，在本市各级农业主管部门配合下，上海市农险电子保单覆盖率达到 40%。通过实施电子保单有效提高了农业保险承保数据真实性，助推农业保险服务能力提升。二是加强“一张图”GIS 系统在承保环节的应用。市农业农村委依托上海市种植业生产信息管理系统与上海市农业农村委“一张图”GIS系统，以“E农险”为抓手，实现投保数据与生产数据的对接，并开发了绿叶菜价格保险“线上一键投保”功能，打造了农业保险量化管理新模式，提升农险的承保理赔效率。

2. 完善农业保险基层服务网络建设。上海在九个郊区初步建立起“管理到区、机构到镇、网络到村、服务到户”的农业保险基层服务体系，协助完成本区县农业保险承保、查勘、理赔等相关保险业务。2020年，1 514个涉农镇村挂牌成立了三农保险服务站，构建了区、镇、村三级服务网络，通过近2 000名协保员队伍，解决金融保险服务“最后一公里”问题。同时，加强全市三农金融服务镇村示范点建设力度，年内建成镇级示范站点50家、村级示范站点366家，在全市乡村振兴示范村镇实现全覆盖。

三、下一步推进农业保险高质量发展工作重点

1. 按照中央农业保险高质量发展要求，逐步完善上海农业保险市场建设和补贴政策，有序放开农险经营市场，引入优质竞争主体提升市场活力。

2. 继续实施市级财政“以奖代补”创新项目，加强本市农业保险产品创新，形成可复制、可推广模式，完善农业保险补贴政策范围。

3. 推进农业保险精准承保、精准理赔，发挥财政资金效益，坚持农业保险政策属性，发挥农业保险在产业保障和稳定农民收入方面的作用。

4. 创新农业保险模式。继续推进“政银保担”金融支农合作模式，鼓励保险机构参与农业信贷担保工作，解决新型农业经营主体和商业银行信息不对称问题，并为新型农业经营主体贷款提供履约保证保险，加强融资便捷性。

（市农业农村委计划财务处 刘慧颖）

农业国内合作、对口支援及国际交流举措与成效

一、上海农业国内合作与对口支援工作总结

近年来，为全面贯彻中央和市委、市政府关于全面建成小康社会的决策，上海市农业农村委按照中央要求，当地所需，我委所能，以全面落实与新疆喀什、青海果洛、贵州遵义、西藏日喀则、云南等东西部扶贫地区和对口支援地区签署的农业合作框架协议为抓手，聚焦产业帮扶、产销对接、消费扶贫、智力支持等领域，精心做好顶层谋划，精准做好需求对接，精细做好服务保障，不断提升合作层次、提高合作成效，做好对口帮扶工作。

(一)对口合作求实效，助力产业升级

上海市农业农村委根据与扶贫协作地区、对口支援地区签署的农业合作框架协议精神，以及每年的年度工作计划、目标任务，加大工作力度，推进相关部门之间互访互通，落细落实相关工作。组建科技团队，深化产业帮扶，开展农科服务，助力品牌扶贫。采用“良种＋良法＋良人”模式，专家一线指导带教。疫情影响期间，加强调度，掌握动态。开展腾讯会议线上咨询，开通农科热线，以微信、视频、短信、电话等方式提供品种特性介绍、建园技术、结果管理技术等农技服务，助推产业扶贫、精准扶贫、造血扶贫，扶持受援地区发展特色农产品品牌，做大做强做优农产品产业链，提升价值链，助推当地产业提质增效。

近年来的成功案例有：

组织市农科院专家帮助改进青海果洛的日光温室保温设施、优化蔬菜品种种植、农牧业废弃物资源化利用技术的集成与示范、合理施肥防治病虫害等技术应用。

协调上海海洋大学为遵义打造综合种养的生态养殖模式——遵义模式，以标准化的稻田建设、良种化的河蟹种源、规程化的实用技术、科学化的饲养管理、品牌化的龙头企业、高效化的综合效益，走出了稻蟹、稻鱼、稻鳖、稻泥鳅共生种养结合的新路子，稳定了粮食生产，减少了面源污染。

加强农业科技助力产业扶贫，加强沪滇鲜食玉米产业协作。上海市玉米专家服

务团为云南保山市隆阳区瓦房乡徐掌村产业结构调整和提高玉米种植水平提供技术支持和帮助。

派遣上海瓜果产业技术体系首席专家赴新疆巴楚，为当地留香瓜进行提纯复壮，提高瓜果附加值，目前两颗装留香瓜在沪销售单价为88元。为喀什地区提供上海艾妮维南瓜种子及种植技术，每亩产瓜1 200个左右，收购单价2.5元/个，每亩收获2 500～3 000元。

支持上海海洋大学技术团队在西藏开展亚东鲑鱼人工繁殖；鼓励中国水产科学院东海研究所与青海裸鲤救护中心进行合作，开展青海湖裸鲤耐盐碱特性研究，对裸鲤种质资源保护和增殖放流起到积极作用。

（二）对口交流求发展，拓宽农产品销售渠道

搭建农业合作交流平台，助推产销对接。上海市农业农村委以消费扶贫作为实现农民脱贫增收的“牛鼻子”、脱贫攻坚的主抓手，举办了多场丰富多彩的产销活动，助推当地农产品出村上行、创建品牌，促进优质农产品供给，满足消费需要。进一步发挥上海农业展览馆、上海西郊国际农产品展示直销中心、“鱼米之乡”产销对接平台优势，为产业合作提供优质服务，为受援方搭建展示展销、宣传推介的平台，呈现“又宣又卖、又说又做、又铺又推、又电又商”的热闹景象，真正体现“政府搭台、农民唱戏、媒体配合、平台跟进、市场运作”的有机结合。发挥桥梁纽带作用，牵头当地企业与上海经销企业产销对接，开展签约及专场推介活动。

一是协助受援地区、扶贫协作地区、对口地区来沪参加农展会，提供优质服务和便利措施，并邀请本市主流媒体进行报道。全力做好云南省、青海果洛、贵州遵义、西藏日喀则、新疆喀什、湖北夷陵、重庆万州等地来沪办展和参展的活动，如举办上海新春农产品大联展、上海盛夏农产品大联展、上海金秋农产品大联展、云南高原特色农产品展销会、青海省果洛州高原特色农畜产品上海展交会、新疆名优特农产品交易会、大连海鲜推介会、内蒙古绿色农畜展交会、江苏农产品展销会、江西农产品展销会、广东徐闻菠萝走进华东市场推介会、广东一村一品一镇一业精品上海展销会、河南优质农产品（上海）推介会等一系列推介活动。

二是组织本市从事农产品贸易的批发商、经销商、零售商、电商等参加上海市对口帮扶地区特色商品展销会和产销对接活动，如上海——全国优质农产品博览会、中国青海农产品交易洽谈会、云南昆明农业博览会、上海国际茶文化旅游节暨上海茶叶茶乡旅游博览会、中国农产品交易会、中国贵阳农产品博览会、云南迪庆三区三州（四省藏区）贫困地区农产品产销对接活动、全国首场贫困地区农产品产销对接活动、中国长春国际农业食品博览会暨东北贫困地区县市农产品产销对接活动等，积极帮助

对口地区农业生产加工企业与上海营销企业展开对接合作。

三是采取多元渠道推介销售对口地区农产品。自 2021 年以来，按照农业农村部有关文件精神和相关部署要求，上海市农业农村委联系上海市交通委、中国铁路上海局集团有限公司开展消费帮扶工作，在客运场站服务区通过设立消费帮扶专柜、联络既有门店对消费帮扶地区农产品进行销售推广和利用广告牌对消费帮扶产品进行推广等方式进行产销对接。

此外，利用下属单位——上海农业展览馆建设运营的“鱼米之乡”产销对接服务平台，通过线上平台与线下体验店相结合的方式，免费进行展示展销。线上线下均设有对口协作专区（分别为云南、新疆喀什、西藏日喀则、青海果洛、贵州遵义），汇集当地优质特色农产品，帮助对口帮扶地区拓宽在上海的销售渠道。通过“鱼米之乡”平台的现场展示体验、台下推介对接，西藏的青稞系列产品、青海藜麦系列产品、新疆坚果系列产品及云南野生菌、火腿、水果等得到了很多企业和渠道商的青睐。目前，线下成功对接了商超、光明社区店、盒马、企事业工会等；线上成功对接拼多多、本来生活等电商渠道。2021 年，通过“鱼米之乡”平台的推介对接，间接产生销售额高达 385 万余元。

（三）对口帮扶求深化，培养人才队伍

扶贫，产业是关键，人才支撑最重要。根据每年上海市对口支援人力资源培训项目及资金计划安排，我委组织本市农业行业体系领军人才奔赴日喀则、喀什、遵义、云南等地开展对当地农业技术人员的培训。例如，2019 年云南省、遵义市来沪办班 2 期，分别开展了农业品牌建设与发展、农业产业化人才培训；赴当地讲学 3 期，受训人员达 460 余人。2020 年，以来沪办班和赴当地讲学的方式完成 3 批受援地区的培训任务，共计 181 名学员。每次培训任务，课程设置有计划有目标、理论实践有新意有效果、学员学习有质量有收获，为受援地区脱贫攻坚改变面貌培养了人才。

此外，还借助社会力量参与智力扶贫，鼓励支持本市农口团员青年、退休农业专技人员发挥作用，在遵义道真、云南东川、青海果洛设立的农业专家工作站和农业培训基地蹲点指导。

二、上海农业国际合作工作总结

近年来，在农业农村部的关心指导下，在上海市委、市政府的领导下，上海市农业农村委以服务国家“走出去”战略和响应“一带一路”倡议为宗旨，以构建都市现代绿色农业为目标，对标国际最高标准、最好水平，稳步有序推进农业对外合作各项工作，取得了一定的成绩。

(一)创新政策机制,开创农业对外合作新局面

一是完善农业对外合作工作机制。通过各职能部门联手的"组合拳",共同研究制定相关政策措施,持续推进上海"走出去"重点项目,为农业"走出去"提供强有力的政策保障。同时借助市商务委、市贸促会的走出去服务港、上海市企业"走出去"综合服务平台等,为上海农业"走出去"企业提供公共服务。二是多领域拓展国际合作交流。与金山区合力打造农业对外开放合作示范窗口,在机制创新、政策创设、模式创建等方面先行先试,协助农业农村部多次成功举办了对外交流培训活动,如 2019 年成功举办了两期印度尼西亚村长培训班。与崇明区合力推进世界级生态岛建设,申请获得了联合国粮农组织"崇明岛农业绿色发展技术集成与示范"技术合作项目,并协助农业农村部国际合作司举办了"中国—FAO 南南合作'一带一路'倡议下农药风险管理能力建设"等国际性活动。三是多渠道做好农业对外合作宣传。一方面充分运用"上海三农"微信公众号等自媒体,发掘上海农业企业走出去成功案例,扩大上海农业对外合作工作的影响力;另一方面与中央电视台"致富经""聚焦三农"等有影响力的电视栏目联动,关注上海农业"走出去"企业成功案例,为更多有走出去意向的企业带来原动力。

(二)加快产业链布局,加速上海农业"走出去"进程

上海对外农业投资存量、流量和质量在全国各省市中位于前列。截至 2020 年底,上海共有 21 家境内企业在 6 大洲 20 个国家(或境外地区)设立了 35 家农业对外合作企业,投资领域涉及种植业、畜牧业、渔业、食品加工业和零售业等,累计对外农业投资总额(以下简称存量)达 383 530.42 万美元,其中新增对外农业投资总额(以下简称流量)为 18 682.80 万美元;营业收入总额 974 523.01 万美元,其中农业产业营业收入总额 330 360.10 万美元。

上海坚持统筹国内国际"两个市场、两种资源",充分发挥企业市场主体活力,通过多种模式持续开展境外农业投资,推动上海农业的海外布局和延伸发展。一是投资加并购型。以光明食品集团(水产集团)、大康农业等大型涉农企业为代表,通过全产业链的运营,打造"国内+海外"的产业平台,深耕海外农业资源,并带动国内消费升级,走出了一条成功之路。如上海光明集团围绕食品及农副产品加工业,陆续并购新西兰新莱特乳业、澳大利亚品牌食品分销商玛纳森公司、英国早餐麦片生产商维多麦公司等,贯通了"田头到餐桌"的食品全产业链;又如上海水产集团注重资本运作和整体并购,全资收购了阿根廷阿特玛渔业公司和拥有 150 年历史的西班牙 ALBO 食品公司,同时优化延伸产业链,取得了其水产品罐头食品的生产和销售渠道;再如大康农业在巴西、新西兰、缅甸等国家和地区挖掘了一批高质量的农业资源,布局整合

粮食贸易、肉牛、乳业等产业，提高与国际粮商议价能力，为保障国家粮食安全作出积极贡献。二是核心技术支撑型。如布鲁威尔公司从荷兰收购世界仅有的 1 700 余支冻精纯种奶绵羊基因资源，招募全球顶尖遗传生物专家，于 2016 年繁育出具有完全自主知识产权的当今世界最优质奶绵羊品种“南十字星”，突破种源技术难题。三是智慧农业＋智能装备输出型。如上海华维节水科技集团股份有限公司在埃及当地建立高水平的农业智慧基地，为埃及培训本地智慧灌溉管理和技术人才，为当地智慧灌溉农业发展提供人才储备和智力支持。又如上海左岸芯慧电子科技有限公司致力于提供农业全产业链智慧服务，目前左岸芯慧公司与泰国正大集团正在水产养殖、稻谷、玉米等水产品与大宗作物的现代化种养、产品安全追溯、新零售等领域展开合作推广，项目总规模达 60 多亿元人民币。

（三）构建立体开放局面，提升对外交流活动后续效应

一是充分发挥境外展团组的带动和辐射作用。为进一步实施农业“走出去”战略，帮助上海农业企业打开海外市场，上海市农业农村委已连续十几年组织上海代表团参加国际知名农业（食品）博览会，集中展示上海都市现代农业发展成果。上海本地名优新特农产品在国外展会现场大受欢迎，达成多个意向合作项目，多家当地报纸和网络媒体专门做了报道，为上海农产品拓展国际市场打开了渠道。二是聚焦中国国际进口博览会，凸显进博会溢出带动效应。中国国际进口博览会作为迄今为止第一个以进口为主题的国家级博览会，吸引了全世界的目光。自首届中国国际进口博览会于 2018 年 11 月 5 日在上海成功举办以来，上海市农业农村委配合做好农业农村部领导在沪与多个国家参加进博会的农业部长或其他部长级官员的双边会见、混双会谈和餐叙活动安排；高效率做好进博会期间重要来访团组的接待工作，组织举办了中意、中匈等农产品合作论坛，加深了在农产品贸易和农业技术等方面的互动交流；组织大康牧业、布鲁威尔等优秀农业和食品企业参展，取得了很好的展览成效和溢出效应。

（市农业农村委产业发展处 何春来）

推进农业领域“放管服”改革举措与成效

近年来，上海市农业农村委认真贯彻落实党中央、国务院和市委、市政府有关“放管服”改革、优化营商环境的各项决策部署，扎实稳妥地推进各项工作。

一、改革举措

(一)推进简政放权

认真贯彻落实国务院取消、下放行政审批事项的决定。凡是取消的事项，一并同步取消，不再实施；凡是下放的事项，积极与相关司局做好对接，编制办事指南，确保承接到位。在大力开展行政审批“双减半”(申请材料减半、办理时限减半)清理的基础上，今年继续开展了“两个免予提交”工作，即“本市政府部门核发的材料一律免予提交，能够通过电子证照库调取的证照一律不许提交”，按照表述不清或没有具体指定内容等相关情形，采取不同方式大幅精简审批申请材料。在农业农村部相关司局的大力支持下，大大减少了申请材料、缩短了审批事项。

(二)加快“一网通办”

除需使用部级系统办理的事项外，其他事项均接入“一网通办”。建成上海市农业农村委政务服务管理系统，全面集成权责清单、行政许可、事中事后监管、政务服务、一户一档、数据共享、政务资源统计七大模块功能，实现与市法人库、“双公示”系统、信用信息平台、公共数据共享平台、政务服务标准化管理平台、电子证照库实时对接。目前，动物诊疗许可证等31类证照已实现电子证照归集和共享。同时，积极争取农业农村部司局支持，打通部市系统数据对接通道，开展渔船管理“一网通办”探索实践。目前，使用部系统办理的渔业捕捞许可证审批、渔业船网工具指标审批、渔业船舶登记、执业兽医资格认定、植物检疫、农作物种子生产经营6项审批事项已顺利实现“部市对接”。

(三)加快业务流程再造

通过深化“全市通办”“高效办成一件事”“好办”“快办”等一系列审批事项业务流程改革，进一步优化农业领域营商环境。目前，市、区两级17项涉农许可事项通过收受分离模式实现“全市通办”，完成了“农村土地承包经营权变更一件事”和“水生野生动物人工繁育经营利用一件事”改革工作，积极探索 12 项农业行政许可事项“快办”服务改革及 2 项“好办”服务改革。在“一网通办”平台提供 20 项农业公共服务事项，并将这 20 项公共服务事项全部接入“随申办 APP”，进一步拓展移动端服务功能。

(四)深化“证照分离”改革

根据《上海市人民政府关于印发〈上海市开展“证照分离”改革全覆盖工作的实施方案〉的通知》(沪府规〔2021〕7 号)，自 2021 年 7 月 1 日起，在全市范围内开展 48 项涉农许可事项改革(含农业农村部许可事项)，其中直接取消审批 6 项、审批改备案 2 项、实行告知承诺 7 项、实施优化审批服务 33 项；同时在自贸区范围内加大改革力度，开展 5 项涉农许可事项改革实行告知承诺。2021 年 8 月，印发了《关于做好“证照分离”改革全覆盖工作的通知》(沪农委〔2021〕245 号)，明确了改革的主要工作要求，对本市实行告知承诺事项逐一制定操作规程及事中事后监管措施。目前，各项改革举措有序实施，各区农业农村部门也都按照要求认真加以贯彻落实。

(五)支持“一业一证”改革

2020 年 12 月，结合本市“两个集中”改革和浦东新区“一业一证”改革工作要求，印发《关于进一步完善一级和二级动物病原微生物实验室备案和监管工作的通知》(沪农委[2020]444 号)，明确各区动物病原微生物实验室备案工作，由各区农业农村委员会实施，市农业农村委负责中心城区的动物病原微生物实验室的备案及对各区备案工作的培训、指导和监督检查工作。2021 年 4 月，组织开展了全市动物病原微生物实验室质量和生物安全管理培训班。目前，市、区农业农村委已按要求将“一级、二级动物病原微生物实验室备案”事项进驻行政服务中心，完成办事指南发布，开通网上立即办理，实现“两个免于提交”并完成农业现存电子证照归集。

(六)加强综合窗口建设

进一步健全行政服务中心工作机制，打造农业农村委行政服务窗口 3.0 版本，实现行政审批事项一门受理、一门审批、一门发证。严格落实政务服务“好差评”制度，全面实施政务服务“好差评”三对应精准评价，即评价对应到申请人、窗口工作人员和具体办件。通过建立完善“好差评”评价、反馈、整改、监督全流程闭环工作机制，对群众办事中的差评和堵点痛点问题及时处理整改并反馈，持续提升政务服务质量和效率，实现政务服务从政府供给导向转变为企业群众需求导向的目标；开通行政服务中心“统一预约”服务功能。通过系统设置及对接大数据中心，对已进驻行政服务中心的所有事项开通“一网通办”预约服务功能，申请人可以在“一网通办”平台选择要办理的事项和预约的具体时间，免去现场等候时间。

(七)加强和规范事中事后监管

积极推动建立行刑衔接联动机制，与检察机关、公安机关签订《关于加强农业执法领域部门协作工作备忘录》《关于加强长江流域上海段渔业资源保护协作工作备忘录》，联合印发《关于加强我市地产农产品和农资生产经营领域行政执法与刑事司法衔接配合工作的实施意见》。完成横沙渔政执法基地（码头）规划选址和项目建议书上报，建设总投资约 2.88 亿元，2021 年底建成水域工程。市政府追加 2 369 万元经费用于购置建造高速船艇及配套装备。参与“上海市统一综合执法系统”建设，市、区两级农业综合执法机构的行政处罚、行政强制案件全流程都通过系统办理。系统还有电子支付、电子签章等功能，可通过政务微信实现移动办案功能，切实提升农业执法的信息化、智能化水平。

二、取得的成效

通过一系列改革，执法行为更加规范，办事效率不断提高，进一步厘清了政府与市场的边界，激发了市场活力，优化了本市农业领域营商环境，转变政府职能，推进服务型政府建设不断迈上新台阶。

(一)政务服务质量不断提升

通过“放管服”改革，进一步优化了办事方式和流程，提高了办事效率和服务质量。利用快递服务，企业和群众可以通过物流平台寄送必要的申请材料、补充材料，企业和群众也可以通过物流平台取得行政许可决定文书和许可证件，大大减轻申请人奔波现场的次数。在 2020 年度上海市“一网通办”调查评估结果中，上海市农业农村委总得分在 45 家市级部门中排名第 12。

(二)企业群众办事感受度、满意度不断提高

通过材料“两个免于提交”“四个减”等改革措施，有效减轻了行政相对人负担，减少了办事时间成本，从而提高了企业和群众对农业行政审批制度改革的满意度。通过查看“一网通办”好差评模块可知，行政相对人对上海市农业农村委的满意度评价高于全市平均水平，且未出现过不满意等差评情况。

(三)行政执法水平不断提高

上海市农业农村委对标“国内最好、标准最高”，推进“上海市长江禁捕智能化管控系统”，运用雷达、光电、无人机等先进技术装备和边缘计算、大数据分析等现代信息手段，建立覆盖长江禁捕区域全天候、全方位、全覆盖、无死角的智能管控系统。积极建设执法信息平台，参与“上海市统一综合执法系统”建设，全面厘清执法事项依

据，核定执法文书，梳理办案流程。通过政务微信实现移动办案功能，切实提升农业执法的信息化、智能化水平。

（市农业农村委农村合作经济指导处 刘军）

农民职业技能培训举措与成效

根据农业农村部相关精神和《上海市乡村振兴战略规划（2018—2022 年）》（沪委发〔2018〕35 号）有关要求，上海市委、市政府高度重视农民教育培训工作，把高素质农民培养作为乡村人才振兴的重要内容，重点培养一批接受过学历职业教育、具备市场开拓意识、能推动农业农村发展、带领农民增收致富的高素质农民队伍。2020 年，新型职业农民培训被列入市政府实事项目，同年，上海市农业农村委联合中央农广校联合举办全国农民教育培训论坛，引起社会各界的广泛关注。

一、主要举措

上海市以就地培养和吸引、提升为方向，大力培育高素质农民，为乡村振兴战略提供人才支撑。

（一）加强调研，做好需求对接

一是精确排摸服务人群。在全市 1 500 多个行政村中，开展农业从业人员情况摸底调查，锁定全市范围内具有一定规模的农业从业人员 7 万余名，依据本市乡村振兴战略规划，从产业发展和经营主体发展趋势两个角度，从中确定高素质农民培育目标 2.5 万人。二是认真遴选培育对象。指导各区围绕产业需求，将新型职业农民等各类培训学员纳入高素质农民相应分类，分层分类做好培训工作。三是精准做好需求对接。市级主要承担农业经理人培育、建设市级师资队伍和实训基地（田间学校）等项目；区级主要开展现代农业经营主体带头人培育、专项技术技能培训等项目。

（二）分层分类，创新培训模式

一是大力推进市政府实事项目。2020 年，新型职业农民培训被列入市政府实事项目。面对新冠病毒疫情，及时启动应对策略，指导各区通过网络授课、田间实训等线上线下融合的形式，因地制宜地开展培训项目，累计培训新型职业农民 2 274 人，超额完成任务。二是有序实施农业经理人示范培训。通过需求调研，采纳各方建议，农业经理人示范培训班理论课阶段分别与复旦大学、浙江大学等知名高校开展合作，依托知名高校各类资源，开设个性课程和公共课程，专家辅导学员撰写企业研学报告，得到学员一致好评；跟踪服务阶段组织学员与各区农业农村委相关领导、专家座谈交流，熟悉各类涉农政策；探索实践阶段组织学员开展企业研学活动，学习具体做法和成功经验。三是开展形式多样的创新培训。重点聚焦线上培训，邀请本市主导产业的首席专家、技术权威担任教师，组织开展“战疫情、抓生产、稳供应——农业专家和你在一起”线上培训；重点聚焦特色培训，开展直播带货培训和大赛活动，“手机当农具，让农民变主播”成为本市高素质农民新时尚；重点聚焦主体培训，联合市妇联举办首期高素质女农人培训班，受到农村妇女的好评；联合团市委、武警上海总队政治部开展百名优秀武警战士培训班，帮助即将退伍的优秀武警战士提升农业技能。

（三）全面培养，提升综合素质

一是综合培养，构建人才通道。组织高素质农民参加技能提升、学历提高和职称评定，目前，本市高素质农民累计参加高职扩招 106 人，参加大专及以上学历提升 447 人，30 余名高素质农民获评中级及以上农业类技术职称，累计培养了 20 位首席技师，其中 13 位获得市人社局资助。通过构建“技能提升＋学历提高＋职称评定”全方位人才成长通道，拓宽高素质农民发展路径。二是精准施策，加大扶持力度。近三年，累计投入资金 2 850 万元用于支持高素质农民新型农业经营主体科技创新技术研究或示范项目立项。同时，财政金融政策加大农业信贷担保力度，2019—2020 年新型农业经营主体获得贷款合计约 106.49 亿元，财政贴息和以奖代补合计约 1.63 亿元。各涉农区结合本地实际，相继出台各类扶持政策。通过加大政策扶持，化解高素质农民的后顾之忧。三是加强保障，稳定农业就业。2015 年，上海在全国率先出台政策，打开农业从业人员参加城镇职工社会保险的通道。目前，全市 80％的涉农区相继出台针对农业从业人员、特别是职业农民的参保缴费补贴政策，补贴标准从每人 700 元/月至 1 500 元/月不等。目前，全市累计有 7 700 余人次享受到了缴费补贴。通过打通新型农业经营主体灵活就业参保通道，将高素质农民纳入社会保障体系。

（四）夯实基础，强化培训建设

一是加强培训基地建设。为农民提供就近就地现场教学的场所，遴选市级农民田间学校 104 家和实训基地 83 家。组织开展市级优秀田间学校评选活动，对获得优秀的农民田间学校给予资金扶持。二是加强培训教材建设。启动“工匠”编书活动，分类别、分层次、分模块、分周期实施，开展农民实用教材的编撰工作。近年来，共出版了 9 本精品教材，其中有 4 本被农业农村部列为推荐教材。同时，组织各区结合当地实际，编印具有地方特色的教材和讲义。三是加强培训师资建设。以基层和行业骨干教师为主要对象，组织专兼职教师参加师资能力提升班学习，大力推行伴随式、互动式教学模式，重点提升教学水平；组织农民田间学校、各区农民教育培训单位管理人员开展培训课程设计研讨。

(五)强化宣传,营造良好氛围

一是开展培训动态报道。广泛利用各类媒体,特别是新媒体,深度报道各类培训动态工作。二是开展系列典型宣传。通过全国农民教育培训论坛,结合"十大推荐活动",组织遴选优秀学员、优秀田间学校、优秀培训案例,重点做好本市优秀学员和创新培训模式的典型做法的宣传材料推送工作,扩大本市高素质农民培育工作的社会影响力。三是加强培训信息化建设。依托市农业广播电视学校现有的农民教育培训信息管理系统,不断完善其功能,提高平台操作的便捷性。积极推进云上智农 APP、农民手机应用等工作,开展学员在线满意度测评。

二、取得的成效

(一)培育了一批高素质农民队伍

经过多年培育,涌现出李春风(全国十佳农民)、曹林坤(全国农业劳动模范)和王黎娜(全国三八红旗手)等一批先进人物,培养了一批爱农业、懂技术、善经营和会管理的高素质农民队伍。上海已将新型职业农民纳入高素质农民培育群体,截至 2020 年,已累计培育新型职业农民 2.2 万余人。

(二)形成了一套完善的教育培训体系

经过多年探索,统筹用好各类教育培训资源,调动社会力量参与高素质农民培育的积极性,建立了"一主多元"教育培训体系。充分发挥农广校系统办学优势,加强组织管理,推动优质资源向基层下沉,提高培训规范性。依托上海交通大学、上海农林职业技术学院等涉农院校广泛培养农业农村高素质技术技能人才。依托市农科院、市农技中心等科研院所、推广机构,开展技术培训与跟踪服务。引导行业协会、农民合作社等社会主体通过设立田间学校,提供专项技术培训服务。

(三)建立了一组科学评价手段

经过多年实践,形成了一系列行之有效的满意度评价方法。培训前,利用问卷星等在线系统向学员征集培训需求,通过学员反馈的信息,提高培训的针对性;培训中,现场发放课程评价表和师资评价表,通过学员反馈的意见,提高培训的实效性;培训后,组织学员在全国农业科教云平台、云上智农 APP 对培训场地、师资、管理的满意度进行在线评价,通过学员反馈的分数,提高培训的规范性和实用性。同时,组织开展绩效考核,通过电话抽查以及委托第三方开展评估等多种形式,为绩效考评提供了重要参考依据。

(市农业农村委科技教育处 曹云)

第三部分

各区都市现代绿色农业发展的特色做法与成效

浦东新区都市现代绿色农业发展的特色做法与成效

自实施乡村振兴战略以来，浦东新区按照“产业兴旺、生态宜居、乡风文明、治理有效、生活富裕”的总体要求，根据全市“三园工程”总体部署，坚持“城市所需、农村所能、区域特点”乡村产业定位，注重凸显大都市郊区农业的经济价值、生态价值和美学价值，在打好乡村底色底板的基础上，加快推进都市现代绿色农业发展。通过示范村产业引导、产业化联合体培育、农业品牌宣传等探索和努力，浦东新区都市现代绿色农业发展取得了明显成效。

一、顶层设计定位明确

在产业发展方向上，以科技农业、种源农业、品牌农业、智慧农业为都市现代绿色农业发展方向。大力发展科技农业，完善农业科技创新扶持体系，构建以企业为主体、产学研协同的科技创新机制，推进国际现代农业孵化器、现代农业展示交易中心、农业科研培训推广中心等服务平台建设。重点发展种源农业，推进杂交水稻制种、蔬菜瓜果花卉种子育种研发、浦东特色畜禽及鳜鱼等水产品保种育种等种业发展项目，增强服务全国的能力；加大国家保护品种“浦东白猪”“浦东鸡”等浦东特色畜禽种源保护力度。大力发展品牌农业，推进南汇水蜜桃、南汇 8424 西瓜、南汇蜜梨、南汇甜瓜、浦东葡萄、浦东大米等区域公共品牌在种源、生产加工、包装储运、销售等环节的标准化管理，建设产研销一体化的品牌示范基地，打造具有国内外竞争力的农业领域“航空母舰”，增强浦东地产农产品绿色食品、有机食品和地理标志农产品在全市乃至全国的知名度、影响力。积极发展智慧农业，发挥“互联网＋”效应，推进国家数字乡村试点建设，打造数字农业示范片区。推动科技、人文等元素融入农业，推动生产者、消费者、服务者的多维度、深层次对接。

在空间功能布局上，坚持以“一带多点”为布局原则，通过优化城乡融合发展，培育发展特色产业功能，促进生产、生活、生态有机融合，树立生产、生活、生态协调共生的城乡融合发展新典范。重点打造 S32 公路和大治河之间的浦东中部乡村振兴示范带，主要构建“四大板块”。航头板块在充分发挥核心镇产业集聚和公共服务功能的同时，着力在林海公路沿线区域打造数字农业示范园，促进数字乡村发展；新场—大团—宣桥板块作为中部乡村振兴示范带的主要农业产业区和农业旅游重点区域，着力发展品牌农业以及乡村休闲产业。打造宣桥蔬菜生产加工配送示范园和绿色蔬菜全产业链集群；发挥大团、新场镇桃产业资源优势，做大做强“南汇水蜜桃”品牌；依托新场古镇等，承接张江科学城、国际旅游度假区溢出效应，大力发展农业休闲旅游、乡村旅游、乡村文创、康养、民宿等融合发展业态。祝桥—惠南板块依托浦东综合交通枢纽强化城乡区域联动，培育乡村特色服务业发展，积极发挥特色农产品集散地作用，辐射带动周边地区发展瓜果、花卉等特色产业。老港板块着力发展种源农业，推进种猪、杂交水稻制种、花卉苗木种源培育等。

二、推行绿色生产方式

浦东新区农作物秸秆综合利用率达到 98.2%，农药包装年度回收率接近 100%，废旧农膜回收率超过 90%。农药、兽药、化肥等投入品经营和使用环节实现全程追溯管理，化肥、化学农药亩均使用量 21.9 公斤和 0.83 公斤，耕地土壤有机质平均含量 26.21g/kg。建立了南汇水蜜桃等 11 个农产品品类绿色生产技术规范，绿色食品认证率 17.7%，食用农产品合格证生产主体基本实现全覆盖。区域内有“南汇水蜜桃”“南汇 8424 西瓜”“三林崩瓜”“彭镇青扁豆”4 个国家地理农产品标志产品。推进标准化生产与管理，南汇水蜜桃、8424 西瓜、南汇蜜梨、南汇甜瓜、浦东葡萄五大品牌瓜果合作联社成员单位 127 家，种植面积 20 153 亩，实行统一技术、统一标准、统一质量、统一商标、统一包装标识、统一零售指导价的“六个统一”。

三、设施装备水平先进

浦东新区非常重视农业设施装备提升工作，早在 20 世纪 90 年代初，辖区内就诞生了全国第一个综合性的现代农业园区和国家农业科技园区——孙桥现代农业园区。经过多年发展，浦东新区农业设施装备水平有了很大提升，尤其在数字农业发展方面成绩斐然，2020 年，浦东入选“2020 年全国数字乡村典型案例”，并获得“2020 全国县域数字农业农村发展先进县”称号。浦东新区现有智能化大棚 36 万平方米，平均亩产值超过 8 万元，高标准农田覆盖率 53.7%，主要农作物机械化率 96.7%。位于大团镇的南汇水蜜桃分拣中心拥有国际先进水平的智能化果品分拣流水线，展开“收购＋分拣＋销售”综合化服务，以“统一分拣”提升“统一标准”，促进农业从生产可控到产品可控，为品牌农业打下坚实基础，实现水蜜桃分级优价。已培养无人植保飞手 90 余人，水稻无人机飞防面积约 15 万亩次/年，试点无人驾驶插秧 1 500 亩。

四、产业结构持续优化

浦东新区都市现代绿色农业结构不断优化，粮食、蔬菜、瓜果等特色农产品俱全，划定粮食生产功能区 8 万亩、蔬菜生产保护区 8.3 万亩、特色农产品优势区 1.1 万亩，初步形成老港、惠南等镇粮食主产区，宣桥镇蔬菜主产区，新场、大团等镇特色农产品优势区的农业布局。现有区域公用品牌 2 个，其中“南汇水蜜桃”为全市首个“中国特色农产品优势区”，并被评为“中国百强农产品区域公用品牌”。4 个产品入选“全国名特优新农产品名录”。在全国果品区域公用品牌中，“南汇水蜜桃”排名 76，品牌估值 12.49 亿元；“南汇 8424 西瓜”排名 118，品牌估值 3.25 亿元。清美豆制品被国家工商总局商标局认定为驰名商标，“祥欣”种猪被中国畜牧业协会评定为中国品牌猪。

一二三产业融合发展，农业农村的经济价值、生态价值、美学价值功能得到拓展。新场镇 2017 年被评为全国特色小镇，周浦镇界浜村 2018 年被评为全国最美村镇，川沙新镇连民村 2019 年、惠南镇海沈村 2020 年被评为中国美丽休闲乡村，宣桥镇 2020 年被评为全国“一村一品”示范村镇，川沙新镇“宿予”被授予上海市首批五星级乡村民宿。

五、全产业链建设健全

浦东新区为上海市核心蔬菜生产区，现有常年菜田 6.3 万亩、绿叶菜 3.8 万亩，建立了从田头到餐桌的蔬菜全产业链，依托国家农业产业化重点龙头企业清美集团，初步形成了蔬菜生产加工配送示范园和绿色蔬菜全产业链集群。农产品加工业产值与农业总产值比值为 4.57，主导产业加工转化率达 69%。建立健全农业信息、农业科技、地产农产品检测、植保、农机、农资农药、农产品营销会展、农业保险、农业气象预警 9 个农业社会化服务平台。

六、农业经营体系完善

为促进各类农业经营主体更加紧密合作、抱团发展，浦东新区出台了《加快构建新型农业经营体系 促进农业产业化联合体发展行动计划(2019—2022 年)》，努力形成“品牌引领—主体联合—产销对接—利益分享”的新型农业经营模式。区域内有国家级重点农业产业化龙头企业 6 家，国家级示范合作社 17 家，集聚盒马、叮咚、清美等重量级新型经营主体，凸显全产业链带动和整合功能。积极开展全国农民合作社质量提升整县推进试点。

浦东率先探索"一村一企一联合体"的乡村产业发展模式，至2020年底，15家农业产业化联合体带动124家合作社、145个家庭农场发展，为农业生产提高收益的同时也给集体经济提供了增收渠道。通过盘活闲置农宅，发展乡村民宿、人才公寓等，不仅实现农房价值"变现"，也为村民提高工资收入拓宽了路径。例如，川沙新镇连民村特色民宿项目收储农房，在为村民带来房屋租金的同时，向当地农民提供了月收入3 000～8 500元不等的房务、管家等就业岗位，让农民实现在家门口就业。目前，浦东已组建25家农业产业化联合体，初步构建以农业产业化联合体为主要模式的集约化、专业化、组织化、社会化相结合的新型农业经营体系，促进家庭农场、农民专业合作社、农业龙头企业等农业新型经营主体在农业生产领域的深化分工协作、抱团发展，建立健全利益联结、利益共享机制。

（浦东新区农业农村委员会 李永航 纪帅 倪嘉宁）

闵行区都市现代绿色农业发展的特色做法与成效

一、基本情况

闵行区区域面积 371.68 平方公里，永久基本农田 2.73 万亩，主要分布于浦江、浦锦、马桥、华漕等街镇。全区划定粮食生产功能区 0.83 万亩，蔬菜生产保护区 1.13 万亩。从种植结构上分，规模化蔬菜种植 5 700 亩，粮食种植 16 526 亩，经济作物种植 3 156 亩，水产养殖 645 亩，无规模化畜禽养殖。从生产主体上分，现有家庭农场 44 家，农业企业、合作社 100 家，市级以上农业龙头企业 2 家，其中国家级 1 家。全区农产品绿色认证率超过 30%。自 2017 年以来，闵行区作为上海市整建制创建国家现代农业示范区的一部分，顺利完成创建任务，并先后获得全国农作物生产全程机械化示范区、全国农作物病虫害专业化统防统治百强县和全国村庄清洁行动先进县称号。

二、特色做法

(一) 以片区发展为引领，打造都市近郊特色精品农业

闵行区立足近郊区位优势，以打造上海农村发展“前庭院”和城市发展“后花园”为目标，逐步形成“一带三片多点开花”的农业产业布局。

一带：农文旅融合发展休闲体验带，沿浦江郊野公园、召稼楼古镇、方圆生态园一线，以生态农业为底，建设一系列农旅体验景点和农林景观，满足都市人群休闲体验需要。

三片：一是市级“都市田园农业片区”，其中西部组团围绕航育基地打造一流的农业智能化生产示范园和科普展示地；东部组团围绕革新村打造休闲＋农业“第三生活空间”。目前，片区已完成规划编制，正在开展郊规调整。二是精品蔬菜生产片区，沿浦江镇永南路，以龙头企业(正义)为示范引领，发展高水平蔬菜生产设施、仓储冷链、电商物流等。三是优质绿色稻米产业片区，发挥马桥水源保护区和生态循环示范镇优势，发展生态优质稻全产业链及研学体验型农业。

多点开花:引入优质主体,发展高品质农业生产经营。如浦锦梦花源家庭花卉园艺展示基地,被评为全国五星级休闲农业精品企业;华漕清星合作社,主打高端蔬菜种植,并与当地星级康养产业形成稳定供应关系。

(二)以绿色生产为基础,力推产业化联盟化发展

闵行区以供给侧结构性改革为抓手,在稳产保供前提下,组建了优质稻米和蔬菜产业联盟,并注册"闵田悦禾""闵鲜青蔬"区域公共品牌。稻米联盟现有成员 16 家,核心基地面积 1 万余亩。通过"化零为整",稻米产业化率从 2019 年的 49.5%提高到 61.5%,联盟年销售大米总产值超 1 800 万元。蔬菜联盟力推蔬菜机械化专业化生产,现有成员 14 家,核心基地面积 0.3 万余亩。

一是在运作模式上,联盟建立有准入退出、商标使用等规范制度,实行"4+N"的运作模式,4 家单位分别负责供种服务、农业保险、技术服务和品牌营销,外加 N 家专业化生产主体,并实行品种、生产标准、品牌、包装、价格、销售"六统一"。蔬菜联盟还与绿捷公司合作,创新了"自主销售+托底保障"的产销联结机制,由绿捷公司按照一级批发市场价格上浮 5%进行收购,有效缓解了合作社卖菜难问题。

二是在技术支撑上,联盟统一农艺农机,规范生产技术规程,提升绿色生产品质。稻米联盟优质稻占比达 77%,早中晚茬口搭配合理,化肥减量使用 50%、化学农药减量使用 20%,全程实现机械化生产。联盟亮苗大米屡获绿博会金奖,其他联盟单位也屡获市级评比金奖。蔬菜联盟化学农药减量使用 20%,化肥减量使用 15%,并创建蔬菜"机器换人"示范点 3 个、蔬菜废弃物资源化利用示范点 5 个。

三是在品牌营销服务上,以"优质优价"为目标,线上通过区融媒体、公众号、网络店铺等多种渠道,提高品牌知晓度。线下举办展示推介活动,并入驻浦江两家地产农产品直销店和闵行米业直销店进行销售。开展优质农产品"进机关、进社区、进公园"活动,累计已达 100 余场。

(三)以数字农业为抓手,助力农业创新提升

在农业数字化方面,闵行区一直走在全市前列。通过农业智能装备改造和物联网技术等应用,带动农业向高质量发展。

一是试点建设数字农业云管理平台。在全市率先试点"农业一张图"建设,将 5 万余亩农业生产现状用地全部上图入库。构建数字农业云看板和信息化管理系统,全区规模化生产主体种养殖行为全部纳入"神农口袋"系统进行全过程监管。区镇组建数据直报员和督导员队伍,保证信息直报入网率、及时率和精准率,为数字化监管打下重要基础。开发农产品速测线上查询功能,并与合格证互通,消费者通过手机扫码即可查询地产农产品产地及检测等信息。

二是推行合格证制度。初步形成以合格证管理为核心的农产品质量安全电子追溯和监管体系。2020 年,闵行区在全市率先开出食用农产品合格证,截至目前,已开具 62 万张,累计 9 750 吨农产品带证上市,区域内规模化主体已实现合格证制度全覆盖。进一步试点探索“升级版”合格证,附加追溯二维码、品牌等电子信息,农产品可全面实现“带证上网、带码上线、带标上市”。

三是开展农业科技装备提升。近五年来,区级累计投入 9 000 余万元用于联栋薄膜大棚、玻璃温室新建及改造工程。提升农业仓储配送能力,15 家生产主体建设冷库 1.1 万平方米,配备冷藏车 33 辆。正在全区试点建设 33 家物联网生产示范基地,包括可视化管理、远程控制、土壤监测、水肥管理等,建成后闵行数字农业在全市将更好地发挥示范引领作用。

四是开展航天育种创新示范。我区立足“航天闵行”的产业优势,与市农科院、市农技中心、交大等合作,开展航育蔬菜新品种的引试选育。2009 年和 2016 年,经神舟 7 号和 11 号搭载,成功选育了“闵青 101”青菜、“闵粉一号”番茄、“太空芹 106”芹菜、“天目”苜蓿等蔬菜品种,并通过品种认定,形成了具有自主知识产权的航天蔬菜新品系,在全区推广种植 1 500 余亩。同时,基地还从全国各地引进 58 个航育蔬菜新品种在区内进行试种,辐射浦江、华漕等镇,为上海种业发展提供了强大支撑。

(四)以模式创新为突破,助力农业新业态发展壮大

适应高端化、多元化的市场需要,立足“小而精”发展方向,使农业由“生产导向”向“消费导向”发展转变。

一是创新农商、农社对接产销新模式。例如,丰伟、城市、智耕等多家合作社与盒马、叮咚买菜、城市超市、永辉超市、沃尔玛、罗森便利店等建立订单农业合作关系,仅丰伟一家,每日直供蔬菜 1.6 万公斤。又如,亮苗合作社创新社区新零售方式,15 台亮苗自助鲜米机走进 10 个社区,极大缩减了流通环节成本,让社区居民在家门口就能吃到安全、新鲜的优质米。

二是创新网络直销新模式。例如,建设市级“鱼米之乡一闵行馆”线上产销服务平台,首批将有 14 个优质农产品和 6 个文旅产品上线。又如,亮苗合作社与建行裕农生态园直销平台、拼多多“沪农优品馆”合作,年销售额 300 余万元。正义园艺建有“正义田头菜市”电子商务平台,每月开展一次直播,电商年销售额最高时近 3 000 万元,服务家庭线上线下近 1 万户。

三是创新农旅融合新业态。例如,浦江镇革新村、浦锦街道丰收村、梅陇镇永联村利用闲置民房打造民宿和养老服务产业。又如,浦锦浦蔬合作社创新家庭定制农场模式,32 平方米蔬菜园年租金达 6 800 元,并结合每周果蔬配送,服务宅配会员 200

余位、企业会员 30 余家，受到了中高端客户群体热捧。方圆生态园垂钓大赛、梦花源家庭园艺展等已成为上海新晋网红打卡点。

（闵行区农业农村委员会 刘媛 金曹贞 朱云涛）

嘉定区都市现代绿色农业发展的特色做法与成效

嘉定区坚持把提升都市现代绿色农业发展水平作为促进产业兴旺、推进乡村振兴战略实施的重要工作内容，持续深化农业供给侧结构性改革，立足本区农业发展现状，不断完善农业产业发展规划，努力发展绿色农业、规模农业、科技农业、品牌农业，不断探索嘉定都市现代绿色农业发展模式，为嘉定走出“农业强而优、农村美而活、农民富而乐”的乡村振兴道路打下坚实基础。

一、坚持绿色发展，守牢种源“芯片”，持续汇聚都市现代绿色农业发展的新动能

（一）强基础、优结构，大力发展绿色农业

一是不断完善农业产业发展规划。在做好“三区”划定，明确本区都市现代农业发展范围的基础上，结合本区产业发展优势，制订本区推进农业高质量发展行动方案和乡村产业发展工作方案，明确本区农村产业发展的总体空间布局结构、产业发展任务、重点项目等。

二是稳步增强农业生产能力。优化粮食种植结构，近三年，水稻面积稳定在约7.5万亩，粮食生产规模化、机械化水平较高；全区常年蔬菜面积1.8万亩左右，蔬菜种业基地发展和标准园长效管理具有一定成效，目前创建部、市、区级蔬菜标准园27家。经济作物已形成马陆葡萄、华亭哈密瓜、灯塔草莓等具有一定影响力的优质品牌。养殖业以减量提质为目标，打造出梅山猪、永辉湖羊、朱桥王鸽等区域特色品牌，观赏龟、观赏鱼等特种水产养殖有序发展。

三是不断提升农业生产绿色管理水平。继续推进水肥一体化、绿色防控等农业绿色生产方式，同时以生态循环农业示范基地、示范镇、水产绿色养殖示范场的创建为抓手，提高绿色生产水平。持续加强农产品质量安全监管，绿色食品认证率达到11%。

（二）重保护、强研发，大力发展种源农业

一是加强种质资源保护。以保护种质资源为基础，加快资源普查和抢救性收集，

深入挖掘本地特色老品种，对“独家”资源实施保护和开发。出台扶持政策，对嘉定白蒜、黄渡番茄等老品种开展保护和开发利用，逐步构建多层次收集保护、多元化开发利用和多渠道政策支持的格局。

二是加快品种研发培育。结合区域特点和资源禀赋，加强新品种培育和配套系等品种资源开发利用，坚持绿叶菜、湖羊等原始创新与引进品种消化吸收再创新相结合，加快培育适应市场需求的新品种，满足多元化的市场需求。目前，全区拥有蔬菜种质资源 23 000 多份，玉米种质资源 10 000 多份；共自主选育蔬菜品种 89 个，玉米新品种 6 个，西甜瓜品种 3 个，水稻品种 4 个；蜡梅种质资源 85 份，国际登陆品种 8 个。

二、厚植品牌优势，注重科技赋能，持续谋求都市现代绿色农业的新发展

（一）强特色、重创新，持续发展品牌农业

一是发挥传统品牌优势。经过多年培育，本区形成了以马陆葡萄、华亭哈密瓜、嘉定梅山猪等知名品牌为代表的“一镇一品”区域特色农产品格局，目前有近 30 个特色农产品品牌。其中“球明牌哈密瓜”多次获得中国绿色食品博览会金奖，马陆葡萄是上海市第一个国家级农产品地理标志示范样板并成功入选第三批“中国特色农产品优势区”。

二是提升公用品牌影响力。加强“嘉定嘉品”区级公用品牌的推广，利用“我嘉生鲜”地产农产品销售平台等做好优质地产农产品的销售对接，平台在售农产品统一使用“嘉定嘉品”品牌包装，不断提升公用品牌的影响力。

（二）多试点、求突破，持续发展科技农业

一是以推进机械化生产为抓手提升农业生产效率。做好无人机等新型农机的引进、示范和推广，提高主要农作物植保、施肥环节机械化作业水平。推进外冈绿望蔬果产销合作社和百蒂凯合作社外冈基地蔬菜绿色生产“机器换人”示范基地建设。

二是以产业技术体系为平台提高农业科技水平。依托西甜瓜、玉米、青菜产业技术体系平台，加快优质品种培育，自主选育的哈密瓜品种“华蜜 0526”、水稻新品种“嘉农早香”“嘉农粳 6 号”等得到市场认可。

三是以“无人农场”打造等为试点提高数字农业发展水平。完成了以“嘉定区数字化无人农场项目”为重点的绿色田园先行区规划编制，目前已完成了无人农场 1.0 版本的探索。

三、抓好农业招商，促进融合发展，持续探索都市现代绿色农业发展的新模式

（一）全体系、强招商，稳步发展规模农业

一是健全现代农业经营体系。打造市级以上农业产业化重点龙头企业，组建农业产业化联合体。加大对现有市级以上农民合作社示范社的支持力度，完善家庭农场配套政策，积极培育创建市级示范家庭农场。

二是扩大农业有效投资。积极开展全域乡村产业招商引资工作，梳理基础资源。稳步推进安亭镇与敏实集团合作打造的田园综合体、华亭镇与超大集团合作的金吕村农业产业项目，加快推动一批优质乡村产业落地。

（二）拓渠道、建平台，探索融合发展新路径

一是拓宽渠道，探索农业销售新模式。调整种植结构，优化粮食生产茬口布局和优质稻米品种选择，丰富市场供应；蔬菜种植以市场需求为导向，鼓励合作社根据销售渠道的不同进行品种选择和订单式生产。加大农产品深加工力度，扶持粮食合作社购置稻米加工设备，不断推动卖“稻谷”向卖“稻米”转变，扶持百蒂凯、联绿等企业完善净菜加工设备、冷链运输车辆，提高农产品销售质量和附加值，增加农民收入。

二是因地制宜，引导休闲农业新发展。探索制定《嘉定区休闲农业和乡村旅游管理工作指引》1.0 版本，加强对休闲农业等农村新业态发展的有效引导和管理。截至目前，全区建成了具有一定规模和接待能力的休闲农业景点 20 余个；形成了华亭镇霜竹公路沿线、马陆葡萄园、郊野公园和菊园百果园等休闲农业的集聚区；培育了上海马陆葡萄节、华亭哈密瓜采摘节等休闲农业的节庆品牌；创建了全国休闲农业与乡村旅游五星级示范园区 3 家、四星级 7 家、三星级 3 家；成功申报中国美丽休闲乡村 2 个村。

（嘉定区农业农村委员会）

宝山区都市现代绿色农业发展的特色做法与成效

一、宝山区基本情况

宝山区地处长江、黄浦江、蕰藻浜交汇点，东北濒长江，东临黄浦江，堪称上海的“水路门户”，是上海北部推进长三角一体化建设的桥头堡。区域面积 293.71 平方公里，耕地面积 4.15 万亩。宝山区以乡村振兴为重点，以“三园工程”为抓手，高度重视节约利用资源，保护生态环境，深入推进农业供给侧结构性改革，倡导绿色生产方式和生活方式，紧紧围绕农业强、农村美、农民富，实现经济社会可持续发展。在规模化经营、设施化建设、机械化生产以及绿色发展和科技支撑等方面优势凸显，逐渐形成了以“米、蟹、鱼、菇、花”为特色的优质农产品产业集群。先后荣获全国农牧渔业丰收奖、全国主要粮食作物全程机械化示范县、全国数字农业农村发展水平评价先进县、全国绿化模范区、中国人居环境范例奖等荣誉。

二、农业产业绿色发展成效

(一)硬件软件并举，农田升级换代

本着“先行先试、示范引领”的宗旨，宝山区在提高资源利用效率和土地产出率，推进农业供给侧结构性改革方面敢为敢做、大胆尝试。近年来经过不断摸索，农业组织化、规模化水平不断提高。目前，全区农业企业 20 家、农民专业合作社 58 家，土地规模经营比重 85%以上，基本解决了“农业生产以散户为单位，小而杂”的问题。进一步夯实农业基础，全面推进农田水利设施建设，全区高标准粮田覆盖率 100%、高标准菜田覆盖率 66%。积极推行喷灌微灌、雨水收集利用、自动化灌溉控制等农业节水技术和设施建设，农田灌溉水有效利用系数 0.72。以“机器换人”为突破，不断加强农业机械化装备水平，在全市率先实现粮食生产全程机械化，大力推进蔬菜、林果生产机械化；建成机器换人示范基地 2 家，全区主要农作物综合机械化水平在全市名列前茅。

(二)发挥龙头效应,带动农业产业

以市场为导向,以经济效益为中心,以宝山区主导产业、特色产品为重点,不断提高农业产业化发展水平。目前,宝山区市级重点农业龙头企业4家、区级重点农业龙头企业6家,重点打造的农业产业化联合体2个,农业产业化示范效用和促进农民增收致富的带动效用初步显现。为了进一步发挥龙头的作用,宝山区不断加强政策扶持力度和财政投入力度,出台《宝山区农业产业化发展和农业规模经营专项资金使用管理办法》,每年投入近4 000万元支持产业化发展和特色农业产业项目建设。以"一袋米"为核心,打造"宝锦"绿色优质稻米集中连片生产基地,主打品种"宝农34"大米连续六届获得上海稻米评比金奖,种养结合优质成果"虾稻米"荣获第十九届、第二十一届全国绿色食品博览会金奖。以"一只菇"为重点,建设"永大"食用菌产业化联合体,带动农户年增收4万元以上。以"一只蟹"为引领,实施河蟹池塘大循环生态高效养殖模式建设,探索实现水产养殖尾水处理污染"零排放",兼顾经济效益和生态效益。以"一条鱼"为突破,申报"宝山鮰鱼"国家地理标志保护产品,将文化传承与产业发展有机结合。

(三)用好"绿色食品"金招牌,环保效益一手抓

为了适应市场需求,保护农业资源环境,集中力量,以增加绿色优质农产品供给为抓手,大力推进农业绿色化发展。对全区农业生产基地统一开展了产地环境检测工作,为绿色食品认证和生产环境修复改良提供依据。推进农业标准化生产,成功创建部、市、区三级蔬菜标准园17家,创建绿色生产基地3 800亩。至2020年底,47个产品通过"绿色食品"认证,认证率18.23%,粮食绿色认证基本实现全面覆盖,蔬菜、林果、水产品绿色认证"多点开花"。

(四)强化科技支撑,提高农业生产水平

充分发挥宝山科技人才优势,依托科研院校技术力量,着力培育推广优质高效农作物新品种,形成了"宝农34""宝农407"优质水稻品种和宝青1号青菜、宝科1号黄瓜等优质蔬菜品种。宝山区培育的罗麦系列高产小麦品种,在长江中下游地区推广种植。加强与科研院所、高等院校合作,研究推广农业绿色高效新技术。三家村果蔬专业合作社与上海农科院园艺所签订产学研战略合作框架协议,设立农业科技示范基地,开展茄果类新品种开发和栽培技术研究合作;沪宝水产合作社与上海海洋大学合作在罗泾设立产学研基地,开展水产养殖绿色生产技术研究;区蔬菜技术推广站与上海交通大学签订合作协议,开展蔬菜提纯复壮种植研究。通过建立新型职业农民培育长效机制、创新教育培训模式、在全市率先实施新型职业农民认定奖补,加大了新型职业农民的培育力度,农民持证上岗率达80%以上。

三、资源环境生态发展成效

(一)加强资源保护,改善生态环境

坚持最严格的耕地保护制度,全面落实永久基本农田保护政策措施,耕地保有率100%。建立耕地质量监测评价制度,实施土壤保育和修复。建立生态补偿机制,以“湿地总量不下降,湿地面积有提升,湿地管理有进步”为目标,明确区、镇两级政府职责,配备管护力量,建成区—镇—村三级管护联动网络,全区湿地面积逐年稳定增加。2017年建成位于上海市生态保护红线区域内的陈行—宝钢水库周边野生动物重要栖息地。积极落实《上海市养殖业布局规划(2015—2040年)》,完成全区49家不规范畜禽养殖场的整治和8家规模化畜禽养殖场的退养工作,提前完成退养任务,受到市级高度肯定。为保护水生生物资源,切实打击非法捕捞,2016年在全市率先完成“三无”船舶整治工作,实施长江宝山区域水生生物全面禁捕,每年投入30万元以上开展长江和区内河水域渔业资源增殖放流活动。

(二)实施“绿农行动”,减少农业面源污染

制定《宝山区绿农行动计划(2018—2022年)》,以优化调整农业产业结构,实施化肥农药减量工程为重点,开展农业面源污染防治。加大财政扶持力度,引导农民进一步优化种植业茬口布局,退出小麦种植,增加绿肥种植和冬季深耕晒垡面积。推广增施有机肥、测土配方肥、缓释肥等技术,增加土壤有机质含量,改善土壤团粒结构;加强农作物病虫害预测预报体系建设,指导农民科学用药,减少农药施用频次;推广“四诱一网”绿色防控、水肥一体化等绿色清洁生产技术应用,提高地产农产品品质。2020年,化肥施用量(折纯量)780.4吨,同比减少1.1%;农药施用量30吨,同比减少4.3%。

(三)健全废弃物回收体系,拓展资源利用新途径

建立健全农业包装废弃物回收处置机制,制定了《宝山区农药等包装废弃物回收和集中处置工作实施意见》,所有涉农镇均设立了农药废弃物回收点,实行农业包装废弃物统一回收处置。2020年处置农药包装袋、农膜等废弃物14.6吨,农业废弃物回收率100%。在已实现秸秆全面禁烧、全量深耕还田的基础上,积极探索农作物秸秆综合利用新途径,基本形成秸秆—基料—有机肥料循环利用新模式。2020年,秋粮种植面积10 486亩,其中实施秸秆机械化还田面积3 737.8亩,离田综合利用6 748.2亩,回收稻秸秆近4 100吨。全区秸秆综合利用率达到100%,其中离田综合利用率达到64.4%。

四、农业农村综合发展成效

(一)推进一二三产业融合发展

大力推进沿江农业生态旅游区、闻道园、东方假日田园等 7 个休闲农业与乡村旅游景点发展，促进农村新产业新业态蓬勃兴起。成功培育宝山湖长江蟹品鲜节、罗泾美丽乡村徒步挑战赛、闻道园风车百花节、月浦镇花艺节、罗泾小龙虾垂钓节等农旅活动，充分展示宝山乡村旅游形象及新农村建设风貌。

(二)推进农业农村综合改革

宝山在全市率先推进组织化经营、规模化生产，探索出符合宝山农业生产现状、彰显农村特色的经营模式。同时，积极构建农业社会化服务体系，培育出农资服务公司、农机服务社、益农信息社、农业合作社联合社等社会服务组织。推进农村承包地“三权”分置改革，全面开展农村土地承包经营权确权登记颁证工作，确权登记率达 99.53%，颁证率 100%。

(三)全力改善农村人居环境

出台《宝山区农村人居环境整治实施方案(2018—2020)》，明确全面推进农村水环境整治、农村生活污水处理、农村垃圾治理等 11 项重点任务。至 2018 年底，1 031 条河道落实河长制，完成城乡中小河道的综合整治工作，对黑臭河道开展治理行动取得实效。农村生活垃圾集中处置率和农村生活污水处理率达到 100%。以“美在生态，富在产业，根在文化”为主线，建设了一批生态环境优美、产业特色显著、文化内涵丰富的美丽乡村。至 2021 年 9 月，建成乡村振兴示范村 9 个、市级美丽乡村示范村 12 个、区级美丽乡村示范村 34 个、区级美丽乡村达标村 23 个。

(宝山区农业农村委员会　陈莉萍)

奉贤区都市现代绿色农业发展的特色做法与成效

近年来，奉贤区立足上海市实施乡村振兴战略的主战场，在区委、区政府的坚强领导下，在市农业农村委的有力指导下，坚持农业农村优先发展总方针，以农业供给侧结构性改革为主线，围绕农村一二三产业融合发展，结合奉贤实际，积极谋划产业发展，充分挖掘乡村多种功能和价值，逐步在推动农业农村现代化上持续发力，走出一条独具奉贤特色的乡村产业振兴之路。

一、基本情况

2020 年，全区实现农业总产值 24.5 亿元，其中，种植业 14.3 亿元，林业 1.4 亿元，畜牧业 1.4 亿元，渔业 3.9 亿元，农林渔服务业 3.5 亿元。优质农产品总量逐步增加，其中：绿色食品认证率 28.38%，获证企业 139 家，认证品种 241 个，认证产量 11.05 万吨；有机农产品获证企业 5 家、81 个产品。新型农业经营主体呈多元化稳定发展，优质经营主体占 36%，其中：农业龙头企业 25 家，市级及以上龙头企业 13 家；农民专业合作社 775 家，区级及以上示范社 196 家；家庭农场 695 家。

二、发展亮点

（一）形成农业发展引领示范典型

近年来，奉贤区围绕“顶天立地，沃野千里，精细极致”的宗旨，通过加大政策集聚力度，力争培育发展 10 家“顶天立地”农业上市企业、打造 20 个“沃野千里”示范区及 50 个“精细极致”示范点。“沃野千里”求规模，形成水田一线、天田一色的视觉效果，生产水平达到机械化、智能化、专业化，成为都市农业的标杆。“精细极致”求品质，围绕农业经济功能塑造，培育打造具有品种、品质、品牌优势的农产品生产基地及一二三产融合发展实践基地。目前，全区已培育妙可蓝多等上市农业企业 4 家，打造青村、庄行等千亩级黄桃、蜜梨优势产业示范区和百亩级特色产业示范点 24 个。

（二）形成奉贤黄桃全产业链条

长期以来，奉贤积极发展黄桃、蜜梨等区域特色产业，推动乡村振兴，带动农民增收。目前，全区黄桃种植面积1.1万亩，产值超亿元。依托科研院校的技术力量，奉贤区成立吴房村食品研发基地，将黄桃次品果制作成黄桃汽水、黄桃啤酒、黄桃糕点等产品，每亩产值增加1万～2万元，提供就业岗位2 200个，农民人均增收超1 000元。同时，推动建设2.1万亩东方桃源国家农村产业融合发展示范园，开发“十里桃花”观光路、黄桃特色餐饮、生态垂钓等旅游资源，年接待游客超10万人次，形成了吴房村、吴房有桃等网红IP。此外，引入中国美院工作室、吴群名人工作室等类型主体，研究推出黄桃瓷器、黄桃丝巾等特色工艺品，初步形成奉贤黄桃全产融合发展态势。

（三）建成乡村数字综合平台

为加快推进农业农村数字化转型，探索奉贤农业农村工作管理新模式，奉贤区积极推动建设以农用地GIS系统为基础的涉农数据资源库和管理系统，以打造“上海·奉贤数字乡村和数字农业云平台”为目标，从打破信息孤岛开始，实现数据融合共享，推动数据归集、数据分析、数据应用的可视化，使数据在区、镇、村流通共享，再到应用水平提升，激发乡村振兴活力。庄行浦秀村完成智慧农业管理系统建设，金汇新强村推广农产品合格证追溯系统应用，奉城盐行村实现网格化精细化管理。最终形成全区涉农数据资源库与管理系统，助力推动产业发展，实现“一图看全景、一屏管全程、一键控全场”。

三、主要做法及成效

（一）优化农业产业布局

近年来，奉贤区全面加快深化农业三区划定保护，着力加快8万亩粮食生产功能区、5.5万亩蔬菜生产保护区和1万亩特色农产品优势区建设。统筹落实奉贤绿色田园先行区建设，持续增强农业产业从品种、品质到品牌的跨越式发展动力，建成“沃野千里”示范区6个、“精细极致”示范点18个。2021年，全区种植水稻面积16.8万亩，占市级下达任务的104.3%；蔬菜在田面积3.2万亩，争取年产19.28万吨以上。加强耕地保护制度，轮作休耕总面积16.3万亩，比上年增长2.1%。精简水产产业，水产养殖面积2273.94公顷，预计产量9 000吨以上，其中南美白对虾养殖面积1 462.58公顷、罗氏沼虾养殖面积103.14公顷、常规鱼类养殖面积117.47公顷。缩减畜禽产业，提升保护型养殖场发展质量，保证家禽出栏达到60万羽以上、鲜蛋产量4 000吨以上。

(二)提升绿色可持续发展能力

自2018年以来,奉贤区累计启动实施高标准农田项目14个,建设面积总计1.43万亩。推动农产品生产追溯体系建设,溯源覆盖率达95%以上,绿色食品认证率超过28%。加快完善农机社会化服务体系,农机社会化服务覆盖面达到80%以上,主要粮食农作物耕种收综合机械化水平达97%,秸秆综合利用率达98%。促进绿色生态种养结合,全区建成生态种养示范基地25个,总面积达到1 500亩。指导示范生产过程减肥减药,粮食作物农药亩均施用量减少至471克,亩均化肥用量减少至26.37公斤,荣获全国农作物病虫害专业化"统防统治"百县称号。加快蔬菜标准园创建,全区累计创建国家级蔬菜标准园2个、市级蔬菜标准园27个、区蔬菜标准园33个。支持绿色生态养殖示范点建设,建成美丽生态牧场2家,规模化畜禽养殖场实现废弃物资源化利用设备100%配备,粪污处理和资源化利用率达到95%以上,水产养殖尾水治理面积逾4 100亩。2021年,妙可蓝多、雪榕生物、海利生物等4家涉农上市企业呈高质量发展态势,全区农产品质量安全抽检合格率超过99.5%,绿色食品认证率争取突破30%。农村土地承包经营权规范流转率达91%,居全市前列。

(三)加强品牌农业建设

根据《关于打响奉贤农业品牌 做大、做强奉贤黄桃、蜜梨产业的实施方案》(沪奉农委〔2018〕109号)等文件,建立健全农产品品牌创建奖补制度。自2018年以来,奉贤推动完成建设青村镇奉贤黄桃产业强镇示范镇,奉贤南瓜成为上海市唯一入选全国名特优新农产品的品牌。全区累计建成国家级农业标准化示范区9个和市级农业标准化示范区28个。举办"五五购物节"奉贤农产品专场及人民优选直播大赛等活动,宣传推介当地优质农业品牌及产品。组织涉农企业、合作社等经营主体,参加各类各层级展示展销、农产品品鉴评优等活动,3年内共获得市级及以上金奖1枚、银奖3枚、铜奖5枚。2021年,庄行蜜梨获得市级评优活动铜奖,安食尚番茄获得上海地产优质番茄品鉴评优十佳推介品牌,上海惠群蔬菜种植专业合作社获得市级地产优质早熟大米品鉴评优活动铜奖。此外,推动自主开展奉贤黄桃、奉贤大米区级评优评选和第二届奉贤优质农产品推介会、奉贤农民丰收节等活动,逐步提升消费者对奉贤优质农产品的美誉度。

(四)加快数字乡村建设进程

2020年,奉贤被中央网信办等7部委确立为国家首批数字乡村试点区,加快以奉贤农用地信息综合管理系统(GIS)为基础,收集农业储存、共享数据,分析农业农村各条线的工作职责和数据资源,推动数字农业云平台建设进程,建成浦秀等3个村的智慧农业信息化系统。2021年,计划完成全部点上系统建设,实现全区农用地精准化管理，农资农药安全监管，智慧粮田、智慧灌溉，有效提升当地农业现代化生产及管理水平。

（五）优化营商发展环境

近年来，奉贤区全面深化“无科层”审批改革，对涉及农业农村系统的23项审批事项89个业务场景进行全面梳理，拓展独任制审批范围，压缩审批时间，对农作物种子生产经营许可证、农药经营许可证等审批，法定办结时限为20个工作日，承诺办结时限为10个工作日，力争实际办结时间控制在5个工作日内，切实提高审批时效。农业农村行政审批事项实行目录化管理，确保“不合法的事项不进目录，不进目录的事项不再审批”。同时，通过“一网通办＋全市通办”，提高乡村生产经营企业主动进行网上申请的比例。此外，拓展“先证后核”审批范围，依托“双随机、一公开”平台系统，加强信用数据归集录入，完善涉农企业信用信息，建立涉农领域严重失信“黑名单”制度，严厉打击弄虚作假骗取国家惠农资金的行为。

（奉贤区农业农村委员会）

松江区都市现代绿色农业发展的特色做法与成效

自实施乡村振兴战略以来，松江区认真贯彻落实习近平总书记“绿水青山就是金山银山”的绿色发展理念，率先推进以绿色高效促进农业高质量发展，以创建国家绿色农业发展先行区为契机，以农业供给侧结构性改革为主线，把增加绿色农产品供应放在突出位置，积极打造示范引领区域。

一、主要做法

（一）提升基础水平，做足绿色农业发展的“成色”

1. 优化农业生产布局。以落实中央最严格的耕地保护制度为重点，以保障超大城市有效供给粮食安全为目标，按照“面积稳定、质量提升、布局优化”的导向，优化农业生产布局。种植业：按照“三区”划定的面积，坚持稳产保供，推进供给侧结构改革。2021 年，粮食种植面积稳定在 15 万亩，其中优质水稻种植 7 万亩，占比 46.7%，比上年提高 10 多个百分点，带动松江大米产业化发展；蔬菜种植面积 9 800 亩，切实保障了“菜篮子”的需求，发挥农业生产“压舱石”的作用；3 000 亩花卉生产位列全市重点打造的市级花卉产业集聚区之首，特色农产品产业优势显著。养殖业：贯彻落实《松江区养殖业布局规划（2015—2040 年）》，继续稳定发展种养结合家庭农场生态循环模式；水产养殖重点提高环境友好型品种河蟹养殖面积占比，2021 年河蟹养殖面积占总养殖面积的 45%。种业：2020 年成立上海市松江区水稻研究所，建立形成以产业为主导、基地为依托、创新为核心的“育繁推一体化”的“1＋3＋1”水稻种源体系，为打好种业“翻身仗”奠定基础。

2. 加强农业基础设施建设。至 2020 年底，累计建设高标准农田 16.18 万亩，占耕地比例为 73%，建成 2 800 吨日烘干能力的粮食烘干设施、稻米加工厂 3 家，建设蔬菜设施大棚 5 000 亩，创建蔬菜标准园 22 家，配套建设 91 家种养结合家庭农场，累计实施标准化水产养殖场改造项目 25 个，总面积 9 653 亩。不断加强农业基础设施建设，提高农业抗风险能力和绿色农业发展的能力。

3. 强化农业科技集成。一是开展水稻绿色防控核心集成技术示范。在 8 个街镇建立水稻绿色防控核心集成技术示范区、示范基地 29 个，核心示范面积 1.3 万亩。通过实施水稻病虫绿色防控技术，示范区病虫害综合防控效果达 87.78%，高于常规 5.1%。二是开展农业废弃物综合利用技术示范。开展蔬菜秸秆全自动粉碎、生化发酵、堆肥监控等试验，综合利用全程机械化技术，蔬菜废弃物处理质量显著提高。三是开展绿色水产养殖集成示范。开展池塘循环流水养殖试验，通过集污收集、生态调控、鱼菜综合种养、智能化管理、产品质量追溯等方面的技术试验，探索形成绿色生态循环的水产养殖模式。四是开展绿色种养技术示范。按照饲料“禁抗”、养殖“减抗”的目标要求，在种养结合家庭农场开展无抗健康养殖试验，保障养殖绿色生态。

（二）强化工程建设，增强绿色农业发展的“特色”

1. 农业生态环境治理工程。一是加强主要农作物秸秆还田。全区 15 万亩水稻实现全量还田，曾被农业农村部认定为“全国首批 28 个基本实现主要农作物生产全程机械化示范区”。二是加强水产养殖尾水处理。探索集聚式流水养鱼模式后续粪污收集资源化利用，区水产良种场五厍基地已创建成为上海市生态循环农业示范基地。三是加强农业废弃物利用。蔬菜园艺场废弃物实行内部处理、就地消化，化“废”为“肥”，增加了土壤有机质含量。目前，松江区共建有 8 个蔬菜废弃物处理综合利用点。

2. 新型农业经营主体培育提升工程。一是发展产业化联合体。2020 年组建 8 家首批优质稻米产业化联合体，专设优质稻米产业化发展专项奖补资金每年 500 万元。2021 年增加到 11 家，共带动销售优质水稻 3.5 万亩，占比 50%。二是培育高素质农民。2019 年和 2020 年两年共计培训新型职业农民 2 400 人次，家庭农场新型农民持证率达到 98%以上。三是完善农机 4S 店培训功能。利用农机培训网络，实现系统型农机培训目标。

3. 农产品品牌化提升工程。发展培育优质品牌，推进农业本土品牌建设，加强松江农产品市场竞争力和品牌知名度。一是鼓励农业企业、合作社等开展商标注册、品牌策划、参展会商、农产品获奖等活动，2019—2020 年累计对农产品品牌补贴 480 万元。二是加强地理标志应用保护力度，逐步推进三个农业部地理标志申报，其中“仓桥水晶梨”于 2019 年确定申报主体，“松江大米”和“松江泖蟹”目前地理标志申报正在推进中。

4. 一二三产业融合工程。一是发展休闲农业。通过都市现代农业项目扶持，促进农业观光、采摘、休闲等功能的提升。近两年总投资超过 1 亿元。二是农业旅游精品线路设计。结合浦南“气净、土净、水净”的生态优势，以“游玩三净之地，放松疲惫身心”为导向，向全市推荐贯穿浦南农业休闲旅游的精品线路。三是引导乡村旅游。树立村庄景区化建设理念，注重提升美丽乡村的休闲功能，实现资源共享，吸引不同需求的游客前来参观游览，带动特色农产品销售，促进一二三产业融合发展。

(三)完善体系支撑，提升绿色农业发展的“底色”

1. 绿色农业标准体系。一是大力推进绿色食品认证。增加绿色农产品供给量，截至2020年底全区绿色农产品认证率达到47.53%，位居全市第一。其中七个镇整建制推进水稻绿色认证，全区绿色水稻认证面积达到13.2万亩。通过绿色认证工作，制定完善了松江区绿色食品水稻、仓桥水晶梨等8个主要农作物的生产技术规程。二是开展绿色基地创建。制定并印发了《松江区农产品绿色生产基地创建工作实施方案(2021—2025年)》，确保完成2025年全区农产品绿色生产基地覆盖率达到60%的目标。2021年已完成2万亩种植业绿色生产基地的创建与验收。三是完善绿色农产品标准化加工设施。完成小昆山镇年加工1万吨松江大米加工基地建设，完成稻谷低温贮存设施建设，助推松江大米产业发展；完成建设2家大型净菜配送中心，加强绿叶菜加工提效升级。

2. 绿色农业经营体系。一是建立绿色农药经营体系。以浦江农资为主体开展绿色农资实名制一体化运营，规范开展绿色农药采购、销售、连锁配送、农药废弃包装物回收等管控服务，严格抓好管理考核，节约政府资源的同时提升绿色农药管控实效。截至目前，全区农药销售实名制实施率达到100%。二是绿色食品深入经营实践。强化绿色农产品监管，引导生产经营主体严格按照绿色食品标准开展绿色生产，形成一定规模的绿色农业生产经营主体，带动农户开展产销服务。三是开展电子化追溯。规模化蔬菜基地纳入上海种植业生产管理信息系统开展蔬菜信息上网，目前已发展到29家，规模化蔬菜基地达到全覆盖。

3. 绿色农业数字体系。一是加强农业资源台账建设。2020年开展了10年国家重要农业资源台账数据采集和评价，高质量完成4 000多个农业资源数据的采集和20户典型经营主体的调查，并形成分析报告，从而掌握了面上全区农业资源的总体情况。此项工作被农业农村部评为先进。二是开展上海农业“一张图”建设。运用GIS全面掌握全区农业地块经营信息，加大“一张图”工作力度，确保图斑数据更新落实，推广“神农口袋”等农业信息系统。落实工作专班，建立区、镇、村三级信息员队伍，提升精细化管理。三是整合各类数字农业系统，为绿色农业发展提供数据支撑。充分运用智慧渔业、绿色食品标志许可管理平台、上海市农产品质量安全网格化监管系统、松江区数字农业云平台、种植业管理系统等系统平台，推进本区绿色农业生产信息化水平和智能化水平。

二、取得的成效

松江区不断深化农业供给侧结构性改革，全面实施乡村振兴战略，聚焦农业提质增效，大力推进绿色田园建设，取得了非常显著的成效。松江区都市现代绿色农业发展基本实现了“六个化”：

1. 土地规模化。目前全区土地流转率 99.5%，全区水稻主要由 838 户家庭农场经营，经营面积 13.4 万亩，占比 90%以上；蔬菜生产主要由 29 家专业合作社、园艺场组成；畜禽养殖现有规模养殖场 8 家，种养结合场 91 家。全区粮食、蔬菜、生猪已实现了规模化生产经营。

2. 品种特色化。目前松江地产农产品生产主要是水稻、蔬菜、生猪和名优水产等。其中，水稻主要为自主选育的优质品种“松早香一号”“松香粳 1018”，蔬菜主要为绿叶菜，生猪主要为荷兰托佩克，水产主要为黄浦江大闸蟹。通过调优农产品品种结构，发展符合本地需求的特色优势农产品，进一步理顺了松江农产品生产的品种结构。

3. 农民职业化。加强家庭农场等职业农民培训，家庭农场持证率达到 98%。2019 年 4 月，全国农业农村政策与改革工作会议暨家庭农场座谈会、全国新型职业农民培育管理培训班暨农民教育培训工作现场会在上海召开，松江石湖荡镇曹林坤机农互助点和松江农机“4S”培训服务中心两个现场参观点得到了部、市各级领导肯定。

4. 过程生态化。种植业推进秸秆全量粉碎还田和减肥减药，养殖业形成种养结合粪污还田与有机肥利用生态循环处理模式，总体实现种植业和养殖业农业生产生态循环。大面积推动粮食绿色生产，2020 年水稻全年每亩农药总量比 2018 年、2019 年分别减量 5.4%、10.35%。

5. 经营产业化。主导产业：建立了“松江大米”和“松林猪肉”两条农业全产业链，有效实现了农民增收，促进了产业兴旺，保障了粮食安全。特色产业：打造优势特色新集群，促进了一二三产业融合发展。

6. 产品品牌化。“松江大米”“仓桥水晶梨”等农产品品牌成绩斐然。在 2020 年上海地产农产品品鉴评优活动中，“松江大米”“仓桥水晶梨”“歧创羊肉”“家绿草莓”“佘山黄桃”等荣获市级奖项，“仓桥水晶梨”获得第 21 届绿博会金奖，“松林米业”获得第 14 届有机博览会金奖。这些成绩一定程度上提升了松江农业品牌的知名度。

三、特色亮点

(一)保护耕地创新机制

一是实施耕地地力保险制度。2018 年,松江区率先推出全国首个耕地地力指数保险,出台了《松江区关于以奖代补耕地质量保护的实施方案》,启动了全国首个耕地质量保护险试点,通过政府以奖代补引导推动,保险公司提供保险服务,生产者主动提升地力并因此得益,形成自上而下保护耕地、提升地力的新态势;目前全区已投保的家庭农场共有 507 户,投保面积 8.1 万亩,耕地保护的长效机制更加完善。二是出台粮食生产环境保护补贴政策。作为全市首家试点,制定下发了《松江区农业综合补贴政策改革试点实施方案》,将原来的水稻种植直补、农资综合直补等在内的 5 项补贴整合为粮食生产环境保护补贴,补贴标准比改革前增加 32 元/亩。进一步推进粮食生产补贴由"补过程"向"补结果"转变,提升本区粮食绿色生产能力,保护生态环境,促进粮食生产提质增效。

(二)绿色认证实质性突破

截至 2020 年底,松江区绿色食品认证率 47.53%,居全市第一。积极推动松林猪肉申报绿色产品,历时两年开展绿色猪肉生产和申报,并于 2020 年 11 月 13 日获得上海市第一张绿色猪肉证书,生产规模 1.6 万头、产量 1 400 吨。绿色猪肉实现了上海市猪肉绿色认证零的突破,也为松江区探索发展绿色农业,增加绿色农产品供给指引了新的方向。

(三)形成一批绿色典型模式

1. 种养结合家庭农场模式。种养结合家庭农场在自己承包经营的农田上既种植农作物,又饲养肉猪,将养猪产生的粪尿液作为肥料就近还田,形成松江区种养结合家庭农场模式。通过技术集成推广,养猪环节平均每头育肥肉猪节省饲料 29 公斤,水碗节水 36%;水稻亩产比全区平均水平增产 12%,化肥减量 30%。同时,"猪粮型"种养结合家庭农场从生猪"代养"到粮食"代种",实现了从卖生猪向卖猪肉、从卖稻谷向卖大米的转变,上海唯一稻米类国家地理标志保护产品"松江大米"的口碑因品质过硬而越来越好,"松林猪肉"也成为上海市四大本地猪肉品牌之一。

2. 黄浦江大闸蟹生态养殖"松江模式"。通过技术推广,将蟹种培育、放养工艺、水草种植、底部增氧、饲料投喂、水质调控等生态技术集成于一体,对标《上海市水产养殖绿色生产操作规程》,开展黄浦江大闸蟹绿色养殖生产。建立池塘水质绿色处理系统,配置人工湿地、生态沟渠或净化塘等设施,形成绿色生态仿湿地池塘水处理系统,并通过运用多种微生态生物制剂来建立生态平衡的蟹塘水质系统,有效预防河蟹病害的发生，提高河蟹品质。近年来，黄浦江大闸蟹连续荣获“王宝和杯”金蟹奖。

3. 农机 4S 店模式。松江区农机服务中心按照“市场化经营、企业化运作”的要求，由上海宏烨农机专业合作社采用集农机维修、销售、处置和培训为一体的“4S 店”模式运行。农机 4S 店提供全程服务和全面服务，增强服务保障能力。创建的“全国农机职业技能培训和鉴定示范基地”，获得了“2019 全国农村创新创业孵化实训基地”“全国农机合作社示范社”“中国农机合作社农机化杰出服务奖”等荣誉称号。

4. 粮食绿色防控应用技术模式。根据作物及病虫害特点，加强各单项技术的组合和集成应用，加强与栽培技术措施的融合，完善技术方案，提升绿色防控质量。建立了主要农作物贯穿全生育期的，综合应用农业措施、生态控制、生物防治、物化诱控以及科学用药的绿色防控技术体系，同时加强病虫预警监测，提高预测预报的准确率和精度。2020 年，松江区荣获第二批全国农作物病虫害“绿色防控示范县”称号。

（松江区农业农村委员会 茅峰峰）

金山区都市现代绿色农业发展的特色做法与成效

自实施乡村振兴战略以来，金山区高举“三个百里”建设旗帜，聚焦“两区一堡”战略定位，围绕“大宗农业做大规模、小宗农业做优品质、新兴农业做高价值”目标，着力深化农村一二三产业融合发展，大力培育新型经营主体，推进农业供给侧结构性改革，加快构建现代乡村产业体系，全面促进乡村产业繁荣兴旺。

一、以供给侧结构性改革为主线，推动农业高质量发展

一是加快产业结构调整。按照农业“三区”划定，不断优化农业产业布局，做大做强区域特色农产品，建设 2 个市级绿色田园先行片区。例如，廊下镇发挥食用菌生产特色打造“蘑菇小镇”，全年全镇蘑菇产量稳定在 9 000 吨以上，其中双孢蘑菇占上海 90%的市场份额，全年食用菌产业产值达 1 亿元以上。“优质稻米、绿色蔬菜、名优瓜果、特种养殖”四大主导产业持续壮大，2020 年水稻种植面积 18.5 万亩，播种蔬菜 11.4 万亩次，经济果林 2.5 万亩，水产养殖面积 1.1 万亩。实施藏粮于地，扩大休耕面积，调减二麦、油菜等一般农作物种植，2020 年冬季深耕晒垡、绿肥种植面积预计提高至 16.9 万亩，占水稻种植面积的 91.4%。全区水稻综合机械化率 98%，被评为全国第四批率先基本实现主要农作物生产全程机械化示范县。

二是推进绿色生产模式。开展整建制生态循环农业示范区、吕巷镇生态循环农业示范镇创建，全区水稻秸秆综合利用率稳定保持在 99%以上。积极推广绿色防控技术，2020 年水稻、蔬菜绿色防控实施面积近 2 万亩，金山被评为第一批全国农作物病虫害“绿色防控示范县”。成功创建 10.5 万亩“全国绿色食品原料标准化生产基地”，全区绿色农产品认证率达 15.47%，“联中 1 号”双孢蘑菇获中国绿博会金奖。

三是大力发展有机产业。以全市首家国家有机产品认证示范区创建为契机，加大有机产品供给，满足市场对高端优质农产品的需求。三年创建期间，共有 52 家单位参与，其中有机产品获证单位 22 家、有机转换获证单位 34 家，有效期内有机认证证书 28 张、有机转换证书 36 张，涵盖大米、蔬菜、黄鳝、黄酒等 79 个品类。全区种植

的有机水稻、蔬菜、瓜果分别为 3 700 亩、2 100 亩、1 100 亩，有机水产基地 3 家，有机产品加工企业 4 家，有机产业年总产值达 6 900 多万元。成功创建全市首家国家有机食品生产基地建设示范区，获评年度魅力生态县。

二、以品牌化发展为方向，提升乡村产业竞争力

一是强化品牌塑造。大力推广全市首个全品类农产品公用品牌“金山味道”，搭建区域公用品牌和企业品牌“母子品牌”管理营销体系。开通“金山味道”品牌微店，60 多种优质品牌农产品进驻。“一葡二桃三莓四瓜”为核心的特色子品牌影响力不断扩大，“小皇冠”西瓜、“施泉”葡萄、“内府”猕猴桃、“鑫品美”草莓、“哲优”番茄等农产品多次荣获市级以及全国金奖，“皇母”蟠桃入选全国乡村特色产品名录。积极打造长三角农创路演中心科技创新成果转化品牌，累计开展路演活动 40 余场，成功对接项目 60 余个，成果转化 8 000 余万元。

二是强化品牌服务。以机构改革为契机，区农业农村委新成立品牌建设科，统筹服务全区农业品牌建设。加强品牌科技支撑，建立和深化与荷兰瓦赫宁根大学、中国农大、上海交大等 25 家国内外一流科研单位的合作关系，相继成立 3 个院士工作站，6 个教授级专家工作站，3 个市级工程技术研发中心，21 家农业研发中心，通过省级以上审定新品种 78 个，获市级及以上科技创新奖励 3 个。全区已打造“金山岛”大米、“鑫品美”草莓、“小皇冠”西瓜等 13 个品牌矩阵（即一家经营主体牵头，同品类加盟），实现同类农产品“技术标准化、质量可追溯化、销售品牌化”。探索品牌创建服务下沉，建立吕巷水果公园等 8 家品牌商标指导站，为合作社提供专业化的品牌发展战略服务。引导金融机构为品牌经营主体量身定制金融服务，建设银行上海市分行专门出台了《金山区“三个百里”农业小微企业集群贷款方案》。

三是强化品牌宣传。整合金山草莓节、西甜瓜节、蜜瓜节、蟠桃节、施泉葡萄节等单品类农业节庆，主打百花节、百果节、百菜节、农民丰收节四大主题节庆，集中力量宣传推介品牌农产品和精品乡村旅游景点。与嘉兴市共同启动建设长三角“田园五镇”乡村振兴先行区，首批推进产业合作项目 8 个，总投资 37.1 亿元，至 2021 年，“田园五镇”入库项目 72 个，计划总投资 57.63 亿元。共同举办沪浙半程马拉松、长三角农民丰收节等节庆活动，协同打造“明月山塘”4A 级景区。率先发布首个地区性文化旅游品牌形象“金山如画”，“花开海上”生态园、山阳田园、吕巷水果公园、廊下郊野公园等休闲农业品牌日益受到市民游客追捧，近两年全年主要农业景点接待游客均超过 500 万人次，实现营收超亿元。

三、以产业融合发展为重点，构建现代乡村产业体系

一是加快新农人培育，构建融合主体。完善“1＋4＋4”人才配套政策，计划投入3亿元人才专项资金，把人才“请进来”“引回来”。制订实施加强农民职业技能培训促进就业计划，推进国家新型职业农民激励计划试点区建设，通过补贴学费支持农民提升学历技能，至2020年底，累计培育新型职业农民3 768名，农业人员持证率达81.6%，635人次获得社保补贴441万元。打造“农创”升级版，聚焦“众创入乡”，引导外出农民工、退伍军人、农村大中专毕业生等返乡创业创新，吸引社会各类人才支持服务乡村发展，多名返乡创业大学生获评“全国农村青年致富带头人”“全国农村创新创业优秀带头人”。通过项目扶持、贷款贴息、财政补贴等方式，支持家庭农场、农民专业合作社、农业龙头企业等新型农业经营主体做大做强，目前全区家庭农场882家，市级以上农民专业合作社34家(其中国家级9家)，区级以上农业龙头企业23家(其中国家级2家、市级9家)，2020年龙头企业总产值58.43亿元。

二是加快新业态引导，构建融合模式。加大对农村新产业新业态的扶持力度，推进农业与文化、体育、旅游、康养、信息、科普教育等产业的深度融合。在第二届中国国际进口博览会上，金山农民画与全球奢侈品牌“爱马仕”跨界合作，打造出色彩鲜艳、极具特色的丝巾，掀起流行风潮。探索“互联网＋农业”，上海首家机器人智慧农场初具规模，上海点甜农业专业合作社已成功研发出20多种智能化农机装备。加快农村科普基地(廊下科普郊野公园)建设，面向公众打造“科普”与“农业”深度融合的科普服务模式。吕巷镇、廊下镇均建成农耕运动休闲基地，承办了上海市农耕运动会。民宿等新业态蓬勃发展，出台《金山区促进民宿业发展的意见》，累计28家民宿获经营备案，盘活农民闲置房屋10多万平方米。衡山集团在花开海上生态园周边建设精品民宿和精品酒店，建成后年游客预计100万人次，新增就业岗位1 500个。

三是加快新平台打造，构建融合载体。以国家级试点示范区创建为平台，打造金山特色、上海代表、全国领先的乡村产业。成功创建全市首家国家现代农业产业园，鑫博海“中央厨房”年加工生产配送能力达4万吨、年产值近4亿元，每年带动农民增收950万元，朱泾镇、廊下镇入选全国农业产业强镇建设名单。上海金山国家农业科技园区建设加快推进，上海联中食用菌合作社引进荷兰双孢蘑菇工厂化生产设备，实现三次发酵全程机械化生产、气候自动化调控，年产量达到传统种植的20倍，成为上海地区规模最大、设施最好的双孢蘑菇生产基地。松林生态养猪场实现了设备集中控制、实时数据监视、精准饲喂，可年出栏优质商品猪8万头，按传统猪场同等规模可节省用地面积80%，饲养人工节省50%，节约用电、用水能耗约30%，排污量减少

40%，成为沪上最大的生态养猪基地。首批国家农村一二三产业融合发展试点示范区加快推进，累计培育休闲农业与乡村旅游精品企业20家，打造精品线路2条，创建6个全国“一村一品”示范村，建成5个年接待能力100万人次的农业旅游集聚区。以乡村振兴示范村建设为平台，吸引社会资本投资兴业，促进乡村可持续发展。比如，国盛集团牵手和平村共建水果公园，近半村民选择房屋“自住一套+委托运营一套”，每户可一次性获得委托运营租金40万元。再如，蓝城集团与待泾村合作打造“芳香小镇”，在全市率先探索集体建设用地使用权入股模式，盘活横跨12个自然组的99宗“点状”土地，实现每年保底分红200万元，助力当地村民成为“五金”农民。

（金山区农业农村委员会 孔春林）

青浦区都市现代绿色农业发展的特色做法与成效

近年来，青浦区深入贯彻党的十九大精神，以习近平新时代中国特色社会主义思想为指导，按照实施乡村振兴战略、加快推进农业农村现代化的新要求，以体制机制创新为动力、绿色发展为引领、品牌建设为抓手、质量效益为目标，把增加绿色农产品供应放在突出位置，打造产品绿色、产出高效、产业融合、资源节约、环境友好的都市现代绿色农业发展示范区。

一、基本情况

青浦区区域面积 668.54 平方公里，全区耕地面积 28.6 万亩，占全区面积的 28.5%，农业仍将是青浦高质量发展的重要阵地之一。现有行政村 184 个、7 个涉农居委会，共计 191 个。全区农用地面积 33.03 万亩，对外流转面积 25.29 万亩，农业生产总面积 19.15 万亩。

二、主要做法

(一)优化产业空间，夯实发展基础

1. 调优产业结构布局。按照“三区”划定工作成果，有序推进粮食功能区 8.1 万亩、蔬菜保护区 6.8 万亩、特色农产品优势区 0.8 万亩的“三区”建设，以及练塘、白鹤两个蔬菜生产保护镇创建，面积 3.7 万亩，占全区蔬菜保护区总面积的 54.7%。稳定 12 万余亩的水稻种植面积，进一步优化作物茬口布局，取消麦子种植，基本实现水稻前茬绿肥、深翻全覆盖。

2. 强化生产设施建设。在全面完成“三区”划定的基础上建成 3 个万亩良田区、2.76 万亩设施菜地及 7 个粮食烘干中心和 15 个农机服务中心，主要农作物综合机械化率达到 96.2%以上，机器换人示范基地绿叶菜机械化率达到 55%以上。既有高标准设施农田比例达 75.8%，粮食综合生产力不断提升。全区共建成标准化水产养殖场 43 个，面积 16 175 亩，开展鱼塘尾水治理面积 1.33 万亩，占近期规划保留面积

2.05 万亩的 64.8%，其中已建成 0.25 万亩，在建 0.47 万亩，正在办理前期手续 0.62 万亩。

（二）立足生态优先，守护美丽底色

1. 加强耕地地力保护。坚持用地与养地结合，增加绿肥和冬季深耕晒垡面积，年均面积达到 10 万亩以上，降低耕地使用强度。推进轮作与生态种植，增施有机肥料、秸秆还田、种植绿肥等措施提高耕地有机质含量和耕作层厚度。进一步优化用肥结构，推广有机肥替代化肥、测土配方施肥、高效低毒低残留农药、绿色防控等绿色技术，减少化肥和化学农药的使用。推广使用有机肥 2 万吨，专用配方肥 3 707 吨，缓释肥应用面积 7.4 万亩；开展设施菜田土壤保育和改良，改良设施菜田土壤 2 500 亩。主要农作物化肥、农药使用量实现负增长，农药化肥施用总量在 2019 年的基础上削减 10%以上。

2. 发展生态循环农业。建设水稻绿色生产基地 25 个，面积 1.5 万亩；6 个蔬菜绿色防控核心基地共计 1 781 亩，实现"三诱一网一布"全覆盖，31 家绿色防控示范基地 9 226 亩，共计完成绿色防控 11 007 亩；启动草莓新一轮绿色防控补贴项目；创建重固镇生态循环农业示范镇以及白鹤杜村、现代农业园区核心区等 10 家生态循环农业示范基地；启动实施沙田湖水产养殖尾水、底泥治理示范工程建设和 0.67 万亩水产养殖场尾水治理设施改造，推广水产养殖绿色生产 2.02 万亩。

3. 开展农业废弃物资源化利用。水稻秸秆综合利用途径主要以还田为主，并辅以离田肥料化和燃料化，2020 年全年秸秆综合利用率达 97.5%。实现蔬菜废弃物的资源化利用，共建立废弃物处理示范点 20 个，鼓励企业收集与储运茭白秸秆，制造商品有机肥和茭白叶编结加工，2020 年共利用茭白秸秆 4.06 万吨，综合利用率稳定在 50%左右。在全区各街镇设置 13 个农药包装废弃物回收点，委托第三方对本区农药包装袋与过期农药等废弃物开展转运及无害化处置工作，农药包装废弃物回收率达到 100%。

（三）突出产业互动，提升发展效益

1. 组建产业化联合体。通过政策引导，组建产业化联合体，将单打独斗的合作社，通过长期稳定的合作关系和要素的相互融通，组建成分工明确、优势互补、风险共担、利益共享的合作联合体，推进行业性联合、品牌化联合、村企联动，提升合作社市场竞争力。

2. 大力发展新业态新产业。引导新型经营主体以规模化、特色化、专业化经营为融合点，跨界配置农业和现代产业元素，促进产业深度交叉融合。推广生态种养模式如优禾谷的稻鳖共生、绿椰的鱼菜共生、静逸的鸭稻共生等新产业新业态；推动农

业与加工流通融合，发展中央厨房、会员农业等业态，如亦芙德供应链管理有限公司是一家专业为团餐企业提供食材供应链一站式运营管理服务的企业。

(四)科技人才驱动，增强发展支撑

1. 持续开展农业招商行动。筑巢引凤，引进有实力的农业龙头企业，逐步建成一二三产业融合、产加销一体、产业链完整的现代乡村产业园。以金泽镇为试点，重点围绕朱家角镇、练塘镇、白鹤镇、乡村振兴片区和现代农业园区同步开展农业招商。截至2021年6月底，全区共有农业农村招商资源31项，涉及农业产业、一三产业融合以及民宿、文旅等其他乡村产业，其中农业24项，其他乡村产业7项。新招入项目17个，计划投资18.71亿元，共涉及土地6 215.92亩，已签约13个，流转面积4 915.92亩；洽谈中4个，拟流转面积1 300亩。历年一二三产融合发展项目用地需求31项，面积221.25亩。

2. 启动数字农业新体验专项行动。近期重点是围绕"一粒米、一棵菜、一枚果、一条鱼"四个一的农业主导产业，推进3个数字农场示范基地建设，实现精准灌溉和机器换人，提高生产效率和农产品品质，发展无人农场；建成长三角水稻生产全程机械化科研基地。

3. 提升产销对接能力。加大绿色优质农产品推介力度，通过营销奖补等措施，引导涉农企业、合作社减少田头交易等传统销售模式，积极对接商超，拓展基地直供直销，提升绿色食品知名度和美誉度。试点推行"互联网＋农产品"销售模式，与"亦芙德""每日优鲜""盒马鲜生""叮咚买菜""光明随心订"等农产品互联网销售平台合作，拓宽农产品销售渠道。

4. 培育农业经营主体。本区有国家级示范社6家，市级示范社25家。现有运转良好的农民专业合作社304家，成员6 281人，带动农户22 398人，实现年度经营收入18.63亿元，其中，年经营收入在1 000万元至2 000万元的有2家，在2 000万元至5 000万元的有6家，超过5 000万元的5家。家庭农场400家，粮食规模经营占比90%以上，蔬菜组织化经营占比86%，农业规模化生产水平显著提高。

三、亮点和成效

(一)农产品结构更加优化

围绕农业供给侧结构性改革，在稳定水稻种植面积12.2万亩、蔬菜种植面积4.1万亩(含茭白1.3万亩)、水产养殖面积2.7万亩、草莓0.6万亩的基础上，因地制宜，适度引进和扩大"红美人"橘子、红柚、蓝莓、猕猴桃、蜜梨等特色水果种植，充实和调优了本区农业产业结构和产品结构，为市场提供了更多的优质农产品。

(二)农产品更加绿色

近年来,本区“三品一标”认证工作成效显著,通过各级工作机构的宣传、培训,积极引导企业进行绿色生产,并建立绿色全程质量控制体系,由无公害升级为绿色,从而加快绿色食品认证步伐,同时试点推进水产养殖产业绿色食品认证。截至2021年6月底,本区绿色食品认证率33.32%,共有101家企业的152个产品获证,认证总产量15.8万余吨。

(三)品牌效应更加显著

“练塘茭白”“白鹤草莓”和“青浦薄稻米”相继通过国家地理标志产品认定。农产品区域公用品牌“淀湖源味”完成国家商标注册并运行,共有33家合作社加入,年销售额达到5亿元。建立“淀湖源味”公众号,从品牌故事、产品宣传、产品销售三大板块入手,加大宣传力度,引导网络消费;利用高速公路户外高立柱和区内旅游资源,设立平面宣传广告;依托东方990广播电台进行短音频宣传,农业品牌影响力逐年提升。

(四)一三产业更加多元

成功创建2个国家4A级旅游景区、3个“一村一品”示范镇、3个五星级农业休闲园和4个三星级农业休闲园,形成3条乡村旅游线路并对外发布。借助草莓节、茭白节等各类农村农业旅游节庆活动人气,组织农产品的展览展示展销,以农旅融合的形式,吸引资金、技术、人才等要素流向农村,实现节庆效应最大化。休闲农业和乡村旅游年接待游客160万人次,收入达到1.28亿元。

(青浦区农业农村委员会 范晴艺)

崇明区都市现代绿色农业发展的特色做法与成效

崇明是上海最大的农村地区，定位于世界级生态岛，拥有上海 1/5 的土地、1/4 的林地、1/3 的基本农田，为上海提供了约 30％的地产农产品、40％的生态资源、50％的生态服务功能、60％的优质水源。近年来，在农业农村部的关心指导下，在市农业农村委的大力支持下，崇明区始终把实施乡村振兴战略摆在突出位置，聚焦“农业高质高效”目标，坚持以“高科技、高品质、高附加值”为引领，不断深化农业供给侧结构性改革，努力把崇明打造成为全国知名的都市现代绿色农业高地。

一、主要成果

2017 年，崇明入选全国首批国家农业绿色发展先行区；自 2018 年起，连续三年入选全国农业绿色发展十大范例；2019 年，荣获“国家农产品质量安全县”称号，崇明农业绿色发展指数在全国各先行区排名中蝉联第一。2021 年，入围国家现代农业产业园创建名单。

二、经验做法

（一）树牢绿色发展理念，着力增强崇明农业核心竞争力

以打造全域绿色食品岛为目标，制定发布全国首份绿色农业发展负面行为清单，大力推动农业生产方式全面绿色转型。

一是管控好投入品。制定绿色农药推荐目录，实行绿色农药限额补贴，引导推广绿色农药使用；全面建成“1 个总仓＋16 个门店”的绿色投入品封闭式管控体系，基本实现绿色农药采购、销配、废弃包装物回收全程封闭式、信息化管理。探索实施侧深施肥、缓释肥等技术模式，持续推动水稻种植“减肥减药增效”。加强与在地国企、启海地区合作，探索建立全域绿色管控模式。目前，全区绿色食品认证面积比重达到 91.8％，化肥农药使用强度实现逐年下降。

二是利用好废弃物。加快推动市级全域农业循环示范区创建，建立 28 个农业废

弃物资源化处置点，推动形成“基地＋村”紧密协同的农业废弃物循环利用模式，努力实现全域全量废弃物资源化利用。全区主要农作物秸秆综合利用率达到 96.5%以上，畜禽粪便资源化利用率 100%。

三是抓好绿色生产。大力支持新型农业经营主体发展，促进经营主体产品品质、环境面貌、管理水平提质升级，认定家庭农场 480 家、博士农场 20 个、市级龙头企业 5 家、国家级示范合作社 32 家。成功创建全国绿色食品原料（水稻）标准化生产基地，创新推出不施化学农药、不施化学肥料的“两无化”农产品，从“两无化”大米种植不断向蔬菜、柑橘延伸，2021 年“两无化”农产品种植规模达到 3 万亩。实施 4 万余亩养殖尾水治理工程，推动养殖尾水达到淡水池塘养殖水排放一级标准，推进 1 万余亩水产退养，全面完成不规范养殖场整治退养。

四是打响特色品牌。加快建立以“崇明”为地域标识的崇明农产品区域公用品牌体系和标准体系，建立发布崇明农产品区域公用品牌统一标识为“山水”标志，并先后推出崇明大米、崇明清水蟹、崇明翠冠梨、崇明白山羊、崇明金沙橘、崇明蔬菜 6 个“崇明优品”特色品牌。坚持“以销定产”理念，依托叮咚买菜、盒马鲜生等新零售端，大力发展“订单农业”模式；同百联集团深化合作，打造“崇明优品・联华质造”合作品牌，推动崇明优质农产品在全市相关商超“全面上线”。当前，“崇明”标识农产品品牌溢价达到 20%，“崇明大米”品牌评估价值达到 24.8 亿元。加大地理标志、证明商标、保护产品的认定力度，现有农业农村部国家农产品地理标志 4 个，中国特色农产品优势区 1 个。加强区域公用品牌知识产权保护，开通绿色通道和公诉渠道，严厉打击盗用、冒用崇明品牌行为。

（二）狠抓重大项目建设，全力打造农业高质量发展新引擎

坚持大抓项目、抓大项目，加快推动企业集聚、产业集群，坚决走好农业现代化之路。

一是实施土地精细化管控。聚焦解决农村土地“小、散、乱”问题，大力开展规模土地中零星未流转土地“拔钉子”专项行动，实施整村制农村土地归并整合，引导土地从“规范有序”向“规模高效”的流转使用转变。集成大数据、物联网、人工智能等技术，基本建成 GIS 农业地理信息动态监管系统，并完成招商地块分类分级评价，形成崇明农业发展的数据底板。当前，全区土地规范流转率已达 93.8%。

二是着力培育优质经营主体。初步形成以家庭农场和农民专业合作社为基础、重点龙头企业为骨干、开心农场和博士农场为特色、多类型主体互补共促的农业经营发展格局。持续开展全球农业精准招商，建立“大型全球招商会＋定期小型招商沙龙”的复合招商模式，优化区、镇两级招商对接服务，积极引进一批有情怀、有实力的世界级“选手”发展现代设施农业，整合聚焦政策、市场资源，引导优质主体向产业园、

先行片区集群发展。近年来，来自荷兰、泰国等国家的知名企业，恒大、由由等国内优质企业纷纷来崇开展合作。目前，正大崇明300万羽蛋鸡场、恒大·上海高科技农业基地等14个重大生态农业项目已落地建设，项目总投资近50亿元。其中，上海崇明智慧生态花卉园、由由中荷现代农业产业园等5个项目已建成投产或投入试运行。

三是加快发展花卉产业。牢牢把握第十届中国花博会在崇明举办的重要机遇，加强产业顶层设计，制定实施花卉产业扶持政策，集聚打造崇明国际花卉产业园、中荷现代花卉中心、东方国际花卉园三个花卉产业发展片区，成功引进中荷现代花卉中心、崇明国际菊花园等8个优质花卉项目，苏州华冠、浦东丽辉等花卉项目正加快对接中。当前，全区特色花卉苗木种植总面积达10万亩，花卉产业总产值占农业总产值比重由2018年的0.59%跃升到15.97%，花卉产业总交易额从2018年的不足1亿元提高到10亿元左右。

(三)加强对外合作交流，不断提升农业科技创新策源力

积极参与部市合作、政校合作和国际交流，开创农业合作发展新格局。

一是聚力搭建平台。依托崇明生态农业科创中心平台，建立由同济大学、上海农科院等17家高校、科研院所组成的科创中心理事会，深化农业科技创新合作。引入专家技术团队，落地建设"中国农业绿色发展研究会崇明实验站""崇明农业科技小院"，大力开展农业科创项目应用型研究。充分发挥乡村人才主体作用，广泛开展产销对接、在线经济、社会化服务等系列培训，截至2020年底，累计培训新型职业农民4 778名。

二是强化数字赋能。依托农业GIS地理信息系统数据，拓展智慧农业平台应用分析功能，探索"5G+智慧农业"发展模式，推进数字农场建设。建设国家农业绿色发展长期固定观测崇明试验站，启动监测指标数据积累，探索打造崇明农业绿色发展的"数字模型"。大力推动绿色蔬菜"机器换人"，持续探索崇明小菠菜、红皮土豆等特色蔬菜工厂化育苗。试点建设蔬菜耕种收全程机械化基地和翠冠梨数字农业基地，围绕"5G"技术加快智慧农机融合应用。

三是发展种源农业。加强崇明小菠菜、崇明白山羊等特色品种的保护与利用，扩大本土种源生产规模。以全国农业科技成果转移服务中心崇明分中心建设为契机，加快研发适宜崇明、拥有自主知识产权的创新种源，探索建立崇明优质种质资源库。

下阶段，崇明将坚持以"高科技、高品质、高附加值"为引领，加快提高农业质量效益和竞争力，着力推进农业农村现代化实现新突破，勇当上海实施乡村振兴战略的主战场，绘就农业强、农村美、农民富的世界级生态岛美丽画卷。

（崇明区农业农村委员会 黄嘉赟 李帅）

第四部分

都市现代绿色农业发展的典型案例

案例 1

浦东宣桥镇打造蔬菜全产业链

浦东宣桥镇为上海市蔬菜保护镇，划定保护片区面积为 2.55 万亩，蔬菜保护地块面积为 8 528 亩，2020 年被评为“一村一品”示范镇。宣桥镇基于叶菜示范化、现代化、规模化种植，积极推进叶菜精深加工产业发展，推动和支持企业建立从产地到市场的运输体系，建立叶菜一体化产业链，促进一二三产业全面融合发展。

一、支持龙头企业建设规模化、标准化蔬菜基地

区域内上海清美绿色食品（集团）有限公司，为国家农业产业化重点龙头企业。宣桥镇联合清美集团示范推广绿叶菜机械化、信息化种植，实现蔬菜生产“机器换人”工程，从绿叶菜全程机械化生产（包括整地、作畦、播种、移栽种植、水肥管理等一系列机械化操作），到使用绿叶菜收获机采收，再运送到预冷库、包装车间等，最终实现全过程机械化作业。

蔬菜机械化采收

全程机械化收割的产品均为净菜，不沾泥土，有效避免了人工多次抓握，减少蔬菜的二次污染，提高产品品质的可控性，保证绿色生产。目前清美集团在浦东新区已建设及规划建设蔬菜基地面积5 000亩左右。同时，清美集团在种植基地建立地产农产品种植标准化体系，引进了一批浦东地产农产品种植人才，依靠成熟的栽培技术，通过控制秧苗的质量和品种来把控浦东地产农产品品质。

二、推进农业生产经营数字化转型

清美数字化农业产业示范基地建设项目集成了国际国内众多先进农业技术成果，实现了新模式、新品种、新装备、新技术的集中应用。新模式：通过与上海市农科院、上海交通大学、武汉大学等机构和院校合作，将全产业链融入腰路村，形成村企共建示范村的新模式。新品种：引入各类最新型的耐热强、抗病性强的绿叶蔬菜品种，提升本地蔬菜品质。新装备：引进高端型号温室、新型保温材料、新型加热系统、穴盘绿叶菜无人化生产、蔬菜全程机械化生产、智慧稻田等新装备。新技术：结合国内原创5G数字智能水稻管理系统，将虚拟农田与真实农田融合管理，能远程识别田间虫害和生长趋势等。

清美数字化农业产业示范基地现有智慧稻田生产示范区340亩，数字化蔬菜种植示范基地120亩(第二期400亩规划中)。核心建设项目主要包括：穴盘鸡毛菜工厂化种植、绿叶菜全程机械化、绿叶菜智能化信息化管理控制平台、番茄工厂化种植、清美数字水稻示范区。采用5G技术搭建智慧管理平台，实现“一屏观清美，一网管全程”，即实现从生产到加工再到门店销售全链条的数字化、智能化管理模式。整个种植基地融合了AI、IOT、多因子耦合算法、专家系统、云计算、大数据等多种技术，采用RFID技术和生长环境信息采集，对种植作物进行全程追踪，并模拟出作物AI种植模型。通过温室环控、智能AI语音、模型灌溉和作物生长发育动态监测系统对作物进行精准调控；自动化设施种植装备、生产信息链配合多因子耦合算法，形成综合决策智慧大脑，对各环节设备发出指令，起到水肥供应的精准智能控制，实现无人化管理。

通过新模式、新品种、新装备和新技术的加持，农业产业示范基地能减少工时消耗95%，减少人工83%，亩产成本减少一半，蔬菜灌溉用水可节省70%，不使用化学农药和化学肥料，是真正的“两无化”产品，亩产值可达8万元/年。

三、鼓励龙头企业组建农业产业联合体

宣桥镇支持清美集团成立清美蔬菜产业联合体，“清美集团＋清美农业公司(包括自建蔬菜基地)＋农民合作社＋家庭农场＋农户”的合作模式，基本涵盖了所有类

型的农业经营主体。

清美为联合体成员提供物资、种子、种苗等生产资料及技术，提高他们的种植水平；种植户按照清美的标准进行科学种植，以保证农产品的品质；集团按签约价收购，既确保了农民利益，又保证了蔬菜原料的稳定可靠。主要通过三个层面带动蔬菜产业发展。一是种植端，以自有基地为示范引领，帮助农户提高种植水平和标准，提升地产叶菜商品化率。宣桥镇农投公司通过完善设施菜田建设，提高叶菜种植设施化水平，改善叶菜产业生产环境，为城市稳定供给提供了重要的保障。目前已带动镇域内 500 余户农户增产增收。二是加工端，以面食生产线、净菜生产线为依托，将地产叶菜进行加工，提升地产叶菜附加值。加工生产线工人以农民工为主，带动农民就业增收，目前已带动农民就业 800 余人。三是销售端，在全市推广开设生鲜门店，既有自营，也有带动农户加盟经营，目前已开设门店 600 余家。以基地直供形式通过生鲜门店销售地产蔬菜，促进蔬菜销售标准化、商品化、冷链化。农户加盟经营生鲜门店，实现创业经营增收。

通过一二三产业的深度融合发展，清美集团直接带动周边 500 余户农户增收，带动约 40 个家庭农场和合作社增产增收。通过辐射示范带动作用，吸收农民入园工作、引导农民转产就业，解决农民的就业和收入来源问题。2020 年，清美蔬菜产业联合体对接浦东 7 个镇共采购蔬菜 69 个品种，年采购量达 36 000 多吨。

浦东宣桥镇将联合清美集团不断拓展叶菜产业的多种功能，加快与休闲观光、定制配送、中央厨房等相结合，以实现一二三产业的深度融合发展，推进都市现代绿色农业产业能级提升。

案例 2

浦东桃咏合作社以创新驱动高质量发展

上海桃咏桃业专业合作社位于上海市水蜜桃之乡——浦东新区新场镇，成立于2005年12月，主产“南汇水蜜桃”和“南汇8424西瓜”等浦东特色农产品，并多次获得全国性评比的金奖。作为国家级示范合作社、全国百佳合作社百佳农产品品牌，桃咏生产的桃、西瓜、甜瓜、梨、葡萄等农产品均已通过绿色认证，且因为品质高、口感好、绿色安全、质量稳定，深受广大市民喜爱。

桃咏的都市农业发展之路，主要归纳为3个方面，即模式转换、适宜技术和产品迭代。

一、模式转换，推进农业生产能级提升

推动产业模式转换升级，是现代化农业自身谋求可持续发展、实现绿色转型的主动举措，更是补齐农业发展短板的上乘之策。

（一）生产网络的升级

桃咏合作社拥有500余亩现代标准化示范基地，签约农户760余户。合作社始终坚持自愿原则，以服务为纽带实施组织职能。在产前，即分配合理收购计划，确定统一质量标准，签订购销合同，并确保优良品种、有机肥料等生产资料的有效供应，同时抓好栽种技术培训；在产中，依据不同季节和茬口安排，组织“农业服务队”下到农户田间进行巡回技术支持，有问必答，有求必应；在产后，负责产品的收购和营销，将丰收的成果与农户共享，同时也会进行阶段性复盘，从顾客角度反馈产品的不足，从技术角度分析生产前、中、后各环节对产品绿色、有机品质的影响因素，力争在下一阶段予以有效改进。

联合体是以地域品牌为载体、以分工协作为前提、以规模经营为依托、以利益联结为纽带的一体化农业产业联盟。2019年，在政府支持与政策指导下，“桃咏瓜果产业联合体”得以成立。

开展桃树栽培技术培训

桃咏瓜果产业联合体旗下拥有6个种植生产基地，总面积达3 000余亩，种植有优质水稻、南汇水蜜桃、8424西瓜、甜瓜、翠冠梨、葡萄、草莓、火龙果、时令蔬菜等优质地产农产品，以及养殖有“稻蟹共养”的优质大闸蟹。联合体产品丰富、种类齐全。

桃咏瓜果产业联合体以其特有的民办性、专业性和合作性，有效地将分散的资金、劳动力、土地和市场组织起来，整合区域内资源，发挥各家所长，共同打造“桃咏”这一品牌，统一推广销售，实现企业品牌共享共建。

(二)销售网络的更新

在创业和发展过程中，合作社坚持以新场古镇开发为契机，以市场为导向，以满足客户需求为主旨，不断更新销售格局。利用“互联网＋”思维，结合线上电商平台、网络直播、视频号等新媒体，发展农业新经济——休闲观光旅游。作为上海市中小学生教育基地的桃咏农园，现已成为上海市民亲子活动、周末休闲的好去处。

在全体社员的共同努力下，通过“基地＋门店＋线上”的销售窗口，年销售桃总量达到300多吨、西甜瓜近1 200吨，翠冠梨200多吨、葡萄100多吨，节假日来园游玩人次不断攀升，年销售额达到3 200多万元。

桃咏瓜果产业联合体的成立，以推进农村一二三产业融合发展、增加农民收入为目的。延长农业产业链，提高农业附加值；积极开发农业多种功能，挖掘乡村生态休闲、旅游观光、文化教育价值；加大对乡村旅游休闲基础设施建设的投入，增强线上线下营销能力，提高管理水平和服务质量。联合体各基地开展了农业休闲旅游设施的建设，打造集特色民宿、观光休闲、农事参与、文化教育、特色农产品展示直销于一体的农业"主题农园"，发展多类型、多层次的个性化特色农业旅游产品。通过开放园区采摘、农家种植的方式吸引消费者来农场体验农园的乐趣，并不间断地与当地政府、学校、社团、旅游公司等联合开展各类体验活动，主要以科普、体验农事为主要活动内容，让参与者在享受活动的同时更了解农产品的生产过程。此举既销售了农产品，增强了客户黏性，又达到了品牌宣传和推广的作用，最终实现政府主导、多元投入、农户受益的休闲农业发展新模式。

桃咏农园外观

（三）农业服务队的创新

"用工老龄化"是现代农业的痛点。针对痛点，桃咏以引导农民增收为出发点，率先组建了一支由签约农户组成的农业服务队。在农产品生产全程中，为有需要的农户提供技术服务。农业服务队有擅长嫁接繁育的、有擅长修枝疏果的、有擅长鉴别病虫害的、有擅长维修保养机械设备的……从各个职能维度，全方位服务于农户生产全过程，保障农产品的绿色安全及产品质量，保障区域品牌的规模经济，同时也保障农户的增产增收。

二、适宜技术，推进农业生产技术革新

桃咏基地种植水蜜桃面积230亩，现有早中晚熟桃品种19个。通过水蜜桃新优早熟、晚熟品种的栽培，实现集早中晚熟水蜜桃品种于一体的示范园，进一步丰富地产水蜜桃品种、拉长地产水蜜桃供应期。桃园开展的土肥水管理调控技术研究、病虫害绿色防控技术研究、高效花果管理技术研究、省力化修剪技术研究、臭氧消毒技术研究等措施可以减少农药的使用，提高果实品质，增加果农收入。采用轻简化、省力化、标准化、机械化方面优势明显的Y型起垄栽培模式，既适合产业发展，又适合观光采摘，是上海都市现代绿色农业发展的重要体现。

（一）土肥水管理调控技术

合理的土肥水管理调控技术能有效节约自然资源，且农产品质量突出，经济效益明显。作为市农技中心试点基地，桃咏合作社根据农产品生长发育的规律进行合理的肥水运筹管理。首先，增施有机肥，每年9—10月份，示范基地亩施生物有机肥1 000公斤，控制氮肥，花前与坐果期增加肥料供应，坐果后期增施磷、钾肥辅以叶面施肥等。其次，采用秋冬季桃园生草栽培技术，种植行间在10月上旬种植绿肥，推荐品种如大叶黄花苜蓿、紫云英或光叶紫花苕等，种植草种5斤/亩。再者，夏季利用果园杂草，刈割2～3次，保持杂草高度不超过15厘米，不与树体争夺养分。另外，在水肥管理上推广水肥一体化滴灌技术，果实膨大期增加水分和肥料供应，果实成熟前控水等。

（二）病虫害绿色防控技术

病虫害绿色防控技术属于资源节约型和环境友好型技术，推广应用生物防治、物理防治等绿色防控技术，不仅能有效解决农作物标准化生产过程中的病虫害防治难题，显著降低化学农药的使用量，更能提升农产品质量安全水平，增强市场竞争力，促进农民增产增收。

针对水蜜桃主要病虫害发生情况，一是应用物理防治技术（黏虫色板、杀虫灯、糖醋液、树干涂白等），二是利用生物防治技术（梨小、桃小的性诱剂，人工饲养和释放天敌，利用微生物及其代谢产物等），三是应用省力精准喷药技术（弥雾机喷药、关键期喷药等）。

（三）高效花果管理技术

花果管理是现代果实栽培中重要的技术措施，是果树连年丰产、稳产、优质、高效的保证。

一是产量控制技术，根据树势确定合理的叶果比，通过修剪、疏花、疏果，达到产

量与品质的最优化。二是果实套袋技术研究，通过对果袋颜色的选择、套袋和摘袋时间的研究来确定最佳套袋技术

（四）省力化修剪技术

省力化修剪主要是进行结果枝组和结果枝的培养及更新修剪。注意冬夏结合，培养和更新结果枝组，使树冠内膛不光秃，结果部位外移慢。主要研究夏季修剪技术，如疏枝、摘心和疏果措施等对控制徒长枝梢的作用评价，合理留果量对更新、复壮结果枝组的技术研究等。冬季修剪技术，如轻剪技术研究，可促使后部发出更新枝；回缩更新技术，可再培养新的结果枝或结果枝组。

桃树剪枝技术示范

这些新技术省工省力、节本增效，引领了现代水蜜桃栽培技术发展的方向，对于上海地区新建果园和老果园更新改造具有重要示范推广意义。

（五）臭氧消毒技术

利用臭氧的强氧化与灭菌作用，对大棚内农作物进行喷淋、熏棚，可达到预防病虫害和治疗致病菌的效果。臭氧技术是一种高效、便捷、无残留、无二次污染的新型环保消毒手段，不但可以对设施内瓜果蔬菜进行灌溉、消毒、防病虫，还可以疏松土壤；不仅可以有效避免药害及环境污染，也可让农作物更好地进行光合作用。

桃咏合作社多年来致力于研究适应本地农产品种植过程的配套技术研究，形成相关技术规程，并进行培训宣贯，对新品种、新模式、新技术进行示范推广，促进本地特色农产品的产业发展。

三、产品迭代，推进提高品牌优势

产品迭代就是“人无我有，人有我优”的过程，只有不断推进产品迭代才能始终保

持市场竞争优势。桃咏合作社通过品种迭代、载体迭代、过剩产能迭代，不断夯实产业发展基础。

(一)新优品种的迭代

通过种植栽培自主芽变选种的桃咏蜜露桃和桃咏凤露桃等新优早熟、晚熟品种，桃咏合作社建设集早熟、中晚熟水蜜桃品种于一体的示范园，进一步丰富地产水蜜桃品种、拉长地产水蜜桃供应期。

(二)产品载体的迭代

通过研究消费群体对品类、规格、包装和销售形式等各方面的需求，桃咏合作社由原来的卖鲜桃向卖提货券转变。合作社在年初根据基地产量预测，拿出一定比例的水蜜桃产量开展预售，消费者在年初即可购买 7—8 月的"南汇水蜜桃"，这不仅为消费者提供了方便，也帮助基地和农户提前完成当年农产品的销售任务，且解决了农产品高峰期产能过剩、售价低廉的难点痛点。

(三)过剩产能的迭代

农产品加工衍生品不仅符合政府产业融合的政策导向，也符合消费群体对于果品延长供应期的需求期待。以往果形小、不适合商品化的小桃，要么低价销售，要么烂到地里，没有充分体现出价值。桃咏合作社主动与加工厂商沟通开发"桃咏桃花酿"，与水蜜桃鲜果等农产品搭配销售，或在果园采摘等活动中进行场景销售，不仅满足高端客户对精品礼盒的需求，也能完美解决中小次果的产能过剩问题。

桃咏合作社在发展都市现代绿色农业过程中，不断调整相关产业结构、推动转变生产经营方式，增强自身在市场的竞争能力，努力拓展融合二三产业，致力于在乡村振兴的浪潮中，展现勃勃生机。

案例 3

浦东祥欣种猪大力发展种源产业

上海祥欣畜禽有限公司按照立足浦东、服务上海、辐射全国、争创一流的发展战略，秉承抓住机遇、着力主业、坚持创新、不断开拓的经营方针，成功转型为以生猪种猪为主导产业，逐步打造成为生产规模、技术含量、服务水平国内领先、国际先进的专业化种猪育种龙头企业。企业先后被认定为“上海市农业产业化重点龙头企业”“上海市高新技术企业”“国家生猪核心育种场”“国家动物疾病净化创建场”“国家级种公猪站”等，其产品先后获得“上海市名牌产品”“中国品牌猪”，“祥欣”种猪成为国内最著名的品牌种猪之一，取得了良好的经济效益、生态效益和社会效益。

祥欣被评定为“国家生猪核心育种场”和“农业产业化国家重点龙头企业”

一、着力高端育种，当好为全国养猪行业提供优质种猪的龙头

全国目前有 90 多个国家生猪核心育种场，正在探索精细化且适用于中国市场的育种技术标准的企业屈指可数，而上海祥欣追求的就是做精、做细。公司拥有多个设施先进的种猪场，存栏生产母猪、年供优质种猪的数量规模在国内同行中名列前茅。“祥欣”牌种猪获得了“中国品牌猪”称号，具有生产性能优异、适应性好、瘦肉率高等显著特点，深受市场欢迎。2010 年，公司被农业部遴选为首批国家生猪核心育种场，充分展现了祥欣种猪在全国的领先优势。但是，上海祥欣并不满足于现有成就，公司

对标国际先进水平，向着更高端目标进发。近年来，公司致力于打造成为能制定中国种猪市场育种标准的龙头企业，并着力打造现代种猪繁育体系。

祥欣东滩基地俯瞰图

2011 年，上海祥欣在浦东国家现代农业示范区东滩基地建设总投资 1.5 亿元、占地 40 公顷、存栏 3 200 头种猪的国家生猪核心育种场和种公猪站。2013 年，公司经多方努力，冲破重重技术壁垒，一次性投资 2 000 多万元从美国“定制”引入 865 头优质种猪，这些种猪分别来自当年全美测定前 10 名的 73 个顶级种猪家族，公司借此跃升为世界级的美系种猪基因库。2018 年，美国 NSR 网站公布了种猪遗传性能排名情况，NSR 全球成员单位在 5 年间，累计注册的 40 多万头杜洛克、100 万头大约克种猪中，排名前 181 名杜洛克中有 80 头、前 110 名大约克中有 58 头为祥欣畜禽注册的种猪，这充分表明祥欣种猪已经达到国际顶尖水平。上海祥欣把实现“中国种猪业不再到国外引种”作为企业奋斗的目标，力争成为具有不断创造新技术能力的种猪基因公司。

2018—2021 年，祥欣公司在积极做好防控“非洲猪瘟”的同时，从确保种源安全和提升服务功能的战略角度出发，祥欣公司以上海浦东种猪生产基地为核心，以区域扩繁场和区域种公猪站为纽带，以多种合作模式在国内生猪主产区建立了祥欣育繁推体系，推动种猪产业化发展布局。到 2020 年底，公司已在国内布局扩繁场 5 家、种公猪站 20 家。祥欣育繁推体系现存栏种母猪 10 000 头、种公猪 3 000 头；2020 年，共向市场销售推广种猪 6 万头、精液 200 万份，带动产业养殖户 4 000 余家，育繁推体系产值达 13 亿元。祥欣种猪基因的应用覆盖到了国内 25 个省、市、自治区，每年全国

12%的上市生猪含有祥欣种猪基因，为全国生猪的保供稳价、保种复产提供了极其宝贵的种质资源。

二、着力技术创新，当好为转变生猪饲养方式提供科学示范的龙头

上海祥欣致力于成为国内生猪生产技术的风向标和领头羊。一是注重与相关高校结对合作，借脑创新。公司先后与上海交通大学、中国农业大学、南京农业大学等国内多所知名院校建立了产学研结对，聘请著名专家"坐堂"献计，为公司向行业高端攀登提供了有力的人才技术支撑。2016年，公司与美国一流学府普渡大学签下战略合作协议，除了涉及种猪育种外，还在饲料营养、繁殖、饲养管理、人才培养等多个层面进行合作，为实现自主创新的"华系"种猪育种技术攻关、早日打破育种技术壁垒创造了条件。二是注重技术引进与自主研发相结合，提升装备水平。公司所属的东滩现代化原种猪场配备多项现代化科技装备，包括从美国引进的奥斯本自动测定系统、阿洛卡－500B超声波等先进设备，自主研发的猪舍全自动化环境控制系统、天然气增温系统、全自动投喂料系统，实现了高床饲养、自动电子称重、蜂窝水帘、轴流风机负压降温、热水循环加温保暖、猪舍自动喷雾消毒，配备了精子密度自动计数仪、倒置成像显微镜等全自动种猪性能测定系统等。三是注重与科研机构联合，搭建创新平台。依托上海祥欣畜禽有限公司与上海市农业科学院筹建的上海种猪工程技术研究中心，经3年的筹建期后，于2018年9月完成验收评估，正式挂牌。中心成立3年多来，科技创新能力逐步显现。中心研发的物联网集成检测仪，具有在线集成检测温度、湿度、氨气、二氧化碳、PM2.5等环控指标等功能，并可通过4G无线网络实时传送数据，解决了行业内物联网检测仪器集成程度低、数据传输慢、安装操作复杂等问题。中心在繁育生物技术继承与应用上，种猪精液的体外低温保存技术和超低温保存技术取得新突破，已经达到国际领先水平。

三、着力标准养殖，当好为市民提供优质安全猪肉产品的龙头

上海祥欣不仅是国家种猪生产供应的龙头企业，同时还是商品肉猪的重要养殖生产企业，是商务部确定的国家生猪活体储备基地之一，承担着缓解猪肉供应紧缺、调控猪肉市场价格波动的重要职能。公司除每年自繁自养提供5万头左右商品肉猪外，还通过向全国生猪主产区养殖户输送优良基因以及先进的养殖技术来增加养殖农户的收入、促进产业扶贫。2019—2020年通过输出种猪及种猪精液，开展技术合作，每年带动养殖农户数4 300余户，年上市40万余头商品肉猪，产值达6.5亿元。

为了保障猪肉的质量安全，公司把标准化养殖生产作为企业的重要发展战略。

公司建立了一流的生物安全措施，在重点场区设立了五道防线：第一道主要防飞鸟、老鼠和树叶，第二道主要防苍蝇和蚊子，第三道主要防灰尘，第四道进行中效过滤，第五道进行高效过滤。公司通过健康养殖技术集成创新，形成了包括发酵饲料、粪尿生态处理等一整套绿色健康养殖集成技术，并制定了祥欣生猪的健康养殖标准，在公司养殖场应用。公司通过 GPS 和 GBS 种猪生产数字化管理软件，建立了对养猪生产、育种、饲料、免疫、用药、销售等方面的自动化管理。为了保障种猪、育肥猪的质量和食品安全，祥欣公司先后完成了 HACCP、无公害认证，对产品的生产、运输等环节全程监测，保障产品的质量安全。为了及时精准检测产品质量，祥欣公司还自建了实验室对产品自检，以全程控制产品质量和安全。

2018 年 8 月，"非洲猪瘟"疫情暴发，我国生猪产业形势严峻，产能急剧下滑，猪肉供需矛盾突出。祥欣公司在各级党委、政府的正确领导和各部门的支持关怀下，在全体员工的共同努力下，坚持每月非瘟防控防疫例会制度，构建"三线五流"非瘟防控体系，不断夯实非瘟防控城墙。科学应对，积极防控，保持了猪群稳定无感染状态，取得了非瘟防控的阶段性成绩。

四、着力社会责任，当好为农民增收致富提供贴心服务的龙头

一个优秀的企业，必定是一个极富社会责任感的企业。上海祥欣在发展过程中不忘初心，始终把服务农民、致富农民作为企业的使命。一是直接到革命老区投资建场，带动当地农民养猪致富。公司在江西吉安革命老区投资开发了 1 800 亩农业综合示范区，用先进的生产技术和管理理念，引领示范区周边农民通过发展生猪生产走上致富大道。二是通过提供周到的服务提升客户的生产效益。公司与全国 200 多家规模化养猪基地建立了长期供种关系，种猪除了满足当地需求外，主要销往浙江、江苏、福建、海南、江西、湖南、四川、河南、山东等 20 多个省市。公司制定了完善的服务客户规范，帮助客户进行场址选点、场舍及生产工艺设计，提供猪场排污及废水处理技术指导、饲管人员培训等；客户每引进一批种猪，公司都会派技术人员到场服务 7～10 天，待猪群稳定后才返回；在种猪群生产的配种、产仔、断奶等关键环节，也派员前往现场指导，以确保达到较高的产仔数及生长速度，确保达到较高的饲料转化率，从而获得较高的饲养效益；平时公司还通过电话、微信等方式提供专家技术咨询服务。三是积极参与对口精准扶贫支援活动。公司先后无偿为西藏、云南等地提供总价 25 万元的优质种猪，并为全国 8 个对口支援地区免费提供 325 人次的专业技能培训。

根据国家的种源发展战略和上海都市现代绿色农业发展规划，上海祥欣将继续勇担使命，引领行业种源发展，为国内的生猪育种贡献自己的力量。

闵行区

案例 1

蔬菜产业联盟推动农业提质增效

为破解闵行农业受土地瓶颈制约，各自为政，生产经营“小散乱”的难题，闵行区着力推进优质蔬菜产业联盟建设，聚沙成塔，优化整合蔬菜种植、服务、销售产业链资源，打造种、产、销一体化农业产业服务新模式。蔬菜产业联盟成员共 14 家，9 家核心基地面积 2 903.75 亩，年蔬菜产量 7 300 余吨，约占全区蔬菜产量的 20%，创建区域公共品牌——“闵鲜青蔬”，提升蔬菜产业质量效益，推动产业增效、农民增收。

一、以“联”为基，共建协作聚合力

坚持“政府搭台、协会服务、政策保障、技术指导、企业运行”，闵行区农业农村委牵头组建优质蔬菜产业联盟，采取“1+1+9+3”一体化运作模式，即区农村专业技术协会负责日常管理，上海绿捷实业发展有限公司提供营销与品牌服务，9 家优质蔬菜生产成员单位实施专业化生产，上海三友种苗有限公司、安信农保闵行支公司、区农业技术服务中心分别提供种源、保险和技术服务，打通蔬菜产业链。联盟确定以青菜、生菜为主的 5 个主推品种，并合理安排茬口模式，先后发布 15 份蔬菜生产技术指导意见，依托上海交大、上海市农科院、市农技中心等的专家资源，打造蔬菜技术协同创新推广体系。目前，9 家生产单位专业化生产面积均在 70%以上，专业化生产格局初步形成。联盟内土壤有机质含量平均提高 5%，化肥用量减少 15%，化学农药用量减少 20%，蔬菜废弃物资源化利用率达 100%，蔬菜产能和品质得到有效提升。截至目前，8 家成员单位通过绿色或有机认证，认证面积 1 525 亩，认证产量 6 762 吨。

二、以“盟”为要，建章立制促规范

蔬菜产业联盟成立理事会，设理事长、秘书长各 1 名，每届任期 3 年。制定并发布包括联盟章程、承诺书、入盟申请表等在内的各项管理制度，设立会员准入门槛，如土地流转不少于 100 亩、专业化生产品种占蔬菜种植面积的 70%以上、所产蔬菜符合联盟制定的优质蔬菜标准等。蔬菜生产单位入盟须接受严格的资格审核，并经理事会集体讨论通过后签订入盟承诺书。建立会员退出机制，联盟成员如出现违规经营、产品质量不达标、种植面积不达标、不使用统一品牌、不当利用联盟资源等情况，将被取消会员资格。

三、以“兴”为本，品牌运作增效益

蔬菜产业联盟采取以区域性公用品牌为龙头、以企业自主品牌为主体、以绿色认证为基础的品牌管理模式，确定“闵鲜青蔬”为闵行区优质蔬菜区域性公用品牌。制定品牌管理办法，明确使用申请、授权、监管、退出等要求。做深做细进校园、进机关、进社区等订单农业，对接叮咚买菜等电商销售，发展与永辉超市、沃尔玛、盒马鲜生、农工商等商超合作，拓宽销售渠道；并试行托底销售模式，由绿捷公司按照农产品（一级）批发市场价格上浮 5%收购，截至 2021 年上半年，联盟单位配送绿捷公司蔬菜累计 72.48 万公斤。

下阶段，闵行区将紧跟农业现代化发展步伐，持续加强蔬菜绿色生产技术的指导应用，引导推进专业化品种生产，打响区域化蔬菜公用品牌，向蔬菜产业转型升级迈出坚实的一步。

案例 2

大米产业联盟唱响闵行大米品牌

自 2019 年成立以来，大米产业联盟成员单位从原有的 9 家扩增为 15 家。2021 年，联盟水稻种植面积 9 947.83 亩，占全区水稻种植总面积的 60.03%，比上年增加 3 139.86 亩。在品种结构上，杂交品种种植面积 1 993.67 亩，占比 20.04%；常规品种种植面积 7 954.16 亩，占比 79.96%；常规优质稻品种比例比上年提高 3.9 个百分点。

一、良种良法，保障稻米品质

（一）推广优质稻品种

为推动水稻产业绿色高质高效发展，进一步优化品种结构，联盟成员单位种植“松早香 1 号”“南粳 46”“闵粳 366”“松香粳 1018”“秋优金丰”五大品种 9 919.85 亩，占比 99.72%，比全区均值高 2.62 个百分点。稻米品种结构不断优化，形成了早、中、晚优质稻米相搭配的产业链，既错开了大米集中上市的弊端，又延长了大米销售时间，同时对缓解农事矛盾也有积极意义。

（二）用地养地相结合

坚持生态为先、绿色发展的工作思路，大力推广以冬作绿肥种植、秸秆机械还田和冬耕晒垡等耕地养护技术为重点的，用地与养地相结合的休养轮作型（绿肥—水稻茬、深翻—水稻茬）优质稻绿色生产模式技术，保护农田生态环境，促进土地资源永续利用和可持续发展，推动水稻绿色高质量发展。另外，积极尝试水稻种养结合模式，如杰运粮食合作社的蛙稻、稻鱼共养模式，秋良稻米专业合作社的鸭稻种养模式，均取得了一定的经济效益。

（三）养分平衡施用

以作物生长需肥规律为重点，结合土壤肥力和作物生长各阶段群体调控指标，注重氮磷钾养分平衡施用和农田生态环境保护，以选用商品有机肥、微生物菌肥、菜籽饼、高浓度复合肥或复混肥为重点，包括粮食作物专用配方肥、三元复合肥、缓释肥等；合理调配氮磷钾养分和前后期氮化肥比例；综合运用以水调肥、以气养根、肥水与病虫草防治协调管理等调控措施，以实现养分利用的最大化，保护农田生态环境。共发布苗情简报 9 期，指导联盟成员单位进行科学合理的肥料运筹及水浆管理。

（四）病虫草害绿色防控

以稻田生态系统为中心，抓住防控关键期，优先使用健身栽培、生态调控、生物防治、物理防治等绿色防控技术，充分发挥作物的补偿作用和天敌的自然控害作用，抓住关键节点，科学使用化学农药，有效控制水稻重大病虫危害，降低化学农药使用强度，保障水稻产量、质量和稻田生态安全。2021 年共发布病虫情报 7 期，指导联盟成员单位进行科学的病虫草害绿色防治。

二、以点带面，推动产业提升

（一）试点建设粮食绿色生产基地

结合 2021 年绿色高质高效创建和水稻绿色生产基地建设，在联盟成员单位中遴选 6 家合作社为今年的实施地点，分别是秋良、谷杰、鲁农、稻德、杰运和亮苗粮食专业合作社，创建面积 4 673.8 亩。重点围绕水稻绿色生产和优质稻米产业化基地建设，集成示范集优质稻品种推广和水稻绿色栽培、全程机械化作业、病虫草害绿色防控为一体的水稻绿色生产示范基地，全面推广“休养轮作型”水稻绿色高质高效技术模式，以点带面，推动本区粮食产业绿色高质量发展。

（二）加强服务指导，提高管理水平

围绕年度创建目标和任务，开展阶段性工作的督导、示范点检查评比等工作。结合水稻生产关键时段，组织区农技中心相关业务科室、街镇技术部门，对示范方（生产基地）进行水稻中期和后期检查。并针对示范点薄弱环节，由区技术部门及时组织开展现场指导服务。切实把粮食绿色高质高效创建各项技术传授到点、落实到田，提高技术的普及率和到位率。同时择优选送优秀示范方参加市级检查评优工作。

（三）扩增联盟成员，提升稻米产能

根据年度工作计划，为进一步做大做强“闵田悦禾”优质稻米区域公用品牌，闵行区农村专业技术协会开展了稻米产业联盟加盟活动，全区共有 7 家合作社提交了加盟申请，根据专家审核确认，共有鲁正、农茂、西郁、群立、浦北和兴泉 6 家入选，并发放了“闵田悦禾”商标使用授权书。至此，闵行区优质稻米产业联盟成员单位共计 15 家，优质稻米种植面积近万亩，优质大米生产能力 3 500 吨左右。

三、加大宣传，拓宽销售渠道

通过“政府搭台、协会服务、政策保障、技术指导、企业运行”的方式，进一步理顺

各部门工作职责，优先调动区域优质产业资源，壮大充实稻米产业联盟团队，优化区域公用品牌运营机制和沟通机制，提升经营灵活度和市场竞争力。

(一)加强宣传力度，扩大名牌影响

利用多媒体平台加强区域公用品牌与本区绿色稻米产品宣传，树立品牌形象。区农技中心通过“闵行三农”，以图片和文字形式，宣传、展示水稻各生长期绿色生产管理情况；邀请闵行电视台、东方城乡报等媒体宣传“国庆稻”开镰活动；组织优质稻米品种“闵粳366”现场宣传和收割活动。联盟成员单位积极开展各类市民体验活动，通过参与农事生产，让市民感受本区粮食绿色生产理念，并通过微信方式，积极宣传品种特色，吸引关注，增加产品知名度。

(二)拓宽营销渠道，形成产销对接

为进一步提升产业联盟稻米转化率，提高粮食种植效益，组织稻德、杰运、亮苗、谷杰等稻米产业联盟单位参加上海地产优质农产品进社区活动(曲阳路专场)；通过“闵行三农”平台，公布联盟成员单位联系地址、销售热线。联盟成员单位也积极通过各自销售渠道，进行优质大米营销活动，如通过自助鲜米机进社区、发动团购优惠活动等，从而形成了较为完善的销售链。

(三)开展稻米品鉴，评比推优活动

组织联盟成员单位多次参加上海地产优质早熟(国庆)大米品鉴评优活动，在2021年，谷杰获得金奖、群立获得银奖、亮苗获得铜奖。组织联盟成员单位参加中国绿色食品博览会和优质大米品鉴活动，通过优质大米品鉴评优活动，进一步提升本区优质大米市场影响力。截至2021年9月底，联盟成员单位共销售大米235.3吨，销售额达270.74万元。

案例3

数字化监管确保地产农产品质量安全

一、以知情权、监督权为牵引，完善农产品身份证

以“合格证＋追溯码”实现农产品追溯。探索通过“神农口袋”直接开具附带追溯二维码的食用农产品合格证，全程监管农产品质量安全，实现带证上网、带码上线、带标上市。通过多种途径实现食用农产品合格证制度全覆盖，稳步提高全区地产农产品带证上市量，保证消费者及广大市民的知情权和参与监督的权利。汇聚合力，强化绿色证后监管。将数字农业建设工作与证后监管进行整合，通过“神农口袋”，对全区50余家绿色认证企业实现生产端和监管端的全过程痕迹化管理，激发企业自觉做好安全生产管理，形成企业自律、行业他律、政府监管相结合的农产品质量安全管理新格局。开发农产品速测线上查询功能，并与合格证互通，消费者通过手机扫码即可查询地产农产品产地及检测等信息。

二、以可视化、可控化为手段，安上质量监管千里眼

将农业物联网技术与农业信息化管理有机结合，开展农业可视化管理，提升农业智能化水平，逐步实现农业可视化远程诊断、远程控制、灾变预警等智能管理方式。在正义、漫田、侨嘉等基地试点种植地块的可视化视频监控，并纳入“神农口袋”进行实时手机端动态监测。计划按季度发布区主要农产品生产指数报告，在节假日和灾害天气期间，发布蔬菜稳产保供日（周）报，为农业生产者提供资讯，帮助生产者合理分析价格走势，及时调整生产计划。在浦蔬、逸灵、正义、侨嘉、漫田、航育基地开展智能化生产示范点建设，在全区打造一批具有一定标杆引领作用的智能化生产示范点。正在全区试点建设33家物联网生产示范基地，包括可视化管理、远程控制、土壤监测、水肥管理等，建成后闵行数字农业在全市将更好地发挥示范引领作用。

三、以“1＋3”模式为保障，向消费者递交承诺书

一个平台，构建数字云管理底板。率先在全市试点农业一张图建设，全区农业生

产现状用地划定为 9 300 余个农业地块，与种养殖行为实现对应，实现全覆盖农事信息上网，为农业生产随时可查可管奠定基础。与左岸公司合作，打破数据壁垒，实现种植业、水产、农产品质量安全监管等多套业务系统与“神农口袋”的互联互通。三重保障，强化质量安全监管。一是完善政策制度。制定《闵行区数字农业建设三年行动方案》以及区级信息直报考核标准、信息直报技术规范，明确农业种、管、收、上市等重点环节的数据直报要求，形成生产全流程信息闭环管理。二是成立专职队伍。组建数据直报员队伍和区镇两级驻场督导员队伍，形成层层负责、人人有责、各负其责的直报工作体系，保证信息直报入网率、及时率和精准率，为数字化监管打下重要基础。三是构建四方联动机制。日常督导每月全覆盖开展一次，用药高峰期和集中上市期加大频次。重点考核由区、镇两级联合开展，与相关资金类补贴挂钩，实行奖优罚劣。例行监测实行绿色农产品证后监管，发现违规检出及时追溯倒查。农业执法按照双随机、一公开原则，对考核优秀的，减少执法频次；发生过食品安全事故或不合格的，实行重点监管。

案例 1

永辉羊业推进绿色健康养殖
打造生态循环农业示范区

一、基本情况

上海永辉羊业有限公司是一家集种羊繁育、有机肥生产、粮食种植为一体的农业产业化龙头企业。公司成立于 2002 年 9 月，现有一个万头湖羊种羊场，一个年产万吨有机肥加工厂，一个 1 081 亩粮食和饲料种植基地，下设湖羊研究所、云辉畜牧养殖专业合作社、爱辉粮食蔬果专业合作社、渭春农机专业合作社。公司实行三级组织管理，即公司总部、职能部门、生产科室（小组），现有职工 43 人，其中技术人员 7 名，大专以上学历 7 人。公司农业生产运作模式以公司统一安排为主结合定产计酬承包，产品销售为自产自销，2020 年销售农产品 2 200 吨、种羊（肉羊）6 000 只、有机肥 1.5 万吨，实现产值 2 200 万元。2021 年完成都市现代农业发展专项“美丽牧场”改造项目，生产设施设备先进，现代化、机械化、自动化、信息化已广泛应用于生产全过程。公司是上海市农业废弃物利用行业协会理事单位、嘉定区农业产业化重点龙头企业、上海市首批生态循环农业示范基地。

二、主要成效

（一）建成现代化高水平湖羊保种场

永辉羊业是上海市唯一湖羊保种场、《嘉定区养殖业布局规划（2015—2040 年）》规划保留场。2021 年完成场区标准化改造，拥有标准羊舍 9 幢，总面积 13 000 平方米。现代化的羊场集成了规模养羊、全舍饲高床漏缝地板工艺、自动喷雾消毒设施、羊粪尿干湿分离、自动刮粪、生产管理数字化及智能化的养羊新模式。可饲养生产母羊 3 300 只，年出售种羊、肉羊可达到万只以上。公司现有“永辉羊园”“小湖羊”两个注册商标，承担湖羊种羊生产基础信息的收集、编制、整理、分析，严格选种选配，保持

上海永辉羊业有限公司办公区

上海永辉羊业有限公司场区布局图

湖羊六个家系的血统完整。永辉湖羊在全国羊业领域享有盛誉，十多年来公司为全国二十多个省市提供优良湖羊种羊10万多只，公司品牌获得行业一致好评。

(二)推进绿色健康养殖打造生态循环农业示范区

以养殖场为核心，加快都市现代农业平台搭建速度，将永辉羊业有限公司产业园区打造成生态农业现代示范区，包括美丽牧场、种养结合生态示范区、绿色田园生产区和绿色防控高质高效创建示范区，集成养殖、水产、种植、种源等优势农业最前沿的农业科技及农业综合解决方案。通过生态示范区，全面提升产业基地的等级，为产业延伸、休闲旅游产业提供了有利条件，也为农产品质量提升和扩大销售提供了保证，增强了公司的综合实力和发展后劲。2021年，万只良种湖羊繁育基地已改造成现代化“美丽牧场”，千亩良田已建成区级示范田，生态农场土壤有机质含量比两年前提高29.6%，配套改造完成年产1.5万吨的羊粪有机肥加工基地，场区资源化利用率100%。

(三)科技赋能助力公司创新引领行业发展

公司设立的湖羊研究所与上海交大、市农科院、南京农业大学、浙江大学等长期合作，开展湖羊产业、遗传育种、数字化管理、疫病防控等方面的研究。集约化生产、全舍饲高床养羊技术和农牧结合的经营模式展现了都市型养羊产业新模式，永辉羊业荣获国家级肉羊标准化示范场称号。2021年，创建国家级“布病净化示范场”“国家级生态农场”已通过验收，同时申请了国家级“肉羊核心育种场”评估验收。上海市科技兴农重点攻关项目“湖羊育种与生产综合管理信息平台的开发”和“上海肉羊品质遗传改良及绿色健康养殖技术示范推广”，为公司种羊标准化生产、数字化管理提供了更为先进的养殖设施和技术支撑。

三、经验做法

(一)加快构建农业产业发展平台

永辉羊业充分发挥都市现代绿色农业在保障“菜篮子”产品供应、促进新产业新业态发展、推动城乡融合取得新成效等方面的作用。围绕生态循环加快构建农业产业发展平台，永辉羊业以万只羊场为依托，不断延伸完善种养结合生态示范区、绿色田园生产区和绿色防控高质高效创建示范区，带动传统优势产业集群化、品牌化发展。永辉羊业挖掘农业多功能性，提升农业品牌化水平，主动融入乡村振兴新发展格局。

(二)依靠科技提升农业全业态、全链条现代化水平

永辉羊业积极主持参与上海市科技兴农重点攻关项目，加快推进产研直联工程，加强科技攻关、试验力度，推进现代信息技术在湖羊养殖领域的应用，科技赋能提升都市现代农业质效，布局建设智能农业装备、生物质能，切实将科技成果转化为生产力。

(三)加强育种提升都市现代绿色农业竞争力

农业现代化，种子是基础，必须把民族种业搞上去，把种源安全提升到关系国家安全的战略高度，实现种业科技自立自强、种源自主可控。随着永辉羊业良种联合攻关和畜禽遗传改良工作深入推进，持续优质、高产高效的湖羊品种弥补了行业短板。

(四)狠抓质量安全推动绿色认证

永辉羊业狠抓农产品标准化生产、品牌创建，推动绿色认证、质量兴农。农药按绿色防控要求，减肥减药，氮肥用量(折合纯氮)25%来自有机肥。建成农产品质量安全“神农口袋”追溯体系，主要农产品(稻谷)抽检合格率100%，公司基地已通过市农产品质量管理中心绿色农产品生产基地验收。

四、特色亮点

(一)积极创建国家级核心育种场

永辉羊业饲养的湖羊是《上海市畜禽遗传资源保护名录》品种，2002年建场时引进6个湖羊血统，坚持自繁自育，至2021年9月湖羊种羊存栏已恢复到2 000多只，其中核心群种羊1 300只，种羊体型外貌完全符合湖羊品种相应特征。公司湖羊育种工作设施设备完整，有独立的测定羊舍及电子秤、B超仪等，开发了生产管理和育种工作软件，种羊个体系谱清楚，育种管理方向明确。2021年申报了国家级“肉羊核心育种场”创建评估。

(二)成功创建国家级“布鲁氏杆菌病净化创建场”

永辉羊业2015年开始实施“布鲁氏杆菌病”的净化及口蹄疫、小反刍兽疫的监测工作，各类防疫制度齐全并执行良好。2018年获得“国家动物疫病(布病)净化创建场”称号。2021年7月，通过国家级疫病净化示范场检查验收。这些成绩督促公司不断强化制度管理和操作措施，提升湖羊育种工作水平，不断扩大“永辉羊园”湖羊在全国的影响力。

(三)成功创建“国家级生态农场”

公司创建“国家级生态农场”通过验收，创建上海市首批生态循环农业示范基地也已验收通过，生态农场发展延伸农旅产业已列入《嘉定区(2021—2025)农业旅游总体规划》，2021年9月，农业农村部专家对生态农场创建进行了现场验收。

五、启示和建议

未来5年，永辉羊业发展经营的思路为“三稳定一拓展”，即稳定3 000只湖羊种羊饲养、稳定5 000亩农田粮食种植、稳定1.5万吨有机肥生产、拓展一个农业旅游产业“小湖羊特色休闲乡村旅游”项目。持续夯实产业基础、完善设施，稳定发展生态循环农业，将永辉羊业建成一个产、加、销、研、休为一体的种养结合生态循环的都市现代绿色农业综合体。积极依托政府都市现代绿色农业政策，加强与所在村合作延伸农旅产业，积极探索自身发展与乡村振兴有效衔接，实现企业蝶变、产业兴旺、群众受益。

案例 2

公用品牌支撑产业发展 产业兴旺带动乡村振兴

作为上海“五大新城”之一，嘉定新城的建设日新月异。曾经的“明星乡镇”马陆镇正慢慢融入嘉定新城的发展和建设中，越来越多的人来到嘉定新城，记住嘉定新城，但马陆葡萄仍然像是一张闪亮的名片，又或是马陆乡村与新城融合发展中人们不能抛却的一缕乡愁，源源不断成为城乡融合发展的润滑剂和马陆乡村振兴的内生动力。近年来，上海市嘉定区立足本市都市现代绿色农业发展要求，围绕“马陆葡萄”特色农产品的发展定位，大力发展特色农业、品牌农业、休闲农业，实现传统农业向精品休闲农业的转变，着力打造特色农产品优势区、农产品地理标志示范样板、国家现代科技农业示范展示基地和产业融合农旅艺术村，使马陆葡萄成为嘉定农业品牌的样板。

一、基本情况

马陆葡萄自 1981 年开始种植，历经产量效益、质量效益到品牌效益三个阶段。2015 年 2 月，马陆葡萄通过国家农业农村部农产品地理标志登记，获得国家农业农村部地理标志农产品证书。地理标志农产品保护范围是东经 121°15′87″—121°32′58″，北纬 31°36′49″—31°36′39″，保护面积 463.55 平方公里，覆盖了嘉定区内的葡萄生产区域。马陆葡萄集中种植区位于上海市嘉定区马陆镇，地处上海西北、嘉定区中部偏东。2020 年，马陆葡萄地理标志农产品保护范围内葡萄种植面积约 9 000 亩，葡萄总产值超过 1.5 亿元，其中集中种植区总面积约 4 600 亩，总产值 9 000 余万元。葡萄品种以早熟夏黑、中熟巨峰、巨玫瑰、醉金香为主，辅以阳光玫瑰、妮娜皇后等新品种，设施大棚覆盖率在 70%以上。

二、主要成效

1999 年，马陆镇被农业部命名为“中国葡萄之乡”，马陆葡萄由于品质上乘成为市民口口相传的知名品牌。进入 21 世纪后，马陆葡萄先后荣获上海名牌、上海市著名商标、中国名牌农产品、全国名特优新农产品等荣誉。2015 年，马陆葡萄通过农业农村部农产品地理标志登记，2017 年被评为马陆葡萄地理标志示范样板，2019 年被列为本市第一批地理标志农产品保护工程项目，2020 年，“马陆葡萄”成功入选第三批“中国特色农产品优势区”。

三、经验做法

(一)与时俱进扶持产业发展，不断创新坚守产业灵魂

1992 年，马陆镇成立上海马陆葡萄研究所，成为第一家上海郊区的研究所，提出用科技引领产业发展，提倡控产栽培；2000 年，创办马陆葡萄节，成为上海郊区第一个农业主题节庆活动；2006 年，马陆葡萄公园开门迎客，成为国内首家以葡萄为主题的公园；2013 年，在全国葡萄产业火热发展的时候，第一个提出葡萄产业需要转型升级，打造马陆葡萄升级版；2017 年，制定马陆葡萄休闲农业规划，研发葡萄衍生品，推进葡萄旅游线路，扩展马陆葡萄产业发展模式……凭借坚持匠心和与时俱进的科技创新，马陆葡萄成为南方葡萄产业乃至全国葡萄产业的一面旗帜。

(二)经营主体灵活多样，品牌发展有分有合

马陆葡萄产业从最初单纯的第一产业逐步发展成一二三产业融合，采用“研究所＋协会＋合作社＋农户”的发展模式，以研究所作为龙头进行新品种、新技术示范，企业和合作社进行扩大集成，成熟后协会进行推广和培训，带领当地农户共同致富。合作社成立后获得马陆镇农业服务中心授权，统一使用“马陆葡萄”地理标志，以“马陆葡萄”这一农产品地理标志为抓手，制定马陆葡萄生产技术规范团体标准，推行葡萄标准化生产，加强标准控制、品牌管理、品牌宣传，将地域品牌做大做强。同时，引导辖区内葡萄种植户成立小型的葡萄种植合作社，目前 23 家葡萄种植合作社均加入联社管理。联社下属种植企业及合作社以地域品牌为背书，注册了各自的子品牌。像“传伦”“管家”“品冠峰”“惠娟”等葡萄品牌，在消费者提到马陆葡萄的同时，这些子品牌也逐渐家喻户晓。地域品牌加合作社品牌的“母子”品牌共生模式形成了一种“聚是一团火，散是满天星”的农业品牌特有模式。合作联社和合作社在管理工作安排上有分有合、管理灵活，既进一步提升了全镇葡萄种植户的组织化程度，又通过集中管理提高了整体种植水平。

(三)品种是基础，品质是核心，品牌是载体

品种是提高葡萄品质的基础，同样的自然环境和栽培条件，产业发展成功与否，品种是关键，“葡萄下江南”就是因为一个好品种“巨峰”才得以成功的。好品种与好品质的距离最近，种植业选对品种，就等于成功了一半。多年来，马陆葡萄种植团队

一直重视品种工作，从巨峰到欧亚种粉红亚都蜜、奥古斯特，再到夏黑、阳光玫瑰，马陆葡萄的品种一直在不断翻新。

马陆葡萄取胜的关键是始终坚持品质至上，马陆葡萄产业也从高产高效益阶段向优质高效益阶段成功转型。通过葡萄控产栽培技术，使葡萄穗长、粒数和果粒大小一致、糖度提高，实现亩优质果率达到 80%以上。例如，“巨峰”每穗长到 18～20 厘米、40～50 粒、糖度 17 度以上，成为真正的优质果品。

品牌是产品质量、价值和信誉的载体。2001 年，马陆葡萄研究所申请注册“马陆”牌葡萄商标，确立马陆葡萄在上海地区特色优势农产品的地位。在“马陆”牌葡萄区域公用品牌下形成了“传伦”“管家”“品冠峰”“展信”等企业品牌集群，价格上形成了“传伦”牌葡萄 80 元/公斤，其他品牌依次为 60 元/公斤、50 元/公斤、40 元/公斤、30 元/公斤、20 元/公斤的梯次价格，突破了农业效益从“赚劳工”转向“赚品牌”的瓶颈，实现了优质优价。

(四)产业融合发展，共谱美丽篇章

进入 21 世纪，马陆葡萄在品牌发展阶段，形成了以休闲旅游观光农业带动果品的采摘、直销，解决了果品销售难的问题。从 2001 年起，在每年的葡萄上市季节举办马陆葡萄节，至今已连续举办 21 届，主题多样，节目多彩，让马陆葡萄声名远扬，马陆葡萄从第一产业逐步迈向了一二三产业融合发展的新平台。随后，集中展示马陆葡萄文化的马陆葡萄公园开园，马陆葡萄艺术村内改造旧厂房，筑巢引凤，吸引了本市周春芽、岳敏君、余耀德等一批知名艺术家入驻，嘉源海艺术中心挂牌成立，艺外萄源艺术酒店对外开放，休闲、餐饮、住宿等多种服务形式不断完善，文化艺术多彩纷呈，内容不断丰富。各种产业形式成为围绕葡萄产业不断延伸的一粒粒珍珠，与葡萄一起共同串起了乡村振兴的美好明天。

案例 3

嘉定区试点推进数字无人农场建设

为破解农业“后继无人”“后继乏人”的难题，提高都市现代绿色农业发展水平，改变农业生产对劳动力的强依赖性十分必要，发展“智能在端、管控在屏、智慧在云”的无人化农业，既是方向，也是需求。无人农场的建设，让牛拉犁的传统农业发展到无人化的智能农业，有利于推进农业产业高质量发展，全面提高农业现代化水平。

一、基本情况

自 2020 年以来，嘉定区积极响应上级号召，在市农业农村委的大力支持和指导下，先行先试，选择外冈镇作为试点区域，选择联适导航作为技术合作方，推进粮食生产全程无人化作业。目前，外冈镇粮食种植面积在 2 万亩左右，通过实施万亩粮田建设，田块相对规整、单个地块面积较大、基础设施良好，下属集体合作社——上海外冈农机服务专业合作社服务全镇粮食生产，“耕种管收”各环节农机装备齐全、较为先进，适合进行无人化操作改造升级，之前已使用司南导航进行简单的无人化作业，并为之形成了一套针对无人化作业系统的内部管理制度，为无人化农场的建立提供了硬件保障。联适导航技术成熟、实力雄厚，具有成功案例，能够提供软件保障。

二、经验做法

(一)组织保障

为顺利推进无人农场建设，嘉定区专门成立联合攻关小组，由区农业农村委牵头，会同外冈镇人民政府，组织区农机技术推广站、外冈镇农业服务中心、新然公司、联适导航等单位和部门积极参与无人农场的规划建设，并与中国铁塔公司对接，在农机改装、地块试验、平台搭建、数据传输等方面做好组织保障工作。

(二)政策保障

将无人农场建设纳入绿色田园先行片区支持范围，围绕无人农场建设申报上海市科技兴农项目，同时，作为主要硬件的农机，按照本区购机补贴政策给予机具价格

80%的高额补贴。后续计划围绕无人作业，适时推出相关补贴，引导农业生产向无人化方向发展。

（三）技术保障

利用联适导航的成熟技术，对现有动力机械在换向、换挡控制，避障功能，遥控功能，电控功能等方面进行改造升级，并开展无人化作业的试验，对产生的问题及时整改，在技术保障上形成闭环。同时，农机、农艺等技术部门，着手开展农机无人化作业相关技术标准的研究工作。通过多方发力，为无人农场建设以及大规模推广应用提供完备的技术支撑。

三、工作成效

按照边改装、边试验、边应用的原则，目前嘉定区已完成对1台轮式拖拉机、2台插秧机、2台穴播机、1台高地隙自走式喷杆喷雾机和1台半喂入式联合收割机的无人化改造，并在2020年“三夏”“三秋”两季农忙期间进行了试验应用，取得了不错的效果。目前，基本能够保证300亩水稻生产的全程无人化作业，完成了第一阶段的任务。2021年搭建了数字化控制平台，基本实现了集群作业、自动规划路径等功能。

无人收割机作业现场

在示范应用的过程中，无人农场建设也实现了一定的经济和社会效益。按每400亩水稻面积全部由无人作业计算，约可节省40个人工，人工成本下降约2万元，亩均50元。同时，用工减少可有效缓解都市型农业用工难、用工贵的问题。无人农场的运营也重新定义了农业人才的新标准，管理、技术复合型人才将成为都市型农业人才的培养方向。

四、启示和建议

一是尽快启动无人农场建设标准化研究。首先是农田建设标准，由于无人农场实施全程无人化操作，充分运用遥感、导航等前沿技术，要求地块平整、单个地块达到一定规模（不能太大，也不能太小，要结合机插秧、收割机等单次作业量），为便于后期大规模应用，建议围绕无人农场作业研究农田建设标准，以从基础环节保障无人农场的适应性；其次是农事作业信息数据对接标准，无人农场归根到底是农业智能化、数字化的体现，应结合数字农业建设，加快研究农事作业信息与种植业管理平台的数据对接，打通信息直报与无人作业的信息链条，实现农事作业信息自动化填报。

二是研究政策以形成无人作业引导机制。无人农场的农机改造需要投入资金，推广应用也需要政策支持，目前的政策仅限于购机补贴和项目扶持，对于无人农场的发展无法提供稳定持续的助力，建议加大对无人作业环节的政策支持，以引导农业经营主体选择无人作业技术，进而加快推广步伐。

三是从法律层面强化对无人作业的保障。无人农机在道路上行驶是否合法，一旦出现安全事故如何划分责任，是悬在无人农场建设以及无人作业头上的一把利剑。纯农地区人少地多，这个问题还能进行一定程度的规避，但在上海这种都市型农业区域，人多地少，部分农田道路也是周边居民出行的公共道路，存在人机争夺道路使用权的矛盾。现行法律法规对有人驾驶车辆的规定和责任划分比较详细，但在无人驾驶方面涉足甚少，因此，有必要研究出台无人驾驶农机在行驶和作业环节涉法行为的制度保障，为无人农场建设和无人化作业的大规模应用扫清障碍。

案例 1

创建生态循环农业示范基地
助力宝山农业高质量发展

根据上海市农业农村委《关于开展生态循环农业示范创建工作的通知》(沪农委〔2019〕235 号)要求，2019 年宝山遴选"罗店镇生态循环农业示范基地"作为本区首批市级生态循环农业示范创建基地，认真落实《上海市生态循环农业示范创建工作试点方案》，细化举措，创新方式，将生态循环农业示范作为重点工作推进，以点带面促进全区循环农业发展，助力宝山农业高质量、绿色发展。

一、示范基地基本情况

罗店镇位于宝山区西北部，是上海市中心镇，镇域面积 40.90 平方公里，耕地面积 15 889 亩，其中种植水稻 1 568 亩、蔬菜 4 289 亩、果树 2 100 亩、林木 5 668 亩、小宗经济作物 508 亩，水产养殖 324 亩；现有地产农产品种养殖规模经营单位 23 家，其中农业企业 3 家，农业专业合作社 20 家。罗店镇是上海市 15 个蔬菜生产保护镇之一，规划蔬菜保护面积 4 298 亩，分东片区和南片区。

首批生态循环农业创建示范基地位于罗店镇东片区，涉及天平村、光明村、毛家弄村、束里桥村 4 个村，其中天平村是 2019 年市级乡村振兴示范村，其他 3 个村是市、区级美丽乡村示范村。示范创建区域包括 8 家农业合作社(企业)，经营面积达 1 751 亩，从事蔬菜、粮食、果树、食用菌等农产品生产。创建基地周边无生活垃圾场、医院、工厂等污染源，远离工矿区和公路、铁路干线；基地内生态环境良好，农田集中连片、布局有序，路沟渠等农田基础设施维护良好。

二、工作措施

(一)组织保障

为顺利推进"罗店镇生态循环农业示范基地"创建项目，区农业农村委组建以分管主任为组长、相关科室和技术推广部门参与的工作小组，负责推进、指导和做好生态循环农业示范相关配套服务工作；罗店镇成立了由镇分管领导、农业服务中心、相关村和8个合作社组成的生态循环农业示范基地工作领导小组，下设办公室，由镇农业服务中心负责统筹、协调、落实、督促、检查、推动各项生态循环工作顺利开展。

（二）管理保障

生态循环农业示范创建纳入宝山区乡村振兴考核任务，与乡村振兴、美丽乡村和人居环境整治等工作协同推进。生态循环农业示范基地创建工作领导小组根据《关于开展生态循环农业示范创建工作的通知》的要求，制订创建工作方案，明确责任分工，形成工作合力，落实各项任务和措施，确保创建工作有序推进。

（三）资金保障

区、镇二级财政为项目运行提供资金保障。区财政对完成并通过市级验收的生态循环农业示范基地，按完成示范创建项目实际使用金额的80%予以补贴，最高补贴金额为150万元。镇农业服务中心协调镇级相关农业补贴资金项目向生态循环农业示范基地创建工作倾斜。

三、示范创建工作成效

（一）资源整合，融合发展

罗店镇生态循环农业示范基地把示范创建与乡村振兴和人居环境整治等工作有机结合，依托永大秸秆综合利用项目和御源农业废弃物循环利用项目的投入使用，将“农业＋循环”“农业＋科技”“农业＋旅游”“农业＋文创”等概念进行资源整合，协同推进东片区天平村乡村振兴示范村、3个美丽乡村示范村建设及农村人居环境大整治，充分发挥农业的生态效能，确保田园整洁、乡村美丽、生态宜居。

（二）农田保护，生产清洁

1. 化肥和化学农药减量显著。示范基地积极推进化肥和化学农药使用减量化工程，通过使用有机肥替代、配方肥、开展蚯蚓养殖、生物炭和微生物菌肥等土壤改良项目及水肥一体化技术，调整肥料使用结构，降低化肥使用，区域内化肥使用量比2018年度减少31.89%；通过推广“四诱一网”等绿色防控技术和使用生物农药等方法，减少化学农药使用，区域内化学农药使用量比2018年度减少36.24%。

2. 农药包装等农业废弃物回收率100%。在区、镇农业部门的相互配合下，通过政策引导，宣传发动，定期开展田间情况、台账记录等监督检查，全区的农药包装袋、农膜、黄板等农业废弃物基本实现100%回收处置。罗店镇生态循环农业示范基地区域范围内，2019年、2020年分别产生农药包装袋等农业废弃物11 221.1公斤和7 755

公斤，全部由设在罗店镇农科站内的区级废弃物回收点集中回收，并通过有资质的第三方进行转运处置。

3. 主导产业关键环节机械使用实现全覆盖。农业机械化是农业现代化的重要标志，装备、运用先进适用的农业机械，是当前改善农业生产经营条件、降低用工成本、解决劳动力紧缺矛盾行之有效的方法之一。罗店镇生态循环农业示范基地在区、镇农机部门的协调努力下，逐步配齐了耕种收各关键环节的农机农具，现有各类农业机械共 99 台，其中耕地整地类机械 86 台，种植移栽类机械 9 台，采收类机械 4 台。同时，示范基地注重农机与农艺的结合，通过总结市级首批蔬菜“机器换人”基地上海金篮子合作社和区蔬菜农机示范点宝果农业的机械化运作经验，以点带动整个示范创建片区机械化水平的提升。

(三)综合利用，资源循环

1. 实现水稻秸秆资源化利用率 100%。2019 年完成了秸秆综合利用基地都市现代农业建设项目，上海永大菌业有限公司用水稻秸秆、树木枝条种植食用菌的自主研发成果得以转化运用，进一步拓展了宝山区秸秆综合利用新途径。2020 年，宝山区水稻秸秆综合利用率 100%，秸秆机械化还田和离田利用比例约为 4∶6。2020 年，永大菌业共收储水稻秸秆 4 100 吨，可生产菌菇包 350 多万包，产值 2 660 万元，可节约菌包生产成本 143 万元，真正实现了“点草成金、变废为宝”，经济效益、社会效益和生态效益三者统一。

2. 实现尾菜、菌渣等废弃物资源化利用率 100%。对菜叶等农业废弃物进行资源化利用既可改善农田环境面貌，减少病虫害发生概率，而且生产的有机肥还田能减少化肥使用，环保节能。罗店镇生态循环农业示范基地利用创建契机，投资 180 万元，在上海御源农业专业合作社内建成了废弃物循环利用点，2020 年 10 月份开始投产运行。废弃物循环利用点将示范基地区域内各合作社产生的废菜叶、杂草、废果品等废弃物进行集中收储，和永大菌业废弃的食用菌菌渣，按相应比例搅拌、混合，堆放于发酵槽，通过覆膜、变频打气，经过 30 天高温、曝气发酵，生产出无草籽的有机肥。经测算，废弃物循环利用点全年可加工消化菜叶、废果品等废弃物 1 700 吨，废菌渣 300 吨，大约可制成 400 吨有机肥。

(四)质量安全，产品绿色

1. 完成绿色生产基地建设任务。示范基地区域内 8 家单位在 2020 年 11 月通过绿色生产基地市级验收，下一步将按照上海市农产品绿色生产基地建设与管理规范的要求，发挥核心基地辐射带动作用，逐步推进全区绿色农业发展。

2. 达到绿色认证目标。基地区域内已通过绿色认证单位 5 家，已通过认证未拿证书 1 家；区域内各合作社农产品总产量 4 882.25 吨，绿色认证产量 2 466.7 吨，绿色认证率 50.52%。

3. 实现农产品质量安全追溯全覆盖。基地内生产单位目前已全部纳入“神农口袋”农事档案信息直报系统，同时，充分发挥区、镇、村三级安全监管队伍的作用，做好现场检查、查询台账记录和农业投入品检查等工作，确保无违法违规使用农业投入品行为发生。

4. 农产品抽检合格率 100%。示范基地范围内合作社生产的农产品在市、区、镇三级各项采样中，所有样品均检测合格。

（五）品牌建设，提质增效

1. 有力推进农产品品牌化建设。示范基地区域内拥有“金罗店”“珍菇园”“祥和”“食季安蔬”等多个品牌，通过与盒马鲜生、永辉超市、叮咚买菜等平台合作，示范基地区域内生产的菌菇、绿叶菜等农产品销售渠道畅通，品牌化率上升。示范基地区域内地产农产品年总销售额 6 076.55 万元，其中品牌化产品销售额达 5 918.55 万元。

2. 有效提高农业企业经营效益。通过秸秆综合利用、废弃物生态循环再利用等项目的实施，减少了农业企业的生产成本。据统计，永大菌业 2020 年经营收入 3 960.00 万元，利润率为 21%；御源合作社 2020 年经营收入 150 万元，利润率为 22%。

案例 2

持续推进绿色农业发展
助力蔬菜产业做大做强

上海聚源果蔬专业合作社位于宝山区月浦镇聚源桥村，西南两河环流，东临钱陆路，北靠聚源桥村。合作社设施设备齐全、场容场貌整洁、环境优美，是市北郊难得的一个花园式的合作社，也是居民平时休闲、观光的一个开放型公园式的合作社。

合作社成立于 2011 年 3 月，2012 年创建上海市蔬菜标准园，2014 年创建农业部蔬菜标准园，并于同年验收成功。

合作社自创建伊始，就严格按照无公害要求进行生产。随着产业化发展的进程，绿色生产成为农业生产的方向。合作社从 2019 始，根据自身的生产情况，所有的地产蔬菜按照绿色标准建设绿色生产体系，规范各项农事操作，严把农业投入品及食品安全关。同年做好全部材料并向上逐级申请，于 2020 年通过农业农村部审核并获得绿色食品认证证书。合作社的地产蔬菜总面积 226.9 亩，通过 GAP 认证及商标注册并取得证书。2020 年，合作社的鸡毛菜参加上海市评比，获得了最佳品质奖。2020 年，合作社绿色蔬菜的产量为 1 500 余吨，产值 600 余万元，实现利润 120 万元。

十九大报告中指出，农业、农村、农民问题是关系国计民生的根本问题，必须始终将解决好“三农”问题作为全党工作的重中之重，实施乡村振兴战略。2020 年，聚源桥村入选上海市第二批乡村振兴示范村，合作社根据乡村振兴战略的指导思想及总体要求，积极投入并参与其中。首先将原有的基础设施做了很大的提升，环境按照“三园”要求进行布局，使合作社既是菜园，又是花园。

另外，合作社加大了农业结构的调整，对原有的生产品种进行调整，做到差异化种植，将品种调整到现有的广东菜心、广东芥蓝、蓬蒿菜、鸡毛菜四个品种。同时加大机器换人及宜机化改造的力度，2020 年机械化率达 65%，并配合水肥一体、自动喷灌、自动卷膜的使用，大大减少了劳动成本，单位生产成本节约 20%左右。2019 年，合作社筹建一座 8 000 平方米的智能化大棚生产基地，主要种植蓝莓、草莓两个品种，吸引居民前来观光、采摘、科普、体验农家生活，使一三产业、城乡之间真正做到融合，为农业的高质量可持续发展打下了坚实基础，同时为乡村振兴助一臂之力。

聚源合作社根据自身种植及销售优势，同各大企业、酒店、电商平台签订购销及订单种植合同，使所有的蔬菜通过以上渠道进入各个终端，丰富了市民的餐桌，也带动了周边合作社的发展。各个合作社也可以充分利用自身优势，实现与其他合作社之间的联合。通过合作社之间的合作，将生产技术、管理方法、销售渠道等内容互相交流分享，努力把各个合作社的产品以更丰富的渠道、更优的价格销售出去，形成合作社之间互利互惠的局面。并且在实现各个合作社优势互补的同时，增强了单个合作社抵御市场风险的能力。同时，通过构建合作社与农户之间的利益联结机制，让农民共同参与到集体化、规模化经营中，实现农民的增收，增强了农业经济发展的基础。

案例 3

合作社优势互补
组团打造夏日农事体验乐园

六五九农集社是由位于宝山杨行镇的上海三家村蔬果合作社、上海木然蔬果专业合作社、上海杨宗湾果蔬专业合作社共同成立的“农场联盟”，由于三家合作社的面积共计 659 亩，故取名六五九农集社。三家合作社地块相邻，各具特色。其中，上海三家村蔬果合作社作为宝山区科普基地，硬件设施完备、场地开阔，拥有较好的亲子游玩资源；上海木然蔬果专业合作社则主打针对亲子家庭客群的农事体验，有较丰富的活动组织经验；而上海杨宗湾果蔬专业合作社擅长提供传统的乡村美食体验。三家合作社形成联盟后优势互补、抱团发展，为亲子家庭提供更好更丰富的农事体验。

2019 年，杨行镇农业服务中心创造性地提出三家合作社相互合作、资源共享的构想。三家合作社尝试了农机设备、农机手、植保员共享等合作模式。“由我们提供农机手和设备，其他合作社出钱购买农机服务的方式能够有效为他们节省人力成本和购机费用。而农药库统一、植保员共享可以实现‘统防统治’，助力农产品安全生产。”上海三家村蔬果合作社负责人介绍说。2020 年初，为了更好地应对“新冠”疫情对合作社的冲击，三家合作社更是资源共享，联手推出了品种丰富的蔬菜包对接社区，缓解了杨行本地社区居民的买菜难题。

2020 年 5 月，六五九农集社正式挂牌成立。截至目前，已经连续推出夏日觉醒系列活动、丰收节主题亲子活动等众多活动项目。亲子家庭不仅可以在合作社参观番茄科普馆，通过图文并茂的方式了解番茄不同的品种及其生长过程，还可以在农田里亲手撒下蔬菜的种子，同时体验生菜采收，了解蔬菜生产的各个环节。通过体验家庭的口口相传，六五九农集市已积累了不少亲子客群。“这里离市区近，开车过来半个多小时，很方便。”“像我们两大一小的家庭活动费总共是 168 元，不仅包含所有农事体验、采摘蔬菜的费用，还包含了晚餐及一场露天电影。用一餐饭的价钱体验了大半天丰富的活动，小朋友还能学到农业知识，感觉超值。”有不少家庭都表示会继续关注后期推出的新的主题活动。

六五九农集社每周 2 次对接杨行地区的 4 个买菜不方便的社区，为社区居民提供每次近10个品种蔬菜进社区的服务，极大地缓解了居民“买菜难，买新鲜的菜更难”的问题。

“联盟的好处显而易见，我们不仅可以提供不同的服务，在种植品类上形成互补，还能共同规划未来发展。”上海木然蔬果专业合作社的负责人小麦喜欢钻研农业教育，自2019年9月她参与木然合作社的管理后，已成功举办多场亲子农事体验活动，最高峰同一场活动接待了280人。木然合作社已经与日本知名幼教节目签订合作协议，每年可为联盟导入4 000个家庭参加亲子活动。“我们已在合作社整合资源，增加了樱桃、无花果、翠冠梨、脆柿、橘子等果树的种植，未来可做到一年四季都有果品可供采摘，进一步丰富农事体验。”

六五九农集社创新了合作社抱团发展的新模式，集众家之长，补自家之短，为宝山区破解合作社发展瓶颈，解决建设用地和设施农用地不足、高素质农业从业者短缺等问题提供了有效借鉴。

案例 4

“永大菌业”走好食用菌创新发展之路

上海永大菌业有限公司成立于 2004 年，位于上海市宝山区罗店镇天平村，工厂占地及设施大棚共计面积 308 亩，是一家集食用菌研发、种植、生产、加工、销售于一体的专业化企业，注册资本为 6 725 万元。

公司拥有标准化食用菌种植及生产加工车间，引进了一整套先进的制菌、接菌、养菌等种植设备，同时配备了先进的加工、保鲜、冷藏及包装流水线。目前公司经营的产品包括食用菌保鲜、干制、冷冻三大系列，常年供应香菇、木耳、金针菇、杏鲍菇、蟹味菇、白玉菇、姬菇等干、鲜产品。

公司全面推广绿色安全的栽培模式，并通过了 QS、CIQ 注册以及 HACCP、ISO22000 等质量认证，原料均来自商检备案的种植基地，产品从原料基地到终端客户全程实施监控，实行履历追踪管理制度，严格按照食品安全法的相关规定进行生产、加工，以良好的品质保证食用菌产品的安全、健康。公司被中国食品土畜进出口商会评为“AAA 级信用企业”，被上海蔬菜行业协会评为“蔬菜质量诚信企业”，2011 年至 2020 年分别获评“宝山区农业产业化龙头企业”“上海市农业产业化龙头企业”，中国出入境检验检疫总局也评认公司为“质量诚信企业”。

公司产品主销长三角地区各类商超、食品加工企业、餐饮企业，同时不断开辟国外市场，目前产品已远销欧美、日韩、南非等多个国家和地区。2016 年以来，公司先后在美国加州、韩国京畿道、日本长野合作建设了多个食用菌种植农场，突破传统出口业务模式，采用国内生产菌包，运至国外农场，当地出菇，当地销售的运营模式，取得巨大成功。2019 年，公司与盒马鲜生、叮咚买菜、美团配送等平台建立了战略合作关系，通过新零售模式进一步拓展了营销渠道。

公司一直以“菇农利益优先，公司与菇农和谐共赢发展”为基础，与当地合作社和农户紧密联结，通过“企业＋基地＋农户”模式，菇农种植采收产品以不低于批发市场价由公司全部收购，通过先进的保鲜包装技术对产品进行包装，使产品在质量及品牌上都获得最大限度的提升。公司在宝山地区开展各类食用菌高效生态栽培及示范应用，利用工厂化良种及标准化制包技术，将宝山地区的水稻秸秆和城市绿化枝条作为栽培基质进行食用菌种植，促进了农作物废弃资源的有效利用。

在农业科技创新道路上，公司立足食用菌产业特点，强化农业科技创新能力，大力开发食用菌种植新技术、新工艺。种子是农业的"芯片"，公司始终重视技术研发，注重对种源这一"卡脖子"技术进行攻关。十年来，公司与上海市农科院食用菌研究所及日本、韩国、美国、欧洲等的食用菌研究机构建立技术合作机制，在香菇、姬菇、灰树花等菌菇品种的菌种技术上进行紧密合作。通过选育、扩繁、杂交等技术，开发出多个适合规模化推广种植的种质资源，为企业未来的可持续健康发展奠定了坚实基础。同时，公司与农科院合作参与了"出口菌棒远洋运输关键技术的研发与示范""菌棒培养关键技术研发""香菇新品种、设施化制棒与生态化及工厂化栽培技术等创新成果的应用"等技术项目工作，通过技术合作，在降低企业生产经营成本的同时大大提升了经营效率。2020 年，因在食用菌种植技术上的突出贡献，公司获得上海市人民政府颁发的科学技术进步一等奖。

案例 1

“申鸿”雉鸡的生态循环发展之路

一、基本情况

上海红艳山鸡孵化专业合作社是一家专业从事雉鸡保种、育种和制种的畜牧种源企业，也是目前国家科技条件基础平台特种经济动物种质资源共享子平台唯一的雉鸡保种基地场和行业内首个国家主要动物疫病净化创建场(禽白血病)，并曾先后被评为国家级农民专业合作社示范社和上海市农民专业合作社标兵。

上海红艳山鸡孵化专业合作社组建于 2005 年，现有 2 个标准化保育基地、15 户出资社员，带动农户 200 余户；十多年来，合作社在理事长袁红艳的带领下，坚持以市场为导向、以科技为支撑、以产业为基础、以社员为对象、以共赢为目标，坚持服务理念、创新理念、发展理念、绿色理念、环保理念，坚持种源统一、饲料统一、管理统一、防疫统一和品牌统一的“五统一”经营模式，产业规模不断壮大，集体经济不断增强，社员收入不断提高，得到了社会各界的一致赞誉和充分肯定。

在种源发展和科技创新方面，上海红艳山鸡孵化专业合作社在上级领导和各级科研推广部门的大力支持下，先后主持和参与实施了各类科研、推广及标准化建设等课题 10 余项，获授各类专利 16 项，发表专业论文 30 余篇，出版技术专著近 10 部；特别是在良种选育方面，合作社充分利用基地保育的雉鸡种源，在相关部门的协助下，历经近 10 年的艰苦努力，先后成功选育了“申鸿七彩雉”“申鸿白雉”“申鸿绿雉”等多个雉鸡新品种；其中“申鸿七彩雉”已于 2019 年 3 月通过国家畜禽遗传资源委员会审定，成为国内首个通过国家审定的人工培育雉鸡新品种，并列入 2020 年“国家畜禽遗传资源名录”和“上海市地方遗传资源保种名录”，成为上海种源农业的一张靓丽名片。

在绿色养殖和现代农业发展方面，上海红艳山鸡孵化专业合作社积极响应政府号召，在全面推动产业发展的同时，加大科技和资金注入，大力开展技术创新和设施改造,努力打造符合国际大都市现代绿色农业发展要求的特色模板,进一步促进雉鸡产业的绿色、健康、可持续发展。

申鸿七彩雉

二、主要做法

(一)加大技术攻关与技术创新力度,努力提高雉鸡生产与技术水平

建社十余年来,合作社高层高度重视科技创新与技术攻关,先后攻克了雉鸡立体笼养、人工授精、种雉舍智能环控、多层叠层单鸡单笼式种雉饲养设施、雏雉公母鉴别、种雉无纸化测定及新品种选育等系列技术难关,特别是"申鸿七彩雉"的成功选育,不仅填补了国内空白,而且优秀的蛋肉兼用性能得到了业内充分肯定,产品已远销国内 20 余个省区市,年供种雏达 500 余万羽;而雏雉公母鉴别技术的攻克,不仅快速高效解决了国内"南肉北蛋"的市场瓶颈,而且每年为合作社净增上百万元的收益,可谓"一石二鸟"、收获满满。

(二)加大设施改造和设备更新力度,实现节能减排和废弃物资源化利用

为快速提升合作社雉鸡生产的现代化水平,近年来,合作社在上级领导和相关部门的关心支持下,先后对 2 个保种扩繁基地的生产和生态环保设施进行了现代化改造。其中,合作社于 2018 年对上海欣灏珍禽育种有限公司(位于青村镇钱忠村)的生态养殖与废弃物处理设施进行了现代化改造;在完成育雏、育成舍智能环控设施改造

的同时，引入了雏雉五层叠层育雏设施和青年种雉单层网上平养育成设施，并对整个基地场的污水处理配置了一套先进的水肥一体化还田设施和一套300kW的光伏发电设施，显著提升了该基地的生产能力和生态环保与资源化利用水平。2019年，合作社又集中全力对位于奉城镇卫季村的原种雉鸡保种场——上海欣灏雉鸡育种中心（原上海卫季珍禽场）进行了全面改造，在拆除原有简易鸡舍后新建了3栋标准化的种雉舍及配套孵化、防疫等设施，并配置了先进的六层叠层单鸡单笼式种雉饲养笼和现代化孵化、防疫等设备，同时为基地配备了智能环控、空气能保温、固废高温好氧快速发酵资源化利用和臭气水洗净化达标排放等环保设备。

六层叠层单鸡单笼式种雉笼

空气能环控系统

两个基地相关设施设备的改造，使合作社雉鸡产业在规模扩大、产能提升的同时，也实现了智能、绿色、生态、可持续生产。

（三）加大种养结合和产业融合力度，推动产业延伸与多业态发展

为推动雉鸡产业的绿色生态循环发展，合作社早在10年前就与钱忠村达成协议，租赁基地场周边百余亩农田，利用雉鸡养殖废弃物开展有机果蔬种植并获成功；2016年以后，合作社又陆续租赁了邻近400余亩农田开展种养结合、循环生态生产，在实现雉鸡养殖废弃物资源化利用的同时，衍生了水稻、林果、蔬菜等优质农产品，实现了种植业和养殖业的完美结合，并获得了显著的经济和社会效益。

在开展种养结合、实现循环生态生产的基础上，从2020年开始，合作社又尝试开展休闲、娱乐、科普研学、社会实践和团建拓展等文旅活动，积极推动一、二、三产业融合和多业态发展，并在社会各界的支持下，取得了初步成功。

三、特色亮点

坚持“科学技术是第一生产力”，狠抓科技创新，突破产业瓶颈，占领技术高地，实现产出高效。重视绿色生产、注重环保投入，实现废弃物资源化利用和达标排放，推动产业可持续健康发展。开展种养结合循环生产，推动畜牧业向种植业、农旅、科普等其他产业延伸，促进产业多业态融合发展。

案例2

“森蜂园”做大小蜜蜂事业

一、基本情况

上海森蜂园蜂业有限公司成立于2001年，是上海市专业蜂产品生产加工连锁销售企业，主要生产经营蜂蜜、蜂王浆、蜂花粉、蜂胶及其制品四大系列100多个品种以及健康营养食品系列产品。公司注册资本5 337.2万元。

公司生产基地位于上海市奉贤区临海工业园区，厂区占地面积2万多平方米，6 000多平方米的生产车间全部按照GMP标准建造，10万级的空气净化车间内配备了国内先进的软胶囊生产线、口服液生产线、蜂蜜流水线等蜂产品深加工设备及检测化验设备，生产技术处于国内蜂产品行业领先水平，实现年加工蜂产品2 000吨的生产能力。

新型生产加工设备

经过20年的发展，公司已经发展成为覆盖原料基地到零售终端的全产业链的全国蜂产品行业龙头企业、国家级农业产业化龙头企业、上海市高新技术企业、奉贤区重点生产性服务业企业、奉贤区科技小巨人企业。2012年，“森蜂园”商标被国家工商总局商标局认定为中国驰名商标。

二、主要做法

作为我国传统的滋补营养产品，蜂产品有着独有的优势。但随着时代的进步，新经济常态下的传统深加工企业也不得不面对新的行业变化和市场变化带来的转型之痛。面对行业门槛低、同质化竞争激烈、产品附加值低等行业长期面临的重大发展问题，如何在激烈的市场竞争和日新月异的市场变化中求生存、求发展，也是森蜂园一直思考的问题。

（一）注重产品研发，坚持与时俱进

为了满足新顾客群体的需求，公司大力进行新产品研发，提升产品包装档次，从消费者角度，考虑产品的每一个细节，解决消费者的痛点，让森蜂园高品质的品牌形象深入人心。

针对当下年轻人对奶茶产品的喜爱，公司经过研究，推出了“哔哔熊”品牌。该品牌针对年轻消费人群，以“以蜜代糖，甜蜜健康”的口号，引领健康生活方式，通过蜂蜜、新鲜水果、鲜奶等原料，推出多种口味的蜂蜜饮品及蜂蜜欧包产品，受到年轻消费者的热情追捧。同时，公司积极布局互联网销售平台，通过进驻淘宝、天猫、京东、苏宁易购等电商平台，布局线上销售网络。针对年轻消费群体，大力开发符合年轻消费者消费习惯的便携式小包装产品。

2020年，受“新冠”疫情影响，公司在年初的疫情暴发初期经营遭受重大损失。面对疫情导致的销售下滑，公司积极应对，通过产品创新，开拓新市场，开发新客户，取得了较好的成绩。一方面公司加大国内市场开发，另一方面积极拓展国际高端麦卢卡蜂蜜的国内销售渠道，成功参加了第三届国际进口博览会，取得了良好的宣传效果。在新产品及品牌策划营销方面，公司自主研发的专利产品——便携式“勺蜜”系列产品投放市场，受到广大消费者的一致好评，成为公司的明星产品，被认定为奉贤区创新产品项目。同年，公司针对上海市伴手礼评选活动开发设计的“侬好上海”“I上海”伴手礼，双双获评上海伴手礼特色产品称号，并在人民优选直播大赛中获得“优选产品”称号。2020年，森蜂园公司被评为全国“最美绿色食品企业”称号。

（二）加大基建投入，实现转型发展

为进一步推动企业转型发展，加速产品迭代升级，探索新的经营模式和盈利模

式，公司在2020年实施了都市农业项目。通过引进更先进的自动化生产加工设备，加大基础设施建设，提高企业产能，降低生产成本。

养蜂业被称为“农业之翼”，通过打造绿色蜂场，可以有效增加本地蜂群数量，可以为区内多种经济农作物提供授粉服务，从而提升农产品质量和产量，减少对化肥、农药的依赖，改善当地生态，实现可持续发展。

通过为周边示范蜂农提供蜂箱、摇蜜机设备，提高养蜂人的养蜂积极性，扩大养蜂生产规模。为蜂农提供标准化生产管理技术培训，提高蜂农科学饲养管理水平，打造绿色标准化蜂场。同时，通过标准化蜂场的示范作用，带动周边养蜂农户，提升饲养管理水平，提高蜂群产量，提升蜂产品质量安全，提升蜂农收入。凭借公司的原料消耗能力，帮助蜂农解决产品销路问题，解决蜂农后顾之忧，带动当地蜂业发展。

（三）探索经营模式，促进产业融合

公司依托现有的科普馆、工业旅游接待能力，结合当地蜂农养蜂场，实现一二三产业融合，丰富旅游参观线路，让游客到蜂农蜂场亲身参与体验养蜂活动，既增加了农业旅游的趣味性，又增强了消费者购买产品的意愿，让消费者在参观体验游玩的同时，购买蜂农产品，增加蜂农收入。通过游客接待中心、蜜蜂文化产业廊、特色农产品展示中心、饮品区、DIY体验互动区建设，为企业开展新的经营业态提供了良好的硬

市民参观森蜂园蜜蜂科普馆

件条件。自项目建设完成后，公司已累计接待游客 3 000 余人次。该项目的实施使企业新增了产能并形成了新的经营业态，新增就业岗位 30 个，其中服务型工作岗位 20 个，生产型岗位 10 个，有效解决了当地应届大学毕业生和农村剩余劳动力就业问题，也为企业的产品销售提供了新的渠道，获得了良好的效益，未来市场潜力巨大。预计经过 3～5 个月的试运行，公司正式开展旅游收费项目后，可实现新增销售 300 万元。预计达到饱和年后，可实现旅游销售收入 1 200 万元，另有间接销售，包括会员后续产品购买、增值服务预计在每人每年 200 元，预计年销售 600 万元，合计年销售收入可达 1 800 万元。通过标准化绿色蜂场建设、企业培训宣传，鼓励养蜂农户开展规模化生产经营，提升农产品质量和产量。通过游客体验式参与养蜂生产，增强消费者对蜂产品的信心，提升区域内蜂产品市场规模，促进农民增产增收、农业增效。

通过企业的不断开拓创新，森蜂园，这个有着二十年历史的本土农业老品牌，逐渐焕发出新的勃勃生机，并为中国蜂业的发展提供新的发展经验。

案例3

“思农科技”秉持绿色发展新理念 打造产业融合新样板

一、基本情况

上海思尔腾农业科技发展有限公司(简称“思农科技”)成立于2019年1月,注册资本1 000万元。公司位于上海市奉贤区青村镇吴房村905号,先后与上海市农科院、上海交大、上海应用技术大学等科研单位和高校建立了良好的合作关系。

公司自成立以来,坚持绿色、创新的发展理念,以奉贤黄桃的生产销售为基础,大力开发黄桃农创、文创产品,加快发展休闲农业、生态农业,培育农业多种功能,完善与农民利益联结机制,拓宽农民增收渠道,打造黄桃产业融合发展新样板。

二、主要做法

思农科技以国家、上海市及地方的农业政策为指导,基于青村镇奉贤黄桃产业取得的成果及发展瓶颈,以乡村振兴战略为统领,以吴房村乡村振兴示范村创建为立足点,以一二三产融合发展为手段,以农业增效为目标,充分发挥基地优越的资源禀赋及奉贤黄桃产业优势,转变传统的重一产、轻二三产的理念,重点围绕产品绿色、产出高效、产业融合、资源节约、环境友好等方面,走生态循环农业发展道路,助推乡村振兴建设。

(一)加强体制建设,规划产业发展

一是科学规划,引领农业未来走向。依托奉贤区青村镇总体规划、奉贤区青村镇郊野单元(村庄)规划、奉贤区青村镇吴房村村庄规划,构建农业建设与绿色生态农业发展、休闲观光旅游,三产融合协同发展,一体推进。

二是培育多元化农业融合主体,带动农业转型升级,不断推动分散性经营向规模化经营转变。

三是探索多种产业融合模式,完善产业机制,构建农业与二三产业交叉融合的现代农业产业体系。在产业融合发展中,积极发挥黄桃产业的基础和带动作用,发展形成“黄桃+农创、黄桃+科创、黄桃+文创”,加强一二三产的融合,重塑黄桃产业的全

国领先地位，提出新的发展思路。

（二）围绕三个链条，做大做强产业

一是绿色种植链。通过与上海市农科院合作，引入优质高产黄桃品种，延长黄桃采收期，制定黄桃种植管理技术规程，开展绿色防控和统防统治社会化服务，构建产品安全体系等手段，打造黄桃绿色种植链。

二是产品加工链。通过创新开发黄桃汽水、黄桃啤酒、黄桃果汁、黄桃果干、黄桃糕点等深加工产品，延长黄桃产业链，提升产品附加值。

三是农旅营销链。思农科技先后打造“吴房村”“吴房有桃”“田心 CLUB”“思农优选”等多个品牌商标，形成了良好的知名度。同时，通过构建叮咚买菜、食行生鲜、京鲜坊、桃你喜欢商城等线上线下销售体系，结合吴房村、十里桃花观光路，深度开发农业产业的健康养生、休闲观光、采摘体验等功能，将黄桃产业与旅游深度融合。

（三）围绕利益联结机制，确保农民增收

通过探索“龙头企业＋基地＋农户”“订单收购＋分红”“土地流转＋就业＋分红”等模式，逐步形成多种成熟的利益长效联结机制，满足不同农民的需求，切实惠及农民，让其享受农业增效的成果。目前，吴房村村民已实现通过宅基地、农用地入股公司或合作社进行分红，户均收入增收至 10 万余元。

三、成效经验

思农科技通过黄桃产业的融合发展，探索并解决了农业、农村、农民发展所面临的一些突出问题，初步实现了农业强、农村美、农民富，为乡村振兴战略的实施提供了坚实保障。

（一）优一产，农业生产标准化、绿色化基地不断壮大

目前，依托黄桃产业强镇项目引入的果园种植机械、水肥一体化系统等先进农业设施，黄桃标准化种植示范基地建设完成，制定黄桃绿色种植管理技术规程 1 份，已实现黄桃种植关键环节（除草、施肥、用药、灌溉等）机械化水平达 100%，为解决黄桃生产面临的“三老”问题提供了保障。

采用黄板、性诱剂等物理、生物防治技术，建立完备的黄桃绿色防控体系，推动了农药减量增效和农药使用量负增长，促进质量兴农和绿色兴农，实现黄桃优质高产，稳产期亩产值提升约 15 000 元。

（二）强二产，农产品加工产业稳步发展

通过引入黄桃分选流水线，形成按果品重量、规格、甜度等标准进行分级包装的标

准体系，分选出来的黄桃优质果进行品牌化销售，另一部分则用作黄桃深加工原材料。

通过成立黄桃深加工工厂，研发生产黄桃汽水、黄桃果汁、果酒等深加工产品，实现产品高溢价，目前已开发 30 余款黄桃衍生产品。次品果深加工亩产值新增 1 万～2 万元，带动就业 2 000 余人，实现经济效益提升及产业的可持续发展。

黄桃深加工工厂

(三)活三产，农旅配套日趋完善

通过举办桃花节、黄桃音乐节，创建农创市集，开发漫也民宿、半山艺民宿、桃源里特色民宿等乡村旅游资源，每年吸引旅游者 10 万人次以上，旅游及旅游衍生产品收入突破亿元。

打造黄桃农创市集

举办黄桃文化节

四、下一步推进措施

下一步，公司将以乡村振兴战略为引领，不断创新多业态复合融合方式，进一步彰显特色亮点，提升产业内涵，增强富民成效。

1. 进一步推动体制机制创新，为科技创新注入活力。重点创建政府引导与市场主导机制及多元化可持续投融资机制，确保政策、资金、人才等要素保障到位。

2. 进一步抓好利益联结创新，在富民增收上求实效。大力推广“奉贤黄桃”区域品牌，通过上海电视台、东方卫视、奉贤电视台等媒体深化宣传，拓展线上线下销售渠道，不断增强农民创收增收的内生动力。

3. 进一步提质“乡村振兴”建设，在生态文明建设上求突破。大力实施绿色农业发展新战略，重点关注生产清洁、资源循环、产品绿色，实现农业发展与生态建设双赢。

案例 4

“腾达兔业”做好绿色文章　打造特色品牌

一、基本情况

上海腾达兔业专业合作社位于上海市奉贤区庄行镇新叶村，主要从事兔养殖、水稻种植及相关农副产品加工生产。兔场占地 24 亩，其中养殖面积 15 亩，建有各类标准化兔舍 15 栋，采用现代化规模化养殖，常年存栏种母兔 2 000 余只，年出栏商品兔 10 万余只；同时，项目建设单位租赁周边 500 亩农田开展种养结合的水稻生态种植。合作社围绕推进农业绿色发展，贯彻落实“人民城市人民建，人民城市为人民”重要理念，积极推进生态循环、智慧管理和产业延伸，形成了特色亮点品牌，努力实现高品质生产、高科技装备、高水平经营、高值化利用、高效益产出。

二、主要成效

一是特色农业品牌获得关注，群起大米 2019 年获得地产优质大米评选银奖。二是智慧农业水平显著提高，采用机器人喂养兔子、机器人打扫兔舍，利用光伏发电。三是产业链加快形成，接待乡村旅游 3 万人次。

三、经验做法

一是坚持绿色引领，做强特色品牌。合作社积极推进种养结合，形成“草—兔—蚯蚓—稻”生态循环模式，不仅有效降低农业生产成本，促进农业废弃物资源化综合利用，全面实现有机肥替代化肥，还切实提高了绿色生产水平，提升了农产品质量，打响了绿色有机的特色稻米品牌。尤其是，合作社积极参与创建农产品绿色生产基地，规模兔场配备了新鲜兔粪收集和生物发酵设施、污水集贮设施、灌溉设施以及兔舍废气水幕吸附设施等资源化利用设施，实现了养殖废弃物零排放，让绿色成为品牌的核心竞争力。

二是坚持科技赋能，做优现代农业。在硬件上，建设温室大棚，搭载智能工厂化育秧育菜系统，采用光伏发电，加大农用无人机、自动灌溉设备、农机等都市农业设施

合作社农业循环模式

装备投入，强化信息技术应用，改善生产环境，实现工厂化养兔、种植和数字化管理。同时，在核心技术上，合作社强化新型职业农民培养，组建团队与市农科院、市农技中心、交大农学院等开展深度合作，规范使用病虫草害绿色防控技术，探索实施全过程质量控制管理，深化农业技术创新。

三是坚持产业延伸，做实融合发展。抓住乡村振兴战略和美丽乡村建设的契机，根据紧密依托城市、服务城市的都市现代农业定位，充分发挥自身在兔文化和休闲农业方面的特色优势，建设集生产、生态、生活、教育、创新等功能为一体的生态田园综合体，重点打造农业展示体验科普中心，让市民走进现代农业，推进融合发展。

学生参加劳动教育

四、特色亮点

合作社的特色亮点主要表现在产品更绿色、农业更现代、服务更多元。比如，温室人工育秧能力可有效解决周边4 000余亩水稻种植的人工育秧难题，切实惠及周边农户，同时，采用兔粪床土育秧技术节约了大量传统人工育秧所需的优质农田表层土；另外，合作社积极响应种子战略，购买了早熟水稻秧苗品种，水稻成熟期提前到9月，减少了病虫害风险。合作社农场配备雨水收集、暂贮、调控设施，实现了雨水资源化利用和生态水稻种植水源的全封闭循环利用，保证了水稻种植水源的无抗无残留；而育秧温室大规模光伏发电设施的建设，每年可获得约50万度优质洁净电能，除满足育秧温室自身的电力消耗外，还可满足项目设施单位其他设备的用电之需。

五、启示和建议

深入贯彻落实十一届市委十一次全会和四届区委十一次全会精神，明确打响城市软实力品牌，塑造“新江南”文化目标，在农场建设和发展中，引进和创新文化创意产业因素，积极营造别院、小筑、茶驿、舟舫氛围，凸显新江南的特色、标识和内涵，让农场更具吸引力、竞争力、创造力。

松江区

案例 1

发展种养结合家庭农场 促进农业生态循环

一、基本情况

松江区自 2008 年起，探索发展“种粮＋养猪”种养结合家庭农场，农户在种植粮食的同时饲养生猪，养猪产生的粪尿液经收集发酵后全量还田利用，形成种养结合的农业生态循环模式。累计建成 91 家种养结合家庭农场，覆盖全区主要农业生产地区，年生猪生产能力可达 13 万头，占全区生猪上市总量的 90%左右，户均经营粮田面积 120 余亩。2019 年，松江区种养结合家庭农场被选为全国畜禽粪污资源化利用十个优秀种养结合案例之一；2020 年，松江区被农业农村部选为全国 12 个畜禽粪肥还田试点县之一。

二、主要经验与做法

松江区种养结合家庭农场采取“政府扶持、农田配套、企业运行、农户代养”的运营模式，猪场由政府投资建设，并配套道路、水电管网等基础设施，供农民无偿使用；由从事生猪产业的龙头企业松林公司统一提供苗猪、饲料、管理、收购、屠宰和技术服务；种养结合家庭农场负责日常生产。养殖生产过程中，农场无须支付苗猪、饲料等费用，不承担生猪市场风险，收入有保障。

（一）严把四关，夯实农场发展基础

重点抓好“选址、选人、建设、运行”四关。选址：养殖基地必须选择在成片农田的粮食家庭农场内，远离村庄，交通方便，且符合动物防疫条件。选人：全面审核申请人，选择诚信、勤劳的粮食家庭农场主，兼顾种、养两业，认真服从合作社和各级部门的防疫、饲养技术指导与管理。建设：科学布局，减少占地，提高棚舍利用率。运行：签订《资产使用合同》《饲养考核结算协议》，明确合作社、农户和建设单位的权利义务。

种养结合场外景

(二)政策扶持,保障农场稳定运行

松江区在扎实推进农村土地承包经营权确权登记颁证的基础上,坚持鼓励和规范土地流转,集中农民土地,实行规模经营,确保了解决养殖粪污所需的配套农田。松江区政府鼓励在符合条件的粮食家庭农场配套建设养猪基地,形成种养结合家庭农场模式,建设资金由市、区两级财政全额承担。自 2008 年以来,已累计投入建设资金 8 000 多万元,并配套落实粪尿还田补贴、设施维修改造资金、生猪价格指数保险、无害化补贴等一系列扶持政策,为种养结合稳定发展提供有力支撑。区农业农村委、规划资源局、生态环境局等多部门联动,按规定核定建造猪舍和附属设施用房面积,确保养殖场用地、环保等落实到位。

(三)规范管理,促进农场可持续发展

加强日常管理,制定农场的饲养管理、消毒、防疫等操作规程,采取集中培训、现场指导、跟踪服务等方式,加强农场生产管理和技术培训。执行考核退出机制,凡连续两年考评不合格的,则取消其农场主资格。日常生产引入考核奖励制度,农场主的收入与饲养水平、生猪品质直接挂钩,进一步强化农场主的责任意识,保障生产质量。将种养结合家庭农场规范还田纳入相关镇三农工作考核中;严格落实种养结合家庭农场养殖粪尿还田考核制度,考核结果与还田补贴挂钩,确保养殖粪尿全量规范还田,不污染周边环境。

三、主要成效

经过十多年探索与实践，松江区种养结合家庭农场实现了生产发展、农民增收、环境友好的目标，取得了良好的经济、社会和生态效益。

（一）生态环境有效改善

种养结合家庭农场将养殖生产过程中的排泄物集中收纳、科学处理、全量还田资源化利用，不仅解决了养殖业污染的问题，而且有效改良了土质，土壤的蓄水蓄肥能力得到提高，达到节肥目的，减少化肥使用。据统计，粪尿液还田后亩均化肥施用量可减少 20%～30%，大大减少了种植业的面源污染，改善了农业生态环境。

（二）生猪生产保持稳定

随着绿色生态发展理念的深入、养殖业布局规划的实施以及不规范生猪养殖的全面退养整治，种养结合生态循环的生产模式使生猪产业在退养与发展中寻得平衡。在全国非洲猪瘟严峻态势下，种养结合家庭农场的适度规模、田园分散式养殖模式成功经受住了非洲猪瘟的考验，有效防止了非洲猪瘟疫情传入，确保了辖区内生猪生产稳定和市场供应。

（三）农产品质量更有保障

种养结合家庭农场全部由本地农民经营，粮食生产由区级统一供种，农资统一配送到村到户；养猪实行"公司＋农户"方式，公司统一提供苗猪、饲料及管理、收购、屠宰等服务，病死生猪统一收集后作无害化处理。规范化的生产管理、全程可控的健康生产模式，有力保障了农产品的质量安全和品质。种养结合家庭农场种植的稻田已完成绿色认证 1.4 万亩；种养结合家庭农场养殖的松林猪肉产品于 2020 年获得上海市首张猪肉绿色食品认证证书。

种养结合场猪棚内景

(四)农民收入显著增加

种养结合家庭农场兼顾种、养两业，拓宽了增收渠道，农民通过种好地、养好猪、用好肥，获得了良好的经济效益。据统计，2020 年全区种养结合家庭农场年平均收入近 28 万元，户均出栏生猪 1 100 多头，比纯粮食生产型家庭农场增收 13 万元。

四、特色亮点

松江区在不断完善种养结合家庭农场体系的基础上，形成了集种猪繁育、生猪养殖、屠宰加工、品牌销售为一体的"龙头公司＋家庭农场"全生猪产业链模式。自 2018 年全国非洲猪瘟疫情发生以来，依托种养结合家庭农场生态循环养殖模式和产加销一体化生猪全产业链体系，有效防止非洲猪瘟疫情传入，稳定生猪生产，保证生猪产能，保障区域肉食品供给和社会稳定。松江区推广的"猪粮型"种养结合家庭农场，从生猪"代养"到粮食"代种"，实现了从卖生猪向卖猪肉、从卖稻谷向卖大米的转变，上海唯一稻米类国家地理标志保护产品"松江大米"的口碑因品质过硬而越来越好，"松林猪肉"也成为上海市四大本地猪肉品牌之一。

松江区种养结合家庭农场有效解决了养殖粪污环境污染问题，促进粮田土壤持续改良，保障地产生猪产品供给和质量安全，提高农产品品质，形成"生猪＋大米"绿色生态循环产业链，走出了一条产品绿色、产出高效、产业融合、资源节约、环境友好的都市现代绿色农业发展之路。

五、启示和建议

松江区种养结合家庭农场，建立和形成了企业与农户之间的产业联合协作体系、生态循环规划布局体系和生态循环种植养殖技术体系，实现农牧共赢、全产业链发展，改变了过去生猪养殖业存在的环境污染、疫情威胁的落后状况，有效促进生态环境改善，实现生态增值、经济效益提升，形成生猪养殖绿色生态、高效集约的现代化模式，是践行都市现代绿色农业发展的生动案例，具有较高的复制和推广价值。

案例 2

松江仓桥水晶梨品牌化绿色发展之路

松江地区农民自古以来就有种植梨的历史。仓桥水晶梨生产基地分布于黄浦江上游(松江段)两岸“四镇两街道”,该地区以土净、水净、气净“三净”闻名,青紫泥土壤,富含有机质,水资源丰富,水质优良,周边无污染严重企业,在如此优越环境条件下,造就了仓桥水晶梨“脆、甜、鲜、靓”四大特色。

仓桥水晶梨经过六十多年探索、发展逐渐步入健康发展轨道,特别近二十年筹建了梨研究所、组建了合作社、成立了专业协会,通过科技创新推动产业兴旺,走出了一条绿色、高效、生态、品牌发展之路,成为上海地区知名度高、区域特色显著的拳头产品。目前,仓桥水晶梨生产面积稳定在 2 000 亩左右,年产量 2 000 多吨,基地早、中、晚熟品种配套,6 月下旬到 9 月上旬持续供应市场,年销售 2 000 多万元。种植仓桥水晶梨已成为当地果农重要的增收途径,是深入实施乡村振兴战略,推进都市现代绿色农业发展的有效举措。

一、经验做法

(一)抓培训,提高果农素质

基地技术培训体系比较完善,与国内外行业专家、大专院校、科研院保持良好的合作交流机制,每年邀请国内外专家学者围绕梨树行业新品种、新技术、新模式开展专业培训,丰富梨树生产授课内容,更新从业人员栽培管理理念,提高实操技术水平。创新培训交流方式,线上、线下结合,理论实操融合,广受从业者好评,每年累计培训人员达 2 400 多人次。

(二)抓品种,突出科技含量

多年来坚持引进新品种,注重品种性状的实验观察、筛选,精心培育品质佳、口感好、抗病强、适应本地的种植品种,先后推广早生新水、翠冠、丰水、圆黄、翠玉、秋荣等新品,丰富仓桥水晶梨产品结构,改变了“黄花梨”占“半边天”的状态,形成产品衔接合理、风味口感错位、采摘上市期延长的良好局面。在基地林果乡土专家带领下,改变传统追肥、农药施用和采摘习惯,推广高接换种、梨果套袋技术,普及应用梨树新品

日本梨树专家田中茂到仓桥水晶梨基地进行技术培训交流

种，示范研究推广梨树省力化新技术，千方百计提高科技含量，提高市场竞争优势，使仓桥水晶梨产业走上节本增收绿色发展之路。

（三）抓品牌，提升管理水平

“仓桥水晶梨”作为相关从业者的一个公众品牌，必须有相应的管理措施才能保护好品牌，维护好品牌，不断提高产品的美誉度。基地抓住国家级梨果生产标准化示范区及国家级梨果标准园创建契机，建立仓桥水晶梨全产业链标准，制定管理手册、生产技术操作规程，统一产品标准，推进产地环境、生产过程、产品流通、管理服务标准化，实现品牌价值不断提升。

二、主要成效

仓桥水晶梨 2001 年开始规模化种植，基地种植 2 000 亩左右，梨农收益逐年提高，平均亩产超过 1 万元，基地生产实现了区域化、设施化、标准化。

（一）生产区域化

仓桥水晶梨基地选择区域适宜，统一规划，成片种植，形成区域化、规模化生产的局面。近 20 年产业发展的 2 000 亩基地都位于黄浦江两岸的松江区永丰街道、泖港镇、石湖荡镇、叶榭镇、车墩镇、广富林街道。基地内环境优良，土壤肥沃，水质优良，远离生活和化工污染源，基础设施配套完全，排灌设施齐全，符合绿色农产品生产要求。

(二)生产设施化

基地果园排灌系统等基础设施比较完善，推广滴喷覆膜抗旱等绿色综合防控技术，加快改建、新建平棚架栽培模式、省力化栽培模式应用。完成 2 600 平方米保鲜库建设，完善基地配套生产设备，提高抵御台风、暴雨等自然灾害的能力。基地配置大型分果机、制袋机、植保机、割草机、旋耕机等生产机械及梨果质量检测设备，梨生产基本实现设施化。

(三)生产标准化

建立一整套规范水晶梨生产标准化体系，通过实施标准化，将良种培育、整形修剪、疏花疏果、合理施肥、果实套袋、设施栽培、安全防治病虫以及采收、分级、包装、贮运等操作技术规范化。建立规范生产、投入品、档案、岗位、环境、产品检测与产地准出、质量可追溯等一系列管理制度，强化对基地工作人员及果农的培训指导，实现标准化生产，保障水晶梨产品品质不断提高。

仓桥水晶梨按规格进行分级

三、特色亮点

(一)“五统一”拓展市场

推行“公司＋合作社＋农户”基地发展模式，实行“五统一”，即统一供应农资、统一生产技术、统一使用商标、统一包装销售、统一产品标准。以水晶梨公司为龙头、合作社为纽带、基地农户为基础，在“仓桥水晶梨”一个产品品牌依托下，做好产前引导、产中指导及产后产品销售疏导工作，扩大仓桥水晶梨市场影响力，提高经济效益。

(二)农旅结合提升品牌

仓桥水晶梨发展过程中特别重视开发农业的生态、休闲、旅游、文化等多种功能，充分发挥松江梨生产的文化底蕴和生态资源，促进农业一、二、三产业融合发展。2008 年开始推出以“千年美仓桥、一品水晶梨”为主题的仓桥水晶梨游园节、仓桥水晶梨梨花节、摄影比赛等推介宣传活动，让市民认识、品尝水晶梨，让水晶梨走出松江，走进上海，走向全国。在游园节现场，除了腰鼓队、诗词朗诵、舞蹈等节目，还开展以家庭为单位的“家家乐”梨树认养、采摘和免费品尝活动，受到市民游客欢迎。文化搭台，经济唱戏，农旅结合，有力地提升了仓桥水晶梨的市场影响力和美誉度。

2018 年第十一届上海仓桥水晶梨游园节启动仪式

仓桥水晶梨基地采摘亲子活动

(三)推动认证提升价值

基地龙头企业仓桥水晶梨发展有限公司是上海地区最早通过绿色食品认证的果品企业之一。近几年，基地大力推进绿色食品认证，目前基地其他几个企业都拿到了绿色食品证书，仓桥水晶梨获得第十五、十六、十七、十八、二十、二十一届中国绿色食品博览会金奖。2012 年，仓桥水晶梨通过国家质检总局备案，被认定为国家地理标志保护产品。2015 年，基地被评为国家地理标志产品保护示范区(仓桥水晶梨)。2017 年 5 月申请出境水果注册登记，8 月仓桥水晶梨远销香港。

仓桥水晶梨获得中国绿色食品博览会金奖

案例 3

多吉利德数字无人农场引领松江蔬菜产业未来

多吉利德农业科技(上海)有限公司坐落于上海市松江区泖港镇,基地处于上海黄浦江上游的万亩涵养林水资源保护区内,毗邻泖港湿地保护区,拥有得天独厚的自然生态环境。农场面积108亩,拥有6座标准日光温室连栋大棚,单个连栋温室大棚的面积在13亩以上。在传统农业生产中,蔬菜的浇水、施肥、用药全凭种植人员的经验判断,而在多吉利德智能化蔬菜种植工厂里,则处处能体验到物联网精准的“田间管理”技术。公司以“智能化、模块化、标准化、数字化”赋予传统农业新思维,颠覆传统农业耕种方式,为我国人工智能农场数字化管理模式提供实践应用基础。

一、主要成效及特色

(一)智能化育苗模块减人工

传统的穴盘育苗,从育苗基质处理、育苗穴盘填装基质,再到播种、搬运至苗床浇水、苗期管理等环节均为人工操作,效率低、人工成本高。而智能化育苗系统是由自动化基质处理及填装、高速回转式自动化播种、智能化育苗输送设备等主要模块组成的全自动育苗流水线,使基质处理、填装穴盘、播种、浇水、穴盘转移至苗床等育苗环节全面实现自动化,整个育苗过程无需人员参与,不仅降低了育苗人工成本,更提高了育苗效率和质量。

自主研发的全自动无人值守式育苗系统

（自动供盘、基质填充、压穴、播种、喷淋设备）

（二）恒温 LED 育苗方仓效率高

传统育苗方式极易受气候、环境等因素干扰，导致菜苗长势和质量不稳定。恒温LED 全天候自动育苗方仓配有温湿度调节设备和空气循环系统，苗生长期间自动化补水及追肥管理，占地面积小、产能高，可全年稳定培育优质菜苗。同时配备全自动苗盘上下架机械手，苗盘自动进出，可实现无人化生产，效率高、成本低。

恒温恒湿 LED 人工光育苗空间

（三）机器手臂点阵移栽更稳定

应用自主研发的机器人移栽设备，配合定制化夹取工装、定植箱伺服驱动精确定位，实现菜苗移栽过程自动化，还可一键切换程序种植多样品种，不但免除了人为进行繁杂、高强度的工作，而且效率和稳定性明显提升。

机器人点阵式智能化移栽设备

(四)矩阵漂移种植模式降成本

秉承"人不动菜动"的工厂化理念,让种植箱从定植车间出发,输送到基地种植区任一位置进行生长,长成后自动回到车间进行自动采收。人员只需在固定岗位辅助设备工作,无须到面积颇大的种植区劳作,效率得以大幅提高,用工量成倍节约。考虑前期造价及后期能耗,以水为载体承载种植箱配合轨道式无线推移车精准定位、移动,把栽培箱整体推入水槽,免去了大量人力进行搬运,提高了生产效率,降低了生产成本。作物生长过程中通过智能控制水肥一体化喷淋系统补水补肥,促进绿叶蔬菜45天左右成熟。与此同时,水的比热容较高,对种植箱可起到保温效果,冬暖夏凉,改善了蔬菜根系的温度环境,利于其生长。水面被种植箱覆盖阻挡了阳光进入水体,抑制了藻类的生长。同时,可在水里适量养殖鲢鱼等,既创造优良生态,鱼类生长正常也说明水质良好。

矩阵式漂移栽培

(五)自动采收整理系统减损耗

根据作物生长监控管理系统，随时掌控作物生长情况，一旦达到采收标准即可启动采收整理模块，由种植箱驱动系统将其推移至采收流水线。自动化环形刀组收割蔬菜，人员辅助清理残叶老叶，由并联机械手进行排序整理，分级后由枕式包装机设备进行自动化包装。整个采收包装过程自动化程度高，蔬菜采收不易损耗，效率较传统人工收割高数十倍。

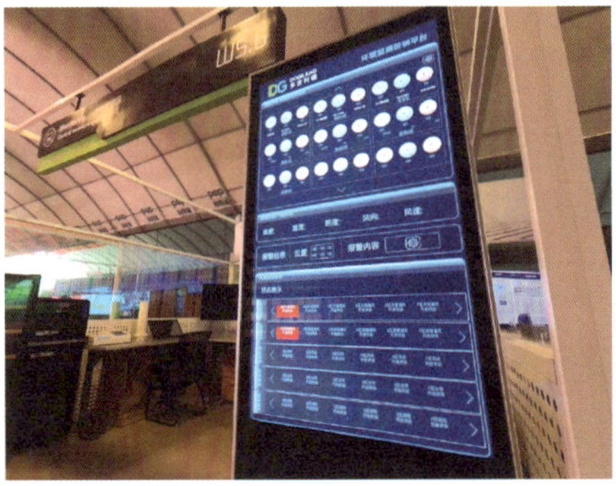

中央监控平台

(六)生产管理监控平台功能强

生产管理监控平台是所有设备的控制中心，集控制、监控、记录等作用于一体，提高了生产效率，并为之后的大数据分析提供了基础。生产操作模块可以实现对生产设备的控制与设置，有人工光育苗间补光灯和灌溉设备的控制，播种、移栽、采收设备的控制；环境调控模块可实现对连栋大棚内风机、水幕帘、天窗、侧膜、遮阳网等设备的控制；监控模块通过各类传感器实时监测生产环境温湿度、光照度情况，或通过摄像头实时观看设备关键环节运行情况，以保证生产高效安全地进行；记录模块记录各类数据，方便总结规律，优化生产工艺。

二、经验做法

蔬菜智能化矩阵式漂移栽培模式为现代农业插上了科技的翅膀，促进了现代农业的绿色高质量发展。

传统的蔬菜种植，平均百亩蔬菜至少需要 30 人管理劳作，而百亩面积的自动化蔬菜基地只需 4 人日常运行，很大程度上节约了劳动力和成本。以青菜为例，日均产出 5 吨左右，单人产出量极高。

除此之外，蔬菜智能化矩阵式栽培技术通过自主研发的种植环境物理防控措施及种植基质材料的优化，使用安全度更高的肥料，不仅使生产的蔬菜达到绿色食品等级，口味口感和营养也得到充分提升，同时避免了传统种植因病虫害高发而大量使用农药造成的安全隐患。独创的矩阵式漂移栽培模式，如同工厂生产产品，自动化每日定量种植、定量采收，并采取单一基地、单一品种，更容易对接市场，了解市场需求，从而有计划地拓展规模，尽可能做到供需平衡，避免了供大于求，菜贱伤农等情况。通过集约化恒温育苗、苗菜快速替换等种植方式，让土地上 365 天都有菜在生长，较传统种植茬数提高 70%，用最低成本的方式充分利用土地资源，土地利用率较传统种植提高 35%。

三、思考与启示

松江蔬菜产业抓住了松江 G60 科创走廊、腾讯人工智能超算中心落户松江的契机，通过腾讯智慧产业赋能，打造多吉利德智慧农场综合应用平台，结合叶新公路农业产业带沿线松江蔬菜主要生产核心基地加盟，建立 G60 浦南蔬菜产业科创农廊，重点建设“蔬菜＋互联网”智慧农业综合管理中心。

利用现有设施设备，采取蔬菜核心基地加盟管理新业态，建立净菜化集中加工中心、线上线下交易中心和冷链物流物联中心，实现统一销售配送的试验示范。集中优势资源，利用多吉利德第二代全程机械化叶菜生产设备和连锁加盟式推广发展模式，带动农户朝可持续、现代化、专业化方向发展，实现科技增收。通过多吉利德农云物联平台，关联基地实现生产全程联网、药肥管控、生产过程实时上报、政企数据共享，利于相关农业部门对农产品质量的管控，进行绿色环保生产治理，实时掌握产能信息，调控价格体系，稳定市场供需。

案例 4

松江水产良种场成功研发池塘内循环流水养殖新模式

近年来，随着环境问题的不断凸显和资源消耗的不断加剧，水产养殖行业对传统池塘养殖模式进行改革创新，实现养殖生产的“节能减排”“提质增效”已迫在眉睫。因此，在新形势下，符合绿色环保的目前国际上最先进的水产养殖新技术——池塘内循环流水养殖模式应运而生。池塘内循环流水养殖模式是一种在池塘内完成水质净化和养殖生产的新型养殖模式，即是将传统池塘“开放式散养”变为池塘内“生态式圈养”，使池塘“静水”养殖实现“流水”养殖。

池塘内循环流水养殖模式全景

一、主要做法

自 2014 年起，上海市松江区水产良种场开始探索池塘内循环流水养殖技术，于 2017 年初步成功研发由“曝气推水、集聚养殖、机械投饵、集污收集、池塘净化”5 大系统构成的池塘内循环流水养殖模式。

曝气推水系统由玻璃钢架、鼓风机、送风管、曝气纳米管和挡气铝板构成，主司推水及增氧功用，曝气推水系统安置在集聚养殖系统的每个养殖池沿水流的上游端和池塘自净系统的净化池塘两端。

集聚养殖系统包括拦鱼网、多个养殖池，且沿水流的下游为集污收集系统，集聚养殖系统的养殖池与曝气推水系统及集污收集系统的集污池均由拦鱼网隔离。

自动投饵装置

机械投饵系统包括自动送料设备、自动投饲机，安置在曝气推水系统的玻璃钢架与集聚养殖系统的养殖池之间，投饵系统通过投饵设备将饵料加入投饲机后进行投喂。

集污收集系统包括集污池、钢架、水平移动机械、吸污泵、排污槽和沉淀池，设置在集聚养殖系统中养殖池的沿水流的下游处，并由电脑自动控制定时吸污。

池塘自净系统包括净化池塘和多个曝气推水系统，污水穿过集污收集系统中的集污池进入净化池塘，进一步经净化池塘自净后，再由净化池塘内设的曝气推水系统推动回转至集聚养殖系统的养殖池水流上游，从而完成水体循环净化。由此，形成曝气推水系统推动水体依次进入集聚养殖系统、集污收集系统和池塘自净系统，再由池塘自净系统中内设的一个或多个曝气推水系统推动回转至集聚养殖系统的水体大循环，且曝气推水系统司推水和增氧之能、集聚养殖系统司养殖之能、投饵系统司投饵之能、集污收集系统司鱼类代谢物收集之能和池塘自净系统司水体净化之能。

2018 年，该场率先在本市建成了池塘水面 100 亩、养殖水槽 20 条的规模。2020

年开展了池塘生态工程化调控水质、鱼菜综合种养等方面的研究工作，进一步提高了养殖水体水质的净化效率。

集污吸污作业场景

二、取得的成效

该场经过连续 8 年的技术创新和研发应用，养殖技术日趋完善，水产品品质不断提升，模式效益日益显著。采用集污收集、生态工程化调控水质、鱼菜综合种养将水和鱼类代谢物吸除分离，极大降低了鱼类代谢物对水体的污染，鱼类代谢物收集率超过 80%，配套解决了传统养殖方式中鱼类代谢物无法有效收集的难题，养殖全程不向池塘外排放养殖水体，实现养殖水体“零”排放。草鱼养殖单位面积产量超过 3 300 千克/亩，是传统池塘养殖模式的 2 倍以上，所需的土地面积和劳动力分别为传统养殖模式的 1/2 和 1/4。该场建立的资源节约、环境友好、循环利用、质量可控、高产高效的池塘内循环流水养殖模式已达到国际领先水平，无论是在经济效益、生态效益方面还是在社会效益方面，均取得较好成绩，具有良好的推广应用前景。

至目前，来自美国、越南、泰国、印度、乌兹别克斯坦等国家的 38 批共 300 多人次水产专家前来考察取经。同时，该模式对国内池塘内循环流水养殖技术的推广也发挥了积极的示范引领作用，八年来累计 300 多批次、3000 多人次全国各地水产科研、推广单位的科技人员前来参观学习。

案例 1

立足特色优势　打造“蘑菇小镇”

一、基本情况

自 20 世纪 70 年代起，廊下镇就开始种植食用菌，绝大部分以双孢蘑菇为主，迄今已有 50 多年的历史，是上海市食用菌的主产区之一。鉴于食用菌产业良好的发展势头和从促进农民增收的实际出发，以构建产业特色、产品特色的现代高效农业产业体系为发展思路，集中力量做大、做强、做精食用菌全产业链各环节，力争走出一条具有金山特色的食用菌产业融合新路径。

二、主要成效

2008—2010 年，连续三年对新发展的蘑菇种植面积实行政府补贴，极大地调动了菇农的生产积极性，使蘑菇栽培面积从 2007 年的 7.83 万平方米发展到了 2010 年的 28.1 万平方米。2014 年，联中食用菌合作社开始引进荷兰的工厂化食用菌种植方式，并带动周边合作社向工厂化转型发展。目前，廊下镇共有蘑菇生产单位 28 家，其中合作社 15 家、农户 13 家。主要有工厂化种植和传统种植两种模式，截至目前投入生产的工厂化种植的单位有 5 家，另有 3 家在建。2020 年，全镇蘑菇产量为 9 299.73 吨，一产年产值 10 205 万元，一二产总产值 28 205 万元。主要产品是双孢蘑菇、大球盖菇等，其中双孢蘑菇产量占上海地产蘑菇的 90%。全镇蘑菇产业共帮助 289 名农民实现就业，人均年收入 5 万元左右。

三、经验做法

一是培育壮大龙头企业，增强辐射带动能力。加大对农业龙头企业的扶持力度，现已培育出 1 家龙头企业——上海联中食用菌专业合作社。联中食用菌专业合作社 2019 年被评为“全国百强农民合作社”，年产值 5 800 万元，收益 1 500 万元，带动了

120 余名本地农民就业(包括 23 名残疾人),农民收入约 4 000 元/月。蘑菇生产过程全年共消耗 3 万吨秸秆和 2 万吨鸡粪,通过生态循环利用,“变废为宝”,制成 5 万吨有机肥,按 400 元/吨计算,实现产值 2 000 万元。

上海联中食用菌专业合作社工厂化菇房

二是精准招商,完善产业布局。以市场需求为导向,加大招商引资力度,招引落地荣美等一批知名食用菌生产企业,项目累计投资 6.2 亿元,通过项目的导入,有力地破解了“蘑菇小镇”食用菌品种单一、产学研水平不高的问题。其中,荣美公司具有很好的示范带动作用,预计能带动 200 名农民种菇致富。同时提升服务,优化发展环境。加快编制郊野单元 3.0 规划、农业专项规划,合理规划布局农业设施用地,全力保障企业发展用地需求。在最新规划中,为引进的 4 个食用菌项目规划了 383 亩设施农用地以及 28 亩科研用地。制订蘑菇产业发展计划,按照“一个项目、一个领导、一套班子、一抓到底”的要求,建立和完善组织领导机制,确保项目顺利推进。

三是深化合作,推动产学研融合。建立健全“政府＋合作社＋农业科研机构”的多层次产学研一体化机制,打造食用菌产业研发中心,提升产业创新能力。其中,联中食用菌合作社是市级科技兴农项目示范基地,也是上海市食用菌产业技术体系综合试验站,为加快科技成果转化,实现科技兴农奠定了坚实基础。

四是深化一二三产业的联动发展,打造特色农业品牌。通过举行三产融合项目集中签约仪式,引导企业从大健康角度开发食用菌系列产品,促进食用菌产业与食品

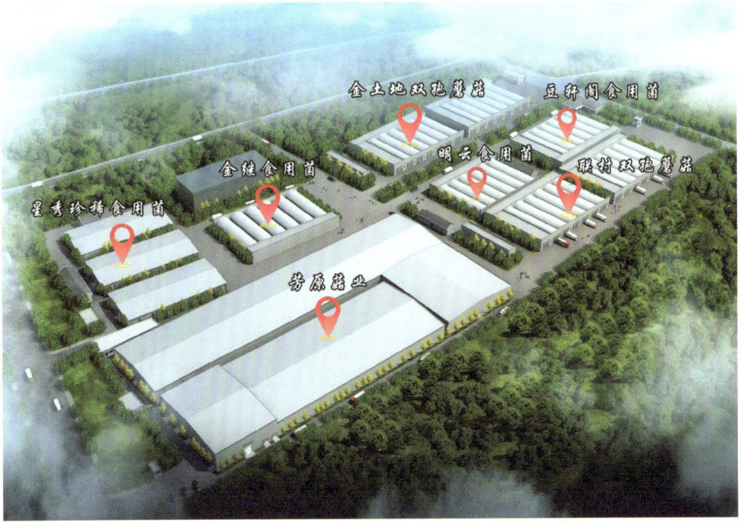

廊下镇双孢蘑菇工厂化种植项目鸟瞰图

加工业结合，打造优质蘑菇产品品牌。丰富“蘑菇小镇”内涵，深挖本地资源禀赋，以上海市青少年实践活动金山基地、蘑菇学院为载体，打造让学生“学农爱农知农为农”的培训基地。加强文旅融合，实施“农＋侬”结对项目，合作社与农户共同打造以“蘑菇”为主题的特色农家乐饭店，促进食用菌文化创意新模式、新业态不断加快发展。

四、特色亮点

(一)创新“党建＋合作社＋基地＋农户”利益联结模式

强化龙头企业的产业链带动、品牌带动、市场带动、技术带动和标准带动作用，积极创新联农带农激励机制。上海联中食用菌专业合作社将支部建在产业链上，打造合作社党建研学基地，并探索“党建＋合作社＋基地＋农户”模式，进一步发挥合作社党支部示范引领作用，解决了传统种植的人员分散、产品品种单一、信息缺失、抵御市场风险能力弱等问题。联中为采用传统技术种植的农户提供技术支持，带动区域行业升级 2 万多平方米，实现食用菌从传统农业向现代农业的转变。

(二)探索“三五牌”发展模式

在扶持政策的催化下，构建现代工厂化菇房等配套生产设施，依托龙头企业提供发酵料及蘑菇栽培技术，由传统菇农种植、采摘、包装，产品统一托底回收。按照总投资 500 万、年产 500 万、利润 50 万的“三五”模式进行项目投资建设。探索将自筹资金不足的传统菇农转型为工厂化生产，由政府统一建设标准化菇房，以租赁的形式帮助有意愿的传统菇农实现工厂化生产。

（三）推进“造血”项目

按照“安全可靠、收益稳健、易见成效”的原则，深化帮扶促增收，由经济相对薄弱村联合组建区级帮扶平台——上海振富经济发展有限公司，运营管理“造血”项目。建设2个食用菌项目，财政投入3亿元。一是新建双孢蘑菇生产基地项目，总占地面积约33亩，项目建成后租赁给联中食用菌专业合作社运营，每年按投资金额的6.2%收取租金。二是新建特色食用菌生产基地项目，占地面积110亩，预计2021年竣工开始生产线试运营，项目建成后由上海荣美农业科技有限公司租赁经营，每年按投资金额的6.2%收取租金。

五、启示和建议

（一）提高认识，强化组织领导是工作的重要保障

区、镇两级深刻认识到农业高质量发展的重要意义，相关部门统一思想，凝聚共识，立足资源优势，上下联动，合力推进。区农业农村委强化组织协调，廊下镇政府压实属地责任，相关部门协同配合，积极推动了“蘑菇小镇”的建设。

（二）整合资源，强化协同共建是工作的重要途径

围绕实施乡村振兴战略，着眼做强乡村产业、带动农民增收，整合都市现代绿色农业、蔬菜优势产业集群、综合帮扶等项目，整体设计、同步推进，因地制宜、优势互补，将现有的资源要素进行集聚整合，集中建设。

（三）创新模式，强化精细管理是工作的重要抓手

立足产业发展受益主体是农户的特点，细化管理方式，探索利益联结模式，综合生产、加工、配送、旅游和生态等多种功能，增强农业产业的辐射效应。

案例 2

大力推进品牌农业建设
助力乡村加速振兴

近年来，金山区围绕“大宗农业做大规模、小宗农业做优品质、新兴农业做高价值”的目标，统筹建立以“金山味道”区域公用品牌为统领、产品品牌为特色的“1+X”（“1”指的是“金山味道”区域公用品牌，“X”指的是若干个合作社子品牌，包括“鑫品美”草莓、“金山小皇冠”西瓜、“亭林雪瓜”等）农业品牌体系，着力促进农业高质高效发展，助推乡村振兴先行区建设。

一、同业联合，推进“大宗农业做大规模”

一是建立农业产业化联合体。引导、鼓励种植基地联合发展，实行“六统一”（统一品种、统一技术、统一标准、统一检测、统一包装、统一销售）运行管理模式，形成“核心基地+示范基地”联动发展格局，着力健全品控体系、扩大供货量、延长供应期，实现区域公用品牌和子品牌的相互补充、协同发展。目前，金山小皇冠西瓜、金山蟠桃、鑫品美草莓、有机大米 4 个品类种植基地联合发展面积共 7 000 余亩。

二是实施“三品一标”（品种培优、品质提升、品牌打造和标准化生产）提升行动。开展新优品种的选育，积极对接上海市农业科学院、上海交通大学、上海海洋大学、南京农业大学、中国农业大学等科研院所，引进申华葡萄、沪蟠 1 号等 20 余个新品种在金推广；提升产品品质，在开展减肥减药的同时，聚焦精准施肥，研究农业废弃物资源化循环利用，配置、施用农家粪、蘑菇渣、豆粕、蛋壳、菜饼、酵素、谷糠、生物菌肥八种农业废弃物和营养物质，助力“金山番茄”获得 2021 年市级大果型番茄评比唯一金奖；深化品牌打造，持续打造“一葡二桃三莓四瓜”（施泉葡萄，金山蟠桃、枫泾黄桃，鑫品美草莓、敏蓝蓝莓、张堰树莓，小皇冠西瓜、珠丰甜瓜、多利升西瓜、亭林雪瓜）等优质农产品品牌，遴选施泉葡萄、亭林雪瓜等产品入驻市级“鱼米之乡”产销服务平台，进一步扩大市场影响力；大力推进标准化生产，建设 10.5 万亩绿色食品原料（水稻）标准化生产基地和全国农作物病虫害“绿色防控示范县”，2021 年新增 2 家国家级农民合作社示范社（目前全区累计有 9 家），金山区被列为全国农业科技现代化共建先行县。

二、资源整合，推进“小宗农业做优品质”

一是制订计划，厘清三年工作思路。以发挥农业品牌引领作用为切入点，围绕高品质生产、高科技装备、高水平经营、高值化利用、高效益产出的“五高”要求，制订品牌建设三年行动计划。至2023年，全区将重点培育6个农业产业化联合体，预计带动30户村民种植1.5万亩共计1.9万余吨优质精品农产品（主要为草莓、小皇冠西瓜、葡萄、水蜜桃、蟠桃、柑橘）生产销售，形成“金山特有、品质特优”的“金山味道”区域公用品牌系列产品，全面提升金山农产品品牌整体形象。

二是补贴激励，提高农户的主动性。自2021年以来，争取500万元中央财政资金和391万元市级财政资金，安排643万元区级财政资金，先期对桃类产品的分拣分级等设施装备进行提升（主要为：黄桃内部品质分选机1台250万元，蟠桃无损分拣设施1台180万元，全自动气调包装生产线1台39万元。设施：冷藏库180立方米75万元）。鼓励比学赶超，大幅提升对金奖获得者的补贴力度（2019年市级获金奖补贴2万元，2020年市级获金奖补贴3万元，2021年市级获金奖补贴12万元，2019年至今评优评奖补贴共计69.6万元），激发生产主体主动参评、努力夺奖。自2021年以来，市农业农村委共举办5场评比活动，金山区获得4场活动的全市唯一金奖。

三是调整思路，提高农民参与积极性。通过“三转变”（农业节庆从传统的线下举办转变为线下线上互动，从单纯推介农产品转变为推荐农旅综合产品，农民从被动参与转变为主动参与），转变农民生产生活方式，不断提升农民收入，促进农民致富。在2021年2月份举办的“百菜节”活动中，“金山味道”微信电商平台上300份金山特色农副产品在短短10秒内被一抢而空，14家合作社（涉农企业）平均增收1.2万元；3月份举办的百花节活动中，连续一周，每天有1万余人参与线上订票。截至2021年，全区农民人均可支配收入3.3万元，同比增长5.4%。

三、文旅融合，推进“新兴农业做高价值”

一是农文结合，促溢价。集中宣传推荐“金山味道”和“金山如画”，促进品牌溢价。2021年7月在长宁区举办的“味在金山 果汇长宁”百果节活动中，农产品和非遗项目组团进市区，升级消费体验，为帮扶助农发展开创了新模式。同时，积极探索文创植入农业，对新型职业农民开展培训，讲好品牌故事，做活“金山味道”抖音（自2020年8月开通以来，累计销售农产品200余万元）和“金山味道”微信电商平台、“鱼米之乡”金山馆等电商平台，持续拓展销售渠道。

二是农旅结合，增效益。以农旅融合发展为抓手，培育休闲农业与乡村旅游精品

2021 年金山区乡村振兴缤纷百果节开幕式

企业 20 家，打造休闲农业与乡村旅游精品线路 2 条，创建 6 个全国“一村一品”示范村。2021 年，金山“徜徉花海 品古镇文化”入选农业农村部推介 2021 中国美丽休闲乡村旅游行（夏季）精品景点线路；金山区被列入 2021 年全国休闲农业重点县。“十三五”期间，全区农业旅游接待人数 2 047 万人次，年均增幅达 28%。

案例3

养好“金财鱼” 致富新农村

金山区漕泾镇有良好的水产养殖业基础。2018年，漕泾镇以水库村创建市级乡村振兴示范村为契机，引入财宇生态农业科技公司（以下简称“财宇公司”）开发生态乌鳢（黑鱼）养殖项目，带动全镇水产业转型升级、提质增效，形成了金山的现代水产养殖业集聚区，走出了一条因水而美、依水而兴的乡村产业兴旺之路。2020年，漕泾镇实现水产养殖销售3 672万元，亩均产值达1.6万元，其中财宇公司作为全上海最大的黑鱼分销基地，日出货量达3千斤，年销售额达2 000万元，亩均产值40万元，是普通乌鳢养殖的5倍、普通虾类养殖的25倍。

一、铸品牌，创模式，讲好黑鱼的新故事

财宇公司以做优产品品质和拓宽销售渠道来做大做强品牌农业，让漕泾黑鱼片成为上海酸菜鱼的标配，提升了漕泾农业的品牌知晓度和美誉度。

一是打造品牌促合作。财宇公司立足金山区，辐射长三角，注册了“金财鱼”商标，联手盒马鲜生、锦江集团等优质运营商，供应全市近80%的品牌酸菜鱼馆，确保品质优先，市场反馈良好，客户体验满意度高，形成了当地独有的“用最好的水养最鲜的鱼”的品牌效应。

二是创新模式促销售。运用成熟物流运输，配以冷链保鲜系统，与传统的实体店建立长期合作关系，拓展多种销售模式，采取线上直播、主播带货、社区团购、微商、电商等多种销售途径，与广东海大集团合作形成全产业链运行途径，实现从苗种到成鱼的一体化销售。

三是开发产品促增值。由单一的黑鱼、鲫鱼等活鱼销售，扩大到免浆黑鱼片等多品类水产加工品，走出一条鲜活品牌鱼与配套加工相结合的新路径。并通过优化水产品加工产品品类、加强鱼类农业科普教育与休闲观光旅游和体验餐饮相融合等举措，切实推动农村一二三产业融合发展。

二、惠集体、促增收，办好农民的切身事

漕泾镇引入"金财鱼"项目，指导财宇公司与水库村建立紧密的联农带农机制，探索"流转＋租赁＋分红＋薪金＋销售＋帮扶"的"六金"模式，全面促进农民增收致富。

一是固定资产强增值。水库村以全村土地经营权入股，组建了土地股份合作社，共同开发建设生态乌鳢项目，每年可获土地流转费 45 700 元；依托市级都市现代农业项目支持，第一期总投资约 950 万元，以"公建民营"的形式出租地上构筑物，每年获得租赁费 20 万元，并约定每三年上浮 10%。

二是分红就业强增收。财宇公司与村集体约定了每年 6%的收益分红比例，2020 年在克服"新冠"疫情影响的情况下，水库村得到分红 12 000 元。同时，公司通过建立村企劳务合作关系，帮助解决 13 个村民的就业问题。2021 年起，公司将分两期继续投资约 2 500 万元，打造全新的鱼片包装生产线和智慧化分拣车间，建设产加销一体化的现代水产产业园综合体，预计三年内销售额可达到 1 亿元人民币，并将新增就业 30 人。

三是党建引领强增产。漕泾镇以党建引领为纽带，在水库村建立红领 LINK 党建之家，以结对帮扶的形式建立"企业＋合作社＋农户"生产经营模式，由财宇公司对接镇里较大规模的 8 家水产专业养殖户，涉及养殖面积 350 亩，通过提供苗种、饲料、养殖技术、产品定价回收等服务，提高了原有养殖塘的生产效率和产出效益，使养殖户亩均年收入增加 5 000～6 000 元。

三、护环境、亮底色，做好生态的振兴事

水库村和财宇公司围绕"绿水青山就是金山银山"的绿色发展理念，在发展黑鱼产业的同时，注重水环境治理和水生态保护，做到经济效益和社会效益"双提升"。

一是保护水资源、提升水生态，推进物质文明。水库村充分利用现有的 41 条总长度 28 公里的河道，加强生态治理，开展拆坝建桥沟通水系，投资 1.48 亿元实施水利专项，使得水库村的水质常年保持在Ⅲ类水，冬春季甚至可达Ⅱ类水。好水产好鱼，财宇公司把水库村的好水引入乌鳢养殖池塘和流水槽，经增氧处理后采用"跑道锻炼"的养殖方式，使蓄养的黑鱼肉质紧实、品质更鲜、口感更好。

二是引入水科技、实现水循环，强化生态文明。财宇公司引进世界先进的工厂化养殖设备，建立了 25 条流水槽和水循环处理设施，最大限度地实现水资源循环利用，提升乌鳢的品质。同时，在养殖区周边开垦 8 亩湿地种植水稻，既有利于乌鳢养殖的废水处理，又为水稻生长提供了有机肥，形成了"鱼—稻"共作的生态种养模式，让养殖尾水经

水库村"金财鱼"提质蓄养乌鳢基地

过自循环系统，实现零污染排放。

三是建设水科普、弘扬水文化，提升精神文明。在建成智慧渔业管理系统的基础上，财宇公司和水库村深入挖掘水文化、鱼文化，以生态乌鳢基地为核心打造"水产科普馆"，建设金山区智慧水产科普基地，向参观者和青少年宣传水产科普知识，营造社会各界共同关注生态保护、渔业可持续发展的良好氛围。

案例4

建设花开海上生态园 打造田园综合体

花开海上生态园，位于上海乡村振兴示范村待泾村，是集花卉苗木生产、农业休闲旅游、科普教育于一体的田园综合体。生态园探索股份合作型利益联结机制，让农民参与产业融合发展的全过程，农民获得股份并持续获得分红，保障农民增收致富，同时为市民提供自然生态、舒适放松、优美清新、科普休憩的好去处。花开海上生态园自 2016 年开园以来，已累计接待游客超过 100 万人次。

一、基本情况

花开海上生态园位于金山区朱泾镇待泾村，占地 600 亩。生态园创建于 2015 年，由杭州蓝天园林投资 1.3 亿元，是融科普、展示、观赏游览于一体的赏花主题公园。生态园由花海、梅园、樱花园、秋景园组成，同时生产花卉种子、种苗及切花、干花等特色产品。生态园利用“溪流、小桥、小岛、丘陵”等设计元素，引入秀州塘的活水，用河网隔开每一处景点，打造成为“花开海上、水漾花影”的浪漫景致生态园。2018 年，生态园获评休闲农业与乡村旅游四星级企业；2020 年，荣升国家 AAA 级旅游景区。

二、主要做法

(一)发展模式

公司对苗圃基地进行转型升级，建设 600 亩生态园，探索“公司＋基地＋农户”的融合业态模式、“农业＋旅游”的运营模式，坚持“建设一地，保护一方，带活一片”，实现生产、仓储、市场、旅游和生态五个功能。

(二)发展策略

生态园坚持“公司＋农户”的模式，农民用土地或者集体经济组织用集体建设用地入股，与公司合资，共同开发建设项目，农民获得股份并持续获得分红，保障农民增收致富。

花开海上生态园鸟瞰图

生态园坚持以“公司＋基地”的运营模式，一方面注重农业生产，收获花卉种子、采穗母本或者用于销售；另一方面作为休闲农业旅游点，通过将四季景观与周边旅游资源、旅游活动整合，拉动客流量。

(三)发展做法

结合节庆，开展主题活动。将其特有的四季不同景观与节庆活动融合起来，根据主题花卉开展主题休闲活动。每年举办“梅花节”“虞美人节”“格桑花节”“枫叶节”等节庆活动，可以在虞美人花海中骑车、骑马，在格桑花海里体验干花和花卉挂件的制作，在枫叶节遍拾满地红叶制作树叶贴画和枫叶书签等，吸引了大量游客。承办“金山田野百花节”开幕式，扩大花开海上生态园的影响力和知名度。

花开海上生态园花海

结合基地，注重农业生产。苗圃基地占地 1 984 亩，拥有乔木、灌木、地被和水生四大系列，种植观赏树苗 300 多个品种，可用绿化苗木总量达到 30 余万株。同时，利用林下空间套种草本花卉，每年向上海市场提供大量的优质绿化苗木。生态园内一年两次草本花卉播种及培育，同时还可收获花卉种子。通过分类种植优良品种，一方面作为采穗母本或用于出售，另一方面供游客观赏。

整合资源，推动产业融合。一是在花开海上生态园西侧，建有用于展销金山各类特色农产品的 30 个小木屋，盘活乡村资源，打响金山品牌，吸引更多游客。二是周边村民盘活闲置的农民宅基地，将闲置农宅打造成为特色民宿，更好地为市民游客提供服务，满足他们吃饭、住宿的需求。三是生态园利用自身优势，结合周边古船舫遗址、乡村历史民居、古建筑，融合花灯等非物质文化遗产项目，全力推动乡村休闲农业与旅游康养产业融合发展。

利用“互联网＋”，扩宽营销渠道。在花木营销上，上海花开海上生态科技有限公司依托母公司在园林行业中强大网络优势，通过花木的网络交易平台“花木银行”，在国内率先建立起庞大的营销网络，实行产销标准化管理模式，为建立绿色苗木银行，实施花卉苗木网上交易奠定了基础，年销售额达千万元。

三、经验模式

生态园在做好运营的同时，注重带动周边农户、壮大集体、共享发展，积极探索股份合作的利益联结机制，变“资源”为“资产”、变“农民”为“股民”、变“产品”为“商品”，让农民参与产业融合发展的全过程，保障农民增收致富。在朱泾镇政府的协调下，与待泾村建立了利益联结机制，确保项目建设、运营能给待泾村集体和村民带来实实在在的增收。主要利益联结机制如下：

朱泾镇待泾村组织成立农民土地专业合作社，以合作社名义与蓝天园林签订合作协议，以土地经营权认购公司股份，成为公司股东，农户通过持有公司股份，一方面可以通过蓝天园林分红获取稳定收益；另一方面在公司上市后，可以享有蓝天园林股份的增值收益。具体包括以下七个方面：一是按照园区门票收入的 10％回报给村集体；二是将投资建设的生态停车位全部收益归村集体，用于奖励出租土地的农户和村集体；三是租赁土地租金比同类土地租金提高 5％；四是园区运营以来，每年解决村民就业 154 人，年增加收入 337 万元；五是租赁村民的房屋用于园区管理人员住宿，年支付租金 40 万元以上；六是带动村民销售农产品和开办农家乐，年增加收入 94 万元；七是对户籍为待泾村的所有村民办理年卡，实行终生免费入园游览。

四、取得的成效

(一)经济效益

在乡村振兴、产业振兴作用上,花开海上生态园带动了周边农户产业性和工资性收入,吸引了城市消费群体来体验、休闲、参观、购买,一方面增加了门票收入,另一方面带动农产品销售、周边住宿和餐饮收入,拉动农业和旅游产业链的发展。通过旅游业的发展,带动周边农家乐、民宿快速发展,预计新增收入年均 1 000 万元以上。

同时,园区内苗木种植品种的扩大和销售,整体提升了公司经营水平。融合新型农业旅游开发模式,优化农业产业结构,以花卉产业乡村旅游为切入点,实现园区开发与农民“增产、增值、增收”的“三增”目标。

(二)社会效益

一是带动农民就业。自生态园项目建设启动以来,公司累计投资金额已达 1.3 亿元,增加当地村民参与工程建设的就业人数达到 200 多人,增收 400 万元。自生态园运营后,年新增村民就业 120 多人,年增加收入 330 万元;另外,带动周边农户设置农产品销售摊点 20 多个,新增就业人员 35 人;新开农家乐、民宿 5 个,增加就业人员 40 余人。

二是促进一三产业融合发展。通过吸引大量游客到园区游览,将有利于将花卉苗木向广大游客展示与推广,可增加花卉苗木的销售,促进第一产业的发展。同时,花开海上生态园的运营带动农村运输、餐饮、住宿、商业及其他服务业等第三产业的发展。在一三产业融合发展过程中,有力地促进待泾村劳动力转移到第一、三产业就业,增加农民收入。园区作为美丽乡村待泾村的核心点,对美丽乡村建设起到重要的作用。

(三)生态效益

生态园的开发,为周边地区的水源涵养、水土保持带来有益的帮助。同时,净化周边环境、减少污染物排放、改善环境质量、提升森林覆盖率,提高污水、废弃物处理等生态环境指标,并促进空气质量改善,增加生物多样性。

案例 1

搭好产销服务平台
助力“练塘茭白”高质量发展

一、基本情况

上海练塘叶绿茭白有限公司成立于 1999 年，原属上海市青浦区练塘镇政府下属的职能部门，职能为规范全镇茭白生产、提升茭白产业能级，主要为全镇的茭白生产提供苗种、技术、销售服务。经过 20 年的共同努力，“练塘茭白”产业各方面都有质的提升。上海练塘叶绿茭白有限公司全面推进和引领全镇茭白标准化生产和产业化建设，切实有效地做到了服务及督导练塘茭白产业。

二、服务特点

上海练塘叶绿茭白公司作为镇下属企业、市农业龙头企业，负责“练塘茭白”产业“耕种管防销”的管理和服务，对茭白产业的社会化服务有着得天独厚的优势。2018 年，上海练塘叶绿茭白有限公司作为“练塘茭白”绿色食品认证主体单位，成功认证了全镇 19 101 亩绿色茭白。2017 年底，上海练塘叶绿茭白有限公司经上海市青浦区蔬菜技术推广站备案为专业化统防统治服务组织，主要为公司所属茭白合作社和全镇茭白大户提供茭白主要病虫防治和绿色防控技术服务。

上海练塘叶绿茭白公司多措并举加强质量安全监管，确保“练塘茭白”绿色生产安全。销售措施上，搭建线上线下平台，确保“练塘茭白”区域优势产业高质量发展。

三、典型做法

（一）统一供应农资品

目前，青浦区练塘镇范围茭白种植已列入统一化管理模式，由上海练塘叶绿茭白有限公司设立绿色农药、农资仓库，对全镇范围内茭白种植所需农药品、肥料、农资进行统一采购、发放。

(二)统防统治病虫害

上海练塘叶绿茭白有限公司建立和完善了专业化防治服务章程、专业化防治服务制度等十项制度。拥有 4 000 平方米办公、仓库和道路场地，其中办公场地 500 平方米、农药器械仓储 500 平方米、道路场地 3 000 平方米，现拥有植保机械 31 台，其中 300T 拉管式喷雾机 26 台、移动担架式喷雾机 1 台、背负式喷雾机 4 台，日作业能力 2 000 多亩。

(三)绿色防控成体系

建立了 1 600 亩核心示范基地，安装了杀虫灯 150 余台、二化螟性诱剂 4 000 套、园艺地布 80 000 平方米、蜜源植物 40 000 平方米。“两诱一布＋蜜源植物＋生物农药”，加以高效低毒低残留农药的化学防治，茭白绿色防控技术体系已基本建成。

蜜源植物向日葵为蜘蛛等天敌提供生存场所

园艺地布

(四)安全生产促培训

每年分上半年段和下半年段两次对练塘茭白种植户进行培训，培训重点围绕练塘茭白“绿色食品”安全生产管理展开。同时，逐步完善并推广科技示范户和广大农户的田间档案管理记载。

(五)质量安全靠监管

成立了镇级安全生产监管队伍和技术指导服务队伍，落实病虫防治、定期测报措施和应急处置机制。从绿色农药品统一采购发放至农药品的空瓶(袋)统一回收，实行农药品安全的源头监管。

四、成功经验

(一)产学研合作开展绿色防控技术研究

上海练塘叶绿茭白有限公司、上海市农业技术推广服务中心、上海市青浦区农业技术推广服务中心等共同开展“练塘茭白”主要病虫害绿色防控技术研究，共同申报了上海市科技兴农项目，完成了茭白主要病虫害“两虫三病”发生规律的田间系统调查和田间普查、绿色药剂筛选等。

（二）引导种植大户进行标准化生产

上海练塘叶绿茭白有限公司作为茭白产业的唯一一家龙头企业，引导标准化种植，在“耕种管防销”等关键环节上采取统一社会化服务，采用统一包装、统一品牌、统一销售等。专业化防治病虫害可减少农药使用量 20%以上，提高作业效率 10 倍以上，提高防治效果 5%以上。

五、主要成效

（一）五统一病虫防治彰显价值

上海练塘叶绿茭白有限公司实行“统一病虫测报、统一开方配药、统一组织实施、统一防治时间、统一喷药防治”五统一操作模式。其专业化统防统治服务组织被评为 2019 年上海市农作物病虫害防治优秀专业化防治服务组织。

（二）产学研合作破解发展难题

上海练塘叶绿茭白有限公司作为“练塘茭白”产业的服务和管理单位，针对“练塘茭白”发展中的难点，协调各方参与到“练塘茭白”产业发展的各个环节，与华东理工大学、上海市农业技术推广服务中心等多家单位共同申报了上海市科技兴农项目、区科委农业发展基金项目等 13 个项目，项目的实施和完成为“练塘茭白”产业发展提供了更多技术支持。

（三）绿色防控促农药减量使用

上海练塘叶绿茭白有限公司已逐步建立“灯诱＋性诱＋园艺地布＋蜜源植物＋生物农药＋科学用药”的绿色防控技术体系，减少化学农药使用次数 2 次，化学农药使用量每茬从 1 274.04 克/亩降低到 1 007.21 克/亩，化学农药有效量每茬从 323.8 克/亩降低到 214.88 克/亩，化学农药使用量减少 20.94%，有效量减少 33.6%，节约农药和用工成本 24.5 元/亩，每亩增产 12.8%。

茭白田太阳能杀虫灯

二化螟性诱剂

案例 2

“哈玛匠”的品牌建设之路

上海哈玛匠实业有限公司成立于 2011 年，现在拥有果园面积 200 亩，主要栽培树种有水蜜桃、葡萄、甜柿、李子、梨等新品种 100 余个。10 年来，公司累计投入自有资金 1 300 万元，用于新品种引选、土壤改良、果园智能化建设、品质提升以及品牌建设等，成为上海精品水果生产基地。

一、销售经营情况

公司基地全程采用符合绿色果品生产的栽培模式，基本实现了智能化与机械化，建立了一套完整的销售网络与体系，年销售精品果品 20 万公斤，市场口碑极好，年收入 200 万元。自建园以来，常年雇用本地农民 10 人，农忙期间提供临时就业岗位 30 个，年接待来自长三角及其他省市的种植大户并开展培训 500～800 人。公司十分注重知识产权保护，现有“哈玛匠”注册商标 4 个，申报果树新品种 2 个，申报国家专利 9 项，授权软件著作权 5 项。2019 年，公司成立了哈玛匠（上海）果蔬专业合作社。

二、主要特色和亮点

（一）品种培优

公司成立伊始，就非常重视新品种引选与培优，目前拥有水蜜桃、葡萄、甜柿等新品种 100 余个，拥有优质的水蜜桃品种 20 余个，涵盖早中晚熟品种，尤其是拥有目前上海地区早熟水蜜桃中两个果型和品质较好的品种，两种桃子成熟时间分别为 5 月 18 日和 6 月 9 日左右；优质葡萄品种“阳光玫瑰”“黑皇”等；优质甜柿品种“太秋”；等等。公司邀请国际知名水蜜桃和葡萄育种专家有贺浩一、志村富男、植原宣纮为公司的特邀专家开展各种技术指导，公司基地是日本专家的果树新品种选育基地。

（二）品质提升

公司基地采用日本优质栽培技术，如桃树的高垄、稀植大冠栽植模式[吊杆支架栽培技术（国内领先的专利技术）、二主枝栽培技术（国内领先的专利技术）]、葡萄的“Z”字形搭架技术等，桃园广泛应用果实成熟期反光膜铺设技术，改善果园空气水分、光照、气温环境，提高果实着色与品质。

哈玛匠产品山梨桃

果园土壤生态保育主要采用果园生草（野生豌豆、三叶草等）、释放与培育蚯蚓等有益土壤动物、全面使用优质动植物源优质有机肥（菜籽饼、豆饼、发酵成熟的牛羊粪、稻壳、贝壳、粉碎枝条等）、禁用任何化学肥料；病虫害防控主要采用物理与生物防控措施，禁用剧毒类化学农药，部分使用高效低毒的生物农药。

（三）品牌打造

自2008年开始，累计注册“哈玛匠”商标4个。公司采用优质果品分级制度，按照果形、果色外观、糖度、大小等设置优级、高级、中级以及普通级等不同级别，分级定价与销售，针对不同客户需求实现策略营销，维持品牌的纯正度。公司合作社是著名餐饮企业“苏浙汇”的定制客户，全年订单“包园”，高品质果品常年供不应求。

（四）标准化生产

基地实行标准化生产模式，从建园开始，品种选育、土壤改良、肥水运筹、病虫害防控、田间管理以及果实品控全部执行标准化生产。在质量管理上，落实专人全面负责基地的果品质量安全，做好标准化生产的指导和农业投入品的监管，完善档案记录，确保农产品质量实时可追溯可控。

三、展望未来

近年来，公司不忘初心，用实际行动助力乡村振兴。在给青浦区委区政府的建议书中，建议金泽利用宅前屋后种植“甜柿”发展庭院果林经济，哈玛匠果园将提供免费技术指导、制定生产技术和产品标准，由农户负责种植管理。计划在维护原有“哈玛匠”品牌的基础上，新建青浦“金柿”这一品牌，由哈玛匠负责统一品牌销售，让群众参与到美丽乡村建设中，为乡村旅游、一三产业融合发展提供新思路，预计年增加农民收益 15 000 元/亩。

雄关漫道真如铁，而今迈步从头越。“哈玛匠”品牌的建设不是一蹴而就的，靠的是日日夜夜的坚持与孜孜不倦的奋斗。在党和国家乡村振兴战略的指导下，坚信公司必将有美好的未来！

案例 3

太来果蔬专业合作社走出三产融合之路

上海太来果蔬专业合作社，注册资金 2 000 万元，整合了上海润晨农业与美晨果蔬专业合作社所拥有的资源，先后在青浦区夏阳街道、嘉定区江桥镇承包蔬菜基地 705 亩（夏阳街道蔬菜基地 460 亩，江桥蔬菜基地 245 亩），蔬菜年产量超过 5 000 吨。2018 年青浦区太来村基地成功创建上海市级蔬菜标准园，菜心、米苋两个主打产品于 2019 年通过绿色认证。2021 年为了提升产后加工、冷链物流配送能力，计划投资 915.93 万元，其中中央财政扶持 450 万元，企业自筹投入 465.93 万元。

一、销售经营情况

目前，合作社拥有配送车辆 30 余辆，其中 8 辆菜篮子工程车；现有操作车间 1 000 平方米，办公区 500 平方米，冷藏、冷冻库 300 平方米，常温仓库 500 平方米；提供 100 余个就业岗位。2018 年销售收入 6 700 万元，2019 年全年销售收入超过 7 071 万元，2020 年销售总额突破 1.3 亿元，并带动周边 11 家合作社共同致富，目前已和生鲜电商、部队、学校、医院、企事业单位食堂等共计 60 多家单位建立了协作关系，保障上海市 15 万人口的绿叶菜供给，合作社已成功入选盒马鲜生供应商，并与叮咚买菜、美菜网签订协议，为生鲜电商提供包装菜和净菜服务。合作社先后通过了 ISO9001 质量管理体系认证、上海市级标准园认定，主要种植蔬菜通过绿色认证，并屡获殊荣。

二、带动农民增收情况

合作社太来基地土地平整、种植、采摘等用工优先保障参与流转土地和辖区内农户务工需求，消除流转土地农户后顾之忧。为本村解决了部分剩余劳动力临时务工需求；在太来果蔬专业合作社务工农户平均收入每月 5 000 元左右，为 30 户农户实现了稳定增收，合作社还吸纳了 60 余位来沪打工的农民工。不定期开展农产品市场营销、产业融合、农产品仓储与管理等培训课程，解决农户发展资金缺乏、生产技术落后的难题，建立“合作社＋农户”的助推型利益联结模式。同时，推行以干促培，组织种植专家、能手，当农户在基地务工时，适时为其讲解种植技术、病虫害防治技术等。

三、主要特色和成效

（一）“三产”融合谋发展

合作社通过多年经营，已经形成一条从蔬菜种植、分拣加工、冷冻仓储、冷链物流、市场营销、品牌建设到售后服务的完整的全产业链。合作社总结的“深耕单品链、找准市场链、依托价值链”三链融合模式，在上海市行业内也有了一定的知名度和美誉度。

（二）单品种植规模化

根据上海区域特色，合作社选对品种，实行单品化种植（广东菜心、米苋、大叶蓬蒿）。对选定的品种，实施规模种植、机械化作业，统一使用农药、农肥，做好集中管理，在此基础上，走精品化路线，塑造品牌。将现有的农业设施用房改建成蔬菜加工车间，让品牌有可靠的品质保证。蔬菜品牌化成为合作社的亮点和特色。

太来蔬菜基地内种植的大叶茼蒿

（三）净菜加工“零”距离

在农产品加工方面，合作社现有净菜车间、毛菜车间、配送车间，对农产品进行分拣、加工、配送，基地生产的蔬菜将“零”距离送到田头车间进行检测、分拣、清洗、加工、包装、保鲜等处理，为市民提供洁净的保鲜蔬菜和水果。

（四）抱团发展求共赢

依托上海润晨农业发展有限公司的销售平台，加上合作社的基础实力和人脉资

太来果蔬合作社净菜分拣包装车间

源，迅速打开合作社运营局面，为当地农业的发展添砖加瓦。农户生产农产品，合作社充当公司与农户间的桥梁，润晨公司提供销售平台，利用网上下单、线上销售，联结了盒马鲜生和拿渡、胖哥俩等餐饮企业，进一步拉近了产品与消费者的距离。将公司发展成为合作社的社员，在需要资源和资金的时候，也可以利用合作社社员的闲散资金来扩大投资和进行深加工项目的打造（合作社内部资金互助）。

未来，合作社将始终高举“乡村振兴”的大旗，扎实深耕“产业兴旺”，秉承“依托一产种植业、发展二产加工包装业、做大做强三产配送业，从田头到餐桌，从一粒种子到一双筷子”的经营理念，以建设上海市示范现代农业企业为目标，围绕“一颗菜”构建从一产到三产的三产融合模式，用心经营和坚持“二产、三产反哺一产”，打造国家3A级旅游景区、全国农业旅游示范点。充分利用夏阳街道生态廊道景观资源，由西风投资在林地中加入徒步线路、休闲栈道、篮球场等体育休闲设施，打造美丽的林带公园，同时引入树屋和集装箱旅馆，丰富林带公园服务内容，增加林业资源使用功能，形成“天然氧吧”留住游客，充分挖掘林业资源经济价值。

案例 4

治污减排要做好　尾水治理显成效

一、基本情况

2021 年是国家“十四五”规划的开局之年，农业农村部发布《农业农村部办公厅关于实施水产绿色健康养殖技术推广“五大行动”的通知》，根据“五大行动”总体目标及农业面源污染治理工作的任务，青浦区积极实施以“生态优先、改善环境、限期治理、长效监管、条块结合、以块为主”为总要求的水产养殖尾水治理项目，以控制水产养殖尾水达标排放为目的，全面推进本区渔业绿色发展，推动渔业生态文明建设迈上新台阶。根据市农业农村委相关文件精神，结合实际，对青浦区水产养殖场尾水治理项目建设进行布点规划，有序推进。从 2018 年至 2021 年，本区水产养殖场尾水治理面积 1.33 万亩，其中已建成 0.25 万亩，在建 0.47 万亩，正在办理前期手续 0.62 万亩。

二、经验做法

(一)合理规划，科学布点

根据《青浦区养殖水域滩涂规划(2018—2035 年)》，至 2025 年保留鱼塘面积 2.05 万亩，至 2035 年保留面积 1.54 万亩。以保障区内淀山湖、元荡、太浦河等重点湖泊水域生态环境优化为优先考量，以水域滩涂规划为依据，以绿色发展为导向，按照“青西先行、有序推进、分类建设”的总体要求，在全区范围内开展水产养殖尾水治理布点工作，尾水治理布点自 2018 年逐年布设，计划至 2025 年底，实现尾水治理项目全域覆盖。其中，2018 年开始启动实施“水源地水产养殖尾水、底泥治理示范工程”试点项目建设；2019—2020 年，优先考虑淀山湖、元荡、金泽水库、蓝色珠链等区域，尾水治理覆盖率达规划保留面积的 40%左右；2021—2024 年以连片建设、生态处理为主，逐年稳步推进，尾水治理覆盖率达到 60%～90%；2025 年，完成全域尾水治理项目建设工作任务，确保尾水治理无死角、全覆盖，全域实现水产养殖尾水循环利用或达标排放，为构建产出高效、产品安全、资源节约、环境友好的现代渔业生态环境体系奠定基础。

(二)试点建设,稳步推进

青浦区水产养殖场尾水治理项目自 2018 年开始实施以来,主要涉及 6 个街镇,分别为金泽镇、练塘镇、朱家角镇、白鹤镇、夏阳街道、香花桥街道,其中,90%的面积集中在青西三镇。2018 年开始启动实施“水源地水产养殖尾水、底泥治理示范工程”试点项目建设,选址青浦金泽镇沙田湖水产养殖场,面积 510 亩,总投资 2 266.74 万元,目前已竣工。2019 年主要围绕二级水源保护区布设 4 个项目点,区域面积 1 958 亩,目前已完成建设,通过验收;2020 年共布设 19 个项目点,区域面积 4 704 亩,项目目前均已批复立项,部分项目已完工;2021 年共布设 45 个项目点,区域面积 6 175 亩,现正开展前期建设工作。

沙田湖水源地水产养殖尾水、底泥治理示范工程

三、主要成效

(一)尾水治理试点项目效果好

2018 年开始实施的试点项目“水源地水产养殖尾水、底泥治理示范工程”位于青浦区沙田湖水产养殖场内,地处上海市黄浦江上游水源保护区内、一级水源保护区——金泽水库上游,毗邻上海市最大的天然湖泊淀山湖。养殖场现有 23 个养殖塘,主要养殖四大家鱼、南美白对虾、河蟹等,拟建湿地约 50 亩,处理池塘面积 510 亩。

主要构建生态湿地净化区(2 万平方米)、生态河道净化区(7 300 平方米)、尾水湿地强化区(1.7万平方米),新建和改造这三种类型人工湿地,配套生态沟渠(2 000平方米)。湿地主要由进排水系统、水平潜流湿地、表面流湿地及沉水植物氧化塘以及吸附模块等组成。另外,对现有场地进行总体改造提升,包括临棚拆除、围栏加固、塘埂美化、道路修缮和进排水改造等内容。

采用水产养殖常规和新型污染物协同净化人工湿地关键技术:在清塘底泥暴晒、石灰消毒和氧化剂投加等处理技术的基础上,根据水产养殖排水间歇性、大水量、低浓度的特点,以处理新型污染物为目标,集成基于新型金属负载型多孔介质吸附、可拆卸人工湿地系统构建、人工湿地原位微生物培养等新型水产养殖末端排水处理技术,实现水产养殖业常规和新型污染物高效、安全、生态协同净化的目的。

项目形成的常规和新型污染物的协同去除技术,处理效果显著,大大减轻了水产养殖尾水对周边水环境的污染负荷,特别对水源地水质安全保障具有重要价值,取得了较好的社会和环境效益。核心示范区(B区)经第三方检测,2020年7—12月期间,水产养殖尾水抗生素去除率稳定维持在80%以上,总氮去除率71.3%~75.8%,总磷去除率56.1%~73.5%,高锰酸盐指数去除率62.5%~65.7%,水产养殖尾水中总氮、总磷、高锰酸盐指数等常规水质指标经复合湿地净化处理后,可以由劣Ⅴ类提升至出水Ⅲ－Ⅳ类。

河祝村水产养殖场尾水治理项目

(二)尾水治理常规项目促达标

自 2019 年以来,常规尾水治理项目通过在原水产养殖场的基础上建立生态沟渠(管道)、沉淀池、曝气池、过滤坝(池、潜流湿地)、生物净化池、底泥处理池、养殖废弃物处理辅助设施等养殖尾水处理设施、设备,应用过滤、沉淀等物理手段和水生植物、水生动物、微生物等生物净化处理新技术、新工艺,使养殖排放水经尾水处理系统净化后最终达到循环水再利用或达标排放,外排养殖尾水符合《淡水池塘养殖水排放要求》(SC/T9101—2007),化学需氧量 CODMn≤25,总磷≤1.0,总氮≤5.0。

案例 1

深化全球农业招商　推动农业转型升级

自 2018 年以来，崇明区坚持以工业思维打造现代农业，把全球农业精准招商作为先手棋、关键招，连续多年推出万亩良田，积极引进“面向市场有竞争力、面向农民有带动力、面向市民有吸引力、面向未来有促进力”的优质经营主体，推动崇明农业向高科技、高品质、高附加值发展，加快构建农业产业集群，实现示范引领效应。

一、基本情况

近年来，随着乡村振兴战略深入实施和崇明世界级生态岛建设渐入佳境，崇明厚植多年的生态红利渐显，社会资本纷纷涌入，崇明农业发展迎来最好的机遇期和风口。为解决优质农业土地资源与新型农业经营主体间信息不对称问题，崇明区创新开展全球农业招商，打造招商服务平台，成功引进一批世界级选手，落地建设一批优质农业项目，通过发挥农业项目示范带动作用，不断提升崇明都市现代绿色农业发展能级。

二、主要成效

（一）农业项目落地开花

目前，崇明已累计落地建设 14 个重大农业项目，总投资超过 40 亿元。其中，正大崇明 300 万羽蛋鸡场、由由中荷现代农业产业园、上海崇明智慧生态花卉园等项目已建成投产，上海崇明国际菊花生态园、明珠湖猪场生态养殖一体化项目、华腾标准化生态养猪场等项目正加快推进。累计组织开展 18 批意向投资项目专家论证会，共论证通过项目 230 个，涉及面积 5.12 万亩，其中目前已落地签约主体 187 个，涉及面积 3.96 万亩。

（二）招商模式日趋成熟

随着招商长效制度不断优化实施，崇明农业招商在社会上的知晓度和影响力显著提升。目前已建立“一窗口二平台”的招商服务体系和专门招商服务队伍，通过“村—乡镇—区”三级一体快速响应机制，进一步营造良好营商服务环境。

明珠湖生态养殖一体化项目

崇明智慧生态花卉园

(三)高地效应逐步凸显

依托举办 2021 年第十届中国花卉博览会的契机，崇明聚焦现代化种植业、花卉产业、林下经济、休闲农业以及工厂化养殖等方面，农业规模化水平正在逐渐提高，新型设施农业、高科技项目不断增多，与国际国内知名企业集团合作不断加强，“三高”农业集聚效应正逐渐形成、日益凸显。

源怡智慧花卉生态园

正大崇明 300 万羽蛋鸡场

三、经验做法

(一)完善顶层设计，确立土地流转招商机制

为实现农业招商长效管理，引进优质农业经营主体，研究制定《上海市崇明区加强农村土地流转的管理办法》《崇明区加强土地流转管控长效机制操作意见》等文件，规范土地流转管理。土地流转需通过区级公开交易平台进行规范流转，不断促进流

转率提高。实施土地承包地经营权托管制度，由农户和镇集体经济组织或村委会签订托管协议，实行镇村统一托管、统一对外招商。

(二)加强招商推介，面向全球扩大宣传影响

2018 年以推介会形式首次集中推出 5 万亩良田对外招商，引起社会广泛关注，招商成果斐然。2021 年再次推出 5.4 万亩优质良田面向全球招商，采用精准招商模式，锁定潜在优质主体点对点发布信息，确保精准招商效果。通过新闻发布会和“崇明农业招商”微信服务号日常推介等方式，持续扩大招商宣传覆盖面和影响力。

开展农业招商引资活动

(三)优化服务窗口，做好招商对接服务工作

区级层面成立专业招商队伍，建立“农业招商热线、服务窗口、微信服务号、土地流转信息平台”四位一体对接服务体系。优化招商对接流程，从主体提交意向到区、镇二级主动对接，形成一套高效快速的“区—乡镇—村”三级响应机制。增强服务意识，落实入驻企业跟踪服务和动态管理，提供工商、税务等环节协助服务，促成意向主体签约落地。

(四)严格论证把关，确保主体符合发展导向

为确保入驻产业符合世界级生态岛建设要求，组建涵盖社会经济类、市场营销类、设施农业类、环境类、农业信息类、生产类等 13 大类 200 多名专家的专家库，落实 30 亩以上意向投资项目专家论证和“区农业发展联席工作会议”成员单位会审制度，为项目落地后提供技术支撑和保障。

(五)加强政策保障，给予乡镇经费支持

为激励乡镇农业招商积极性和弥补减轻乡镇土地托管支出，在绿色农业发展政策中设立过渡性土地流转补贴和招商一次性奖补政策，其中对招商地块从流转到引进培育农业经营主体的过渡期间，可给予所在乡镇过渡经营补贴每年 500 元/亩(按实结算)；经区级论证审批的农业项目(生态林等公益性项目除外、100 亩以上等)给予项目所在乡镇一次性奖补 300 元/亩。

四、特色亮点

(一)栽好“梧桐树”，实施土地精细管控

针对农村土地地块的“小、散”现状，大力开展土地精细化管理，全面完成土地“拔钉子”行动，共归并零散地块数量 312 块，地块总面积约 5 800 亩，夯实招商引资基础。规范统一全区农村土地流转程序和土地流转合同，土地规范流转率达到 93%。

(二)筑好“引凤巢”，开展全球精准招商

聚焦农业产业链“建、延、补、强”，持续在招商宣传、渠道等关键点发力，建立“大型全球招商会＋定期小型招商沙龙”复合招商模式，加快优质项目和投资主体集聚崇明。

(三)当好“店小二”，保障项目落地建成

强化资源整合和协调联动，做好项目建设、运行各类保障措施。项目责任单位、配套工程建设单位、行业主管部门共同参与、主动靠前，协调解决电力、燃气配套问题，确保项目早建成、早投入。

五、启示和建议

(一)探索五地融合招商

开展设施农用地、建设用地、永久基本农田、生态涵养地、一般耕地五类地块组合打包招商模式，在不突破管控要求的前提下，实现项目用地范围内自由组合，进一步适应现代农业生产特点，满足产业融合发展需求。

(二)加强农田精细管理

持续推进土地精细化管理，整合相关政策项目渠道，实施高标准农田建设，为进一步促进土地规模化经营和引进培育优质主体奠定基础。

(三)加快推进腾笼换鸟

围绕水产养殖尾水、不规范种植、落后产能等负面行为开展专项减量清退行动，为农业转型发展提供资源和腾挪空间。

案例 2

打造绿色农药封闭式管控体系
推进农业绿色革命

近年来，崇明区坚持以习近平生态文明思想为指引，不断巩固提升绿色发展理念，创新探索绿色生产方式，着力打造符合世界级生态岛标准的绿色农药管控体系，为进一步推动崇明农业绿色发展提供有力保障。

一、基本情况

绿色农药管控既是保障农产品质量安全的关键环节，又是推动农业绿色发展的重要基础。针对崇明农资门店多、农药品种杂、购药监管难，无法适应农业绿色生产需求的问题，崇明区通过创新实施现代化管理方式，建立与世界级生态岛相匹配的绿色农药销配体系，以信息化手段提升绿色农药管控水平。

二、主要成效

形成“1 个总仓＋16 个涉农乡镇门店”的绿色农药供应体系，健全农产品质量安全监测多部门联合惩戒机制，实现绿色投入品实名制供应、一站式服务、全过程溯源、全域化管控。依托 5G 技术打造智慧农业大脑，开发信息化管理系统，实现数字化智能化监管。持续推动化肥农药减量化，目前全区绿色食品认证面积比重达 91.8%。2017 年，崇明入选全国首批、上海首个农业绿色发展先行示范区，2018—2020 年连续三年入选《中国农业绿色发展报告》十大农业绿色发展典型案例，2019—2020 年连续两年农业绿色发展指数位列全国第一，农业绿色发展处于全国领先水平。

三、经验做法

(一)加强政策引导，突出绿色管控方向

研究发布绿色农药推荐目录，结合崇明水土、农作物种植、病虫草害发生特点等情况，通过技术部门推荐、行业专家评审，制定形成绿色农药推荐目录，推广应用于农业生产防治，引导农户合理使用农药。落实绿色农药支持政策，对通过绿色、有机认

证的生产主体实行目录内绿色农药限额免费供应，对未通过绿色认证的生产主体按80%进行补贴。加强政策宣传，鼓励引导经营主体开展绿色认证，推动绿色食品认证率不断提高。

（二）打造封闭体系，实行信息化管控

结合崇明农业产业分布，建立由1个总仓、16个农业乡镇门店组成的绿色农资供应体系，实名制供应绿色农药等农资。建设集农业生产信息、生产主体身份信息、绿色农资信息为一体的信息化管理系统，与崇明农业GIS信息系统互联互通，将农户种植面积、作物类型、农药使用等情况与身份信息绑定，农户只需扫描身份证，管理系统便能自动实时统计绿色农药补贴、购药及农药废弃包装物回收情况。依托崇明智慧农业大脑平台，建立生产主体、农资需求、监测检测信息库，应用分析作物用药趋势，监测管理区域用药情况，实现农药智能化、信息化管控。

（三）完善运营模式，优化市场化管控服务

推动政府监管与市场化运作相结合，以政府购买服务方式，引进总经销商开展绿色农资实名制一体化运营，规范开展绿色农药采购、销售、配送、农药废弃包装物回收等管控服务。积极探索政企合作的社会化服务模式，培育总经销商发展专业化农业生产服务，建立绿色农药、现代农机相结合的综合服务模式，进一步加强政企深度合作，宣传推广绿色生产方式。

四、特色亮点

（一）实施源头管控新模式

首创实施绿色农资封闭式管控模式，实现正面激励性补贴和负面约束性管控的政策制度创新。充分利用数字追溯手段，动态采集和管理农业主体信息，实行绿色农药实名制采购，落实绿色农药限额补贴制度，实现用药信息源头监控，为指导精准用药、废弃包装物回收、保障绿色农产品认证奠定良好基础。

（二）升级农业经营新服务

依托"1+16"封闭式管控体系，积极为本地农业经营主体提供专业、高效、规范的绿色农资销配收服务，推荐和销售符合崇明农业绿色发展导向的绿色农资。积极发展柑橘品质提升、统防统治等多项社会化服务，为农业生产经营探索提供更加生态高效的综合解决方案。

（三）打造乡村经济新空间

按照统一设计、统一外观、统一结算的原则，16家乡镇门店外观和内部布置简洁优美，多家门店坐落于乡村振兴示范村，成为装点乡村风貌的重要节点。美化农村环

境的同时，构建整洁优美的投入品供应空间，提升崇明都市现代绿色农业气质内涵，引导村民形成绿色消费良好风尚。

崇明绿色农资门店外观

绿色农资门店内部概貌

(四)树立绿色农业新标杆

自启动运营以来，门店被列为“中国—FAO 南南合作农药风险管理研讨会”等多项活动考察点，接待了联合国粮农组织、农业农村部和市政府相关领导，获得了一致认可，进一步提升崇明都市现代绿色农业知名度，成为引领绿色农业、数字农业发展的风向标之一。

中国—FAO 南南合作农药风险管理研讨会

五、启示和建议

（一）坚持关口前移，强化源头管控

源头管控是保障绿色生产的治本之策，充分认识农药在执行绿色标准化生产过程中的特殊性，通过制定年度绿色农药推荐目录、实行全覆盖绿色农药补贴政策、运行绿色农资门店、推行统防统治防控模式等措施，从源头上减少滥购药、滥用药问题，降低农产品质量安全风险。

（二）坚持精准服务，强化数字管控

充分发挥数字农业发展优势，运用大数据手段，加强农业生产主体身份信息与购药信息的识别、关联和分析，提高绿色农药补贴的便利性、精准性和动态管理，方便农业生产经营主体采购。精准实施农药废弃包装物回收，推动绿色农资实现全量管理。

（三）坚持标本兼治，强化系统管控

积极引导总经销商开展统防统治、栽培管理等社会化服务，降低农业绿色生产的系统性和分散性风险。狠抓农产品质量监管队伍建设，联动实施网格化巡查、生产追溯管理、全覆盖监测和联合惩戒制度，进一步强化农业生产方式和农产品质量管理的系统性、整体性和协同性。

案例 3

加快花卉产业发展
把握花博机遇打造美丽经济

近年来，崇明区把握第十届中国花卉博览会筹办的重大机遇，结合市级花卉产业集聚区创建工作，大力推动特色花卉产业发展，加快崇明海上花岛建设。

一、基本情况

以筹办 2021 年第十届中国花博会为契机，充分发挥生态资源优势，深度挖掘巨大市场潜力，大力发展现代花卉产业，推动都市现代绿色农业高质量发展，助力美丽上海建设。通过做实产业规划、加大政策扶持、推动产业集聚、大力发展种源、构建流通体系等举措全面提升花卉产业发展水平，推动传统单一的花卉种植业向花卉加工、花卉服务、花卉科技等产业延伸，市场建设初具规模，花文化日趋繁荣，对外合作不断扩大。

二、主要成效

着力完善花卉产业发展软硬环境，健全制度和政策框架体系，促进政府引导扶持机制与市场机制有机结合，推动崇明花卉产业加快转型升级发展。近年来，全区成功引进恒大、源怡、优尼等 8 个优质花卉经营主体，落地建设特色花卉产业项目 8 个，总投资超过 20 亿元。全区现有特色花卉苗木种植总面积达 10 万亩，花卉产业总产值占农业总产值比重由 2018 年的 0.59%跃升到 15.97%，花卉产业总交易额从 2018 年的不足 1 亿元提高到 10 亿元左右。

三、经验做法

（一）完善花卉产业发展顶层设计

根据花卉产业发展现状，从完善顶层设计着手，深入研究并形成了《关于以筹办 2021 年中国花卉博览会为契机大力发展现代花卉产业的意见》《关于上海市崇明区打造国际花卉产业高地的若干扶持政策》《崇明区花卉产业发展规划与空间布局》。

积极争取市级相关部门的支持，同市农业农村委签订《关于以筹办花博会为契机推进崇明区花卉产业发展战略协议》，支持崇明区打造、培育花卉产业发展亮点，共同推进崇明花卉产业发展。

(二)优化花卉产业空间布局

加强崇明花卉产业发展规划与空间布局研究，制定花卉产业发展地图。围绕花卉种源研发、优质品种选育、特色产品展示，突出“生态、科技、创新”元素，分别围绕港沿镇崇明国际花卉产业园、建设镇中荷现代花卉中心、庙镇东方国际花卉园三个核心项目，打造三个现代花卉产业园区，不断吸引国内外花卉龙头企业落户，形成差异化、有特色、有品牌的产品矩阵，逐步把崇明打造为具有较大影响力的花卉生产示范和综合服务中心。

中荷现代花卉中心

(三)积极引进培育花卉产业项目

实施全球精准招商，大力引培优质花卉企业，聚焦三个花卉园区，加快推进优尼国际鲜花港、恒大高科技花卉园、上海国际菊花生态园、兰桂骐现代农业基地、莱恩花卉种源试种基地等一批具有行业示范引领作用的项目建设。联合国内外多家科研院所，在花卉产业方面重点支持科技兴农和科创项目实施，深入开展适生性球根花卉规模化繁育关键技术研究与产业化开发课题研究。

恒大上海(崇明)智慧农业产业园

(四)建立市、区协同推进机制

抓住上海建设具有全球影响力的科技中心这一契机,充分利用上海高校、科研院所集聚优势,加大花卉研发投入和源头创新力度,依托现有花卉种苗基地和市级科研单位,进一步掌握具有崇明特色的地方种质资源。积极开展花卉新品种选育及商品化栽培关键技术研究示范,使崇明成为商品花卉新品种、新技术的推广基地,花卉良种繁育基地。积极争取市农业农村委等市级部门的政策支持和业务指导,整合产业资源,集聚发展优势。

(五)拓展"花卉+"模式,推动花卉跨界发展

加强花卉产业链拓展研发,充分依托崇明良好的自然生态、农林水田、景观道路、乡村风貌等独特资源,重点推进花卉生产、休闲旅游、生态建设、养生体验、花卉延伸产品加工等多位一体的发展模式。推动花卉与生态、生产、科技、乡村、流通、旅游等跨界融合,提高崇明花卉全产业链发展。大力推动花卉文化与生态文化、海岛文化、农耕文化融合,推动以花卉为主题的延伸产品开发,打造崇明的花文化品牌。积极引进培育花卉专业展会、花卉高端论坛、花卉文化交流活动、花卉交易平台,抓好配套设施建设,广泛开展国际合作交流,加强宣传推广发布,加快建设"国际花文化交流中心"。

四、特色亮点

一是产业布局清晰明确。坚持集聚发展理念,规划建设崇明国际花卉产业园、中

荷现代花卉中心、东方国际花卉园三个核心园区，“以点带面”引领区域发展。

二是主栽品种特色明显。“崇明水仙”、药用西红花等特色花卉品牌逐渐打响，市场份额和产品销量逐步提升。红掌切花、港沿出口菊花等花卉基地发展迅速，产业规模逐渐扩大，唐菖蒲、玫瑰花、荷花、石斛、月季、薰衣草等多个品种已成为农民增收致富的“新宠”。

三是花卉文化品牌打响。充分挖掘花文化内涵，积极举办水仙花文化艺术节、荷花文化艺术节等大型花事活动，精心打造花卉文化主题公园、花卉田园综合体等，推动形成一批花卉产业观光旅游精品线路，在延伸花卉产业链的同时，推动“农旅、花旅”深度融合，加快打造产业发展新支柱。

五、经验和启示

把举办花博会作为花卉产业转型发展的重要机遇，深度研究花卉产业规划，以发展现代花卉产业为载体，引进培育集研发、种植、销售于一体的高端花卉机构及企业。加快完善并出台花卉产业扶持政策，大力加强国内外花卉相关投资、技术和人才交流，加快花卉产业开放发展。从这一系列花卉产业发展措施和实践来看，主要有以下几点经验和启示：

（一）加强宏观引导，完善扶持政策

加强对行业的宏观引导，加快完善花卉产业研究，制定并适时出台全区花卉产业扶持政策。引培重点花卉企业，加快花卉种源发展，支持流通体系建设，加强科技创新与科技投入，促进花卉产业健康、有序发展。

（二）调优产业结构，引导特色产业品牌发展

借助举办第十届花卉博览会的契机，立足崇明花卉产业基础和特色，不断调优产业结构，推进花卉一二三产深度融合。做大传统水仙、西红花、红掌花等优势品种规模，持续做强特色花卉种植业。

（三）加快品种培育，推广技术应用

重点培育观赏性强、经济附加值高、市场前景好的国内外优质花卉品种，努力提高花卉的品质质量，丰富优化花展、花市、花艺等花卉相关产业。支持花卉生产企业种质资源收集保存、新品种培育、种植技术的提升及品种权保护；支持现代化栽培设施的高新技术应用，提高产品质量，提升企业产品的竞争力。

（四）强化科技研发，加强人才培养

加大对花卉的科研投入，引进名、优、新、稀、特花卉品种进行培育、开发、推广，提高花卉产品的质量和产量，提高市场竞争力；增加种子种苗繁育、储藏等方面的资金

投入，提高种球预处理能力和种球贮藏质量。同时，积极培养一批高端花卉人才，为产业发展奠定人才基础。支持本区花卉产业领域、花卉产业园区、相关企事业单位或机构优秀人才及人才梯队的集聚、培育和发展。根据本市有关政策规定，积极帮助花卉高端人才办理本市户籍或居住证积分，外国人来华工作许可证、永久居留证等。

案例 4

政府搭台行业主导
合力打响崇明农产品特色品牌

近年来，面对经济新常态和消费需求的不断升级，崇明区紧密围绕全力打响“上海制造”品牌的决策部署，大力整合绿色农产品区域公用品牌，加大优质品牌农产品供给，不断推动崇明绿色农产品的品牌建设，持续深化产销对接，以品牌带动产业升级，全力打造全国知名的都市现代绿色农业高地。

一、基本情况

长期以来，崇明作为上海市的农业大区，供应着全市三分之一的地产农产品。农产品产量大，但产品质量水平参差不齐，市场化销售占比低。自 2017 年以来，崇明区不断加强农业绿色管控、农产品质量安全监管，在着力提升农产品生产水平和质量安全的基础上，从大米产品入手，先后整合打造“崇明大米”“崇明小菜”“崇明清水蟹”“崇明翠冠梨”“崇明金沙橘”“崇明白山羊”六大农产品区域公用品牌。通过不断加强公用品牌建设管理，积极拓展产销对接渠道，崇明特色农产品品牌逐渐打响，市场竞争力不断提升，特色农产品受到更多市民消费者青睐。

崇明清水蟹

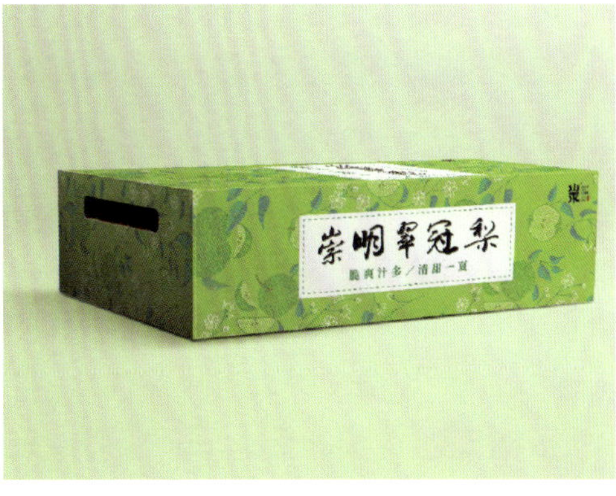

崇明翠冠梨

二、主要成效

建立以“崇明”为地域标识的崇明农产品区域公用品牌体系和标准体系，发布崇明农产品区域公用品牌统一标识为“山水”标志。联合百联集团打造“崇明优品·联华质造”合作品牌，推动崇明优质农产品全面上线全市百联商超；持续对接叮咚、盒马等新零售平台，建立崇明农产品销售专区，推动特色农产品品牌营销力和产品销量同步提升。

崇明农产品区域公用品牌“山水”标志发布会现场

近年来，崇明区先后获得“上海市崇明区崇明清水蟹中国特色农产品优势区”“全国首批农村产业融合发展试点示范区”等荣誉称号。崇明大米、崇明水仙、崇明草头盐齑、崇明白山羊等特色农产品先后入选中国农业品牌目录、全国乡村特色种植产品名录、全国乡村特色食品名录、全国乡村特色养殖产品名录。“明珠湖冷鲜肉”“宝岛清水蟹”“古宗牌羊腿肉”等品牌多次获得中国国际农产品交易会金奖、中国绿色食品博览会金奖、中国国际有机食品博览会优秀奖等。农产品地理标志、证明商标、保护产品的认定力度不断加强，现有农业农村部国家农产品地理标志 4 个、中国特色农产品优势区 1 个。当前，“崇明大米”品牌评估价值达到 24.8 亿元，带有“崇明”标识的农产品较其他产品溢价平均达 20%。

“明珠湖”牌猪肉

“古宗”牌羊肉

三、经验做法

(一)构建农产品区域公用品牌发展体系

自 2017 年以来，以“崇明清水蟹”“崇明大米”为起点，通过保种育种、种养技术提升等手段，陆续整合打造六大崇明农产品区域公用品牌。通过实施包装补贴、助力拓宽销售渠道等政策举措，吸引经营主体参与使用公用品牌，有效促进品牌整合。持续加强公用品牌管理，围绕生产技术水平、农产品质量安全等方面，严格公用品牌准入，保障品牌农产品质量。按照“自主定价、自定包装、统一追溯、商标授权”的方式，培育“授权自主品牌”系列产品，完善与优化区域品牌产品价格体系，提高崇明区域公用品牌的市场覆盖面和影响力指数。坚持以政策制度为品牌发展保驾护航，研究制定《崇明农产品区域公用品牌管理实施细则》《崇明农业品牌五年行动计划》等，长远谋划品牌发展方向，着力构建农产品区域公用品牌发展体系。

(二)拓展丰富农产品产销对接模式

坚持“以销定产”理念，大力发展“订单农业＋新零售”模式，推动农业经营主体与本来网、米老板、清美等农产品销售平台深入对接，以合约订单刺激产品生产；建立“崇明米道”特色农产品官方线上销售平台，推动崇明优质农产品线上销售；对接叮咚买菜、盒马鲜生等优质新零售平台，进一步拓宽农产品销售渠道；充分把握疫情时期电商发展新机遇，鼓励支持农业经营主体“触电触网”，支持主体发展农产品直播带货，促进优质农产品销量提升。同百联集团深化合作，打造“崇明优品 · 联华质造”合作品牌，推动崇明优质农产品进入全市联华商超，大力探索“店中店”等新型实体门店运营模式，着力打响崇明农产品优质优价品牌。

(三)创新开展农产品品牌宣传推介

举办崇明世界级生态岛农业品牌战略发布会，公开发布崇明农产品区域公用品牌统一标识为“山水”标志，成立崇明农业品牌发展专家智库，为世界级生态岛农业品牌发展汇智聚力。立足“崇明米道”的官方销售平台，遴选本区最具代表性的拳头产品、明星产品，集中资源开展好平台的日常运营和节庆宣传推广活动。上线“随申办APP”市民易购崇明特色农产品销售专区，拓展了线上销售渠道的同时宣传了崇明优质农产品。

（四）大力培育农产品地理标志资源

积极申报地理标志证明商标，注重区域公用品牌建设和地理标志培育保护协同发力。加大崇明地标产品知识产权保护力度，在全市范围内开展崇明大米专项联合执法行动，有效阻止假冒崇明大米地理标志产品入市；与同济大学上海国际知识产权学院签订战略框架协议，合力抓好地标保护、专业人才培养。目前，崇明共有地理标志证明商标8件，数量位列全市第一；地理标志保护产品2件，农产品地理标志4件。“崇明甜芦粟”“崇明小菠菜”“崇明翠冠梨”等7个特色农产品正在积极申报地理标志证明商标。

四、特色亮点

（一）推动“政府搭台、行业主导”的特色发展模式

充分发挥行业主管部门作用，大力整合优质经营主体，为公用品牌初期组建奠定基础；坚持品牌的市场化属性，突出行业协会的专业性指导管理作用，提升品牌市场竞争力，推动释放产业发展活力。

（二）构建“公用品牌＋自主品牌”的特色品牌体系

鼓励企业品牌加入区域公用品牌，同时保留企业自主品牌，形成区域公用品牌与企业品牌互为背书、互为支撑的母子品牌协同体系，促进企业品牌和公用品牌融合共生，释放品牌叠加效益，形成发展合力。

（三）打造“崇明优品·联华质造”的特色合作品牌

大力推动合作共建，同百联集团创新打造“崇明优品·联华质造”特色品牌，助力农产品全面上线联华商超平台，并以此为契机积极探索品牌合作发展新模式。

五、启示和建议

（一）要以更高站位谋划品牌建设

农业品牌的建设需要时间、需要定力、需要站在更高的层面做好顶层设计。要坚持以市场化思维，长远谋划、统筹推动农业品牌的培育壮大、宣传推广、综合管理、监督打假等各方面工作。

(二)要以更优制度理顺品牌机制

坚持政府统筹规划、市场主体协同发展,促进政府规划与企业战略相结合,细化政府、产业联盟、行业协会、市场经营主体各自的职责和任务,建立一套完整、规范的流程和规则。细化行业协会职能,号召政治素质好、致富带富能力强、管理有经验、群众威望高的优秀人才组建骨干成员小组,发挥桥梁作用和政策实施的辅助作用,积极推进生产端与销售端紧密合作。

(三)要以更多途径加强品牌推介

构建跨界融合的品牌建设营销模式,依托行业协会,组织经营主体与大型渠道商、电商建立长期合作关系,提高崇明农产品上架率。策划线下展示展销、线上网红直播、旗舰店促销三同步的综合营销模式。深入挖掘农业品牌文化,讲好品牌故事,通过宣传册、微电影、影视剧等形式,加强农业品牌文化的传播。